Touren für Neugierige

Wander-Geheimtipps

Bregenzerwald

25 unbekannte Pfade abseits des Trubels

J. BERG

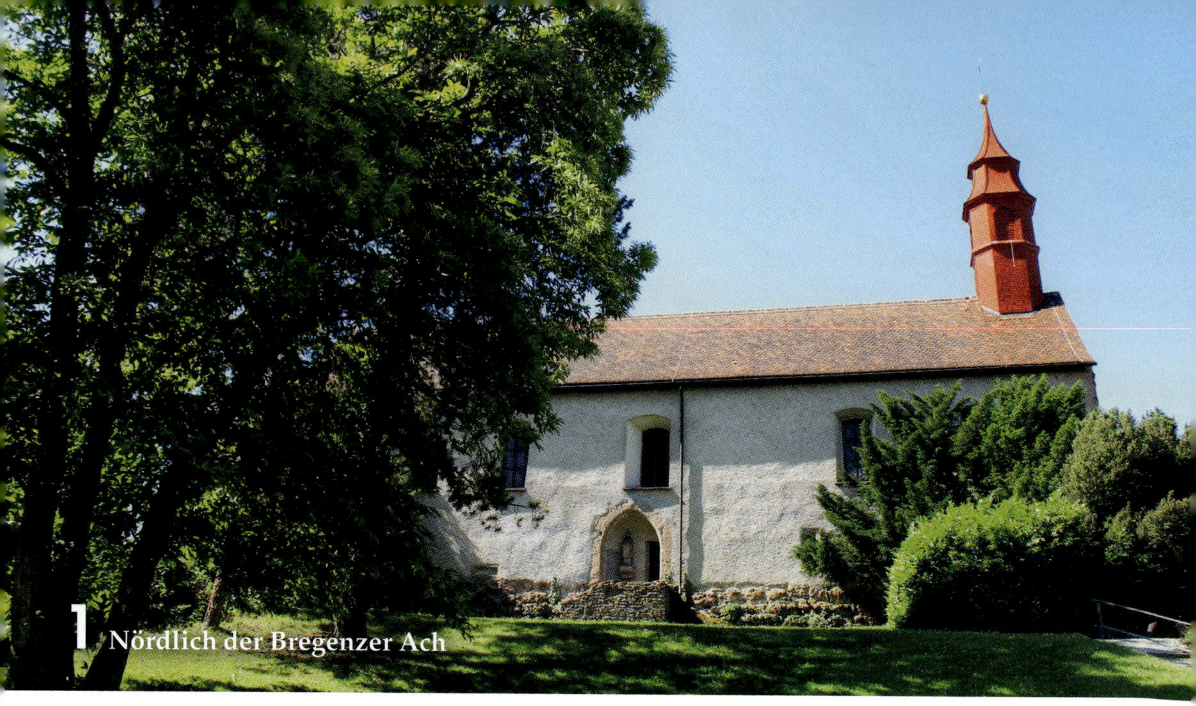

Inhalt

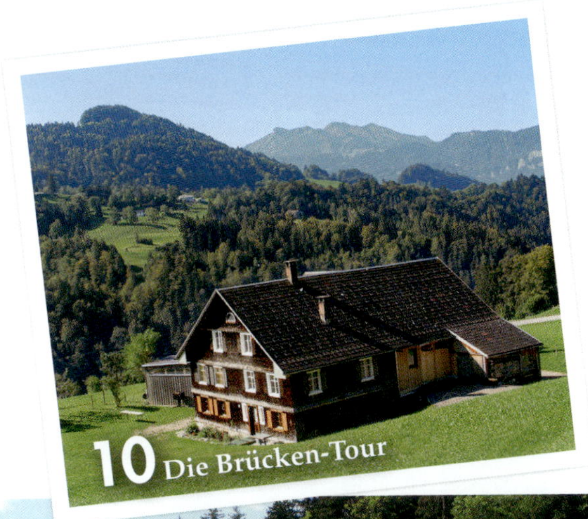

10 Die Brücken-Tour

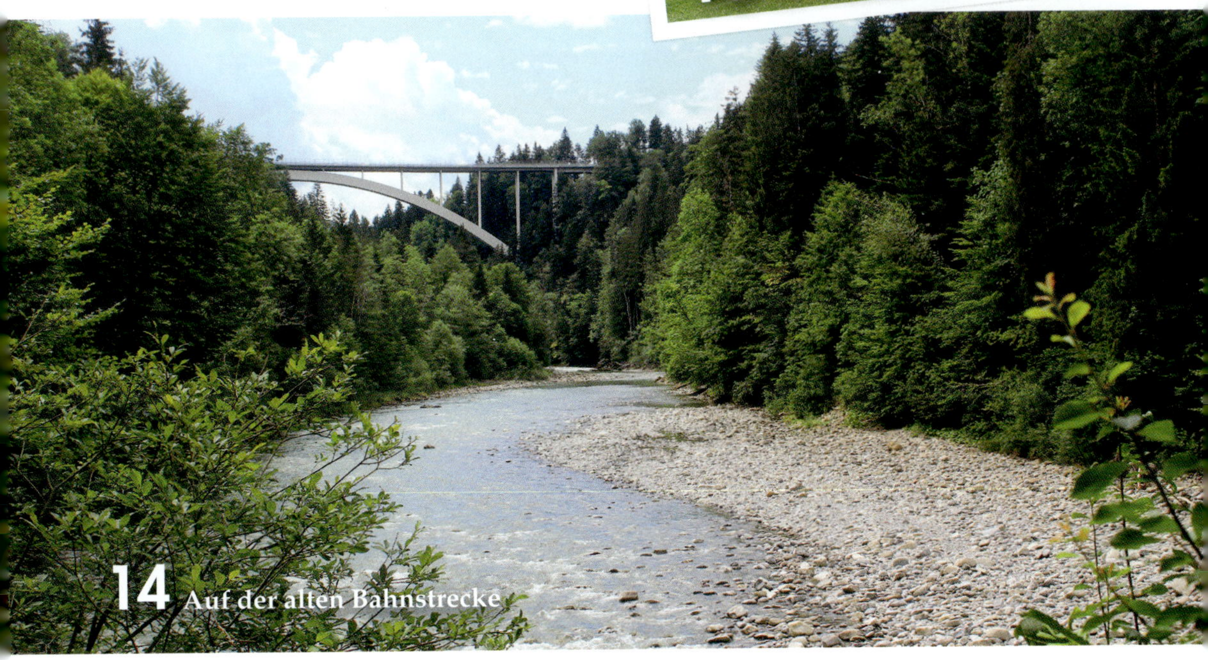

14 Auf der alten Bahnstrecke

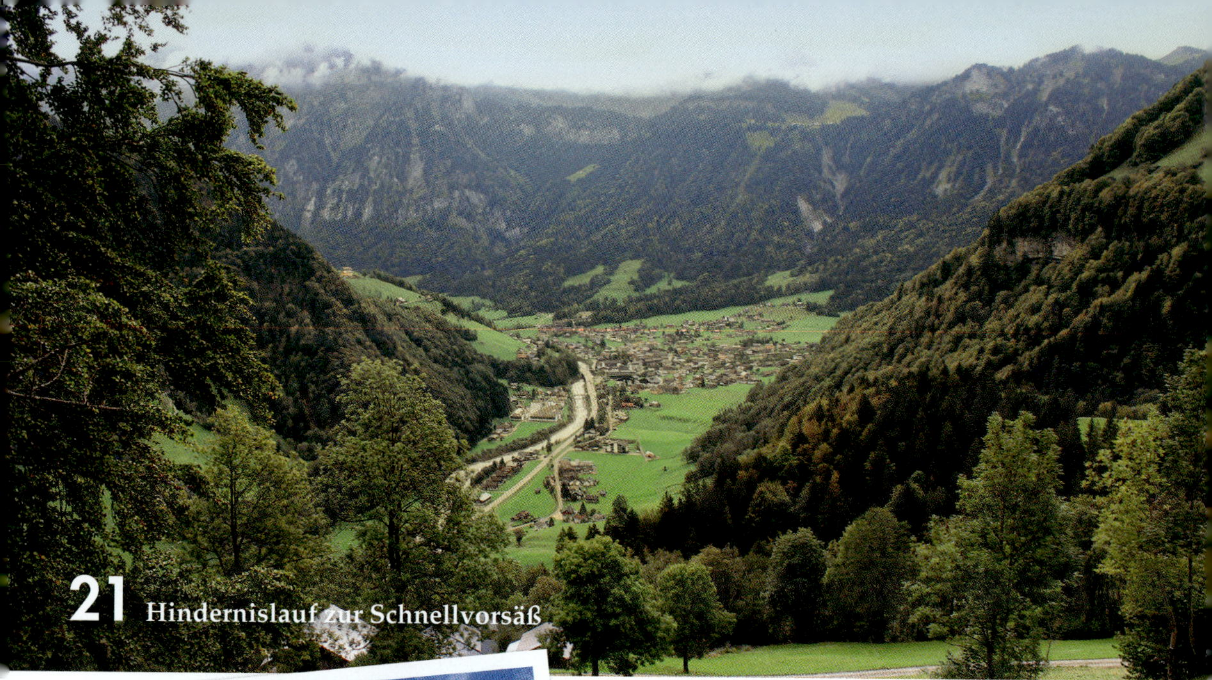
21 Hindernislauf zur Schnellvorsäß

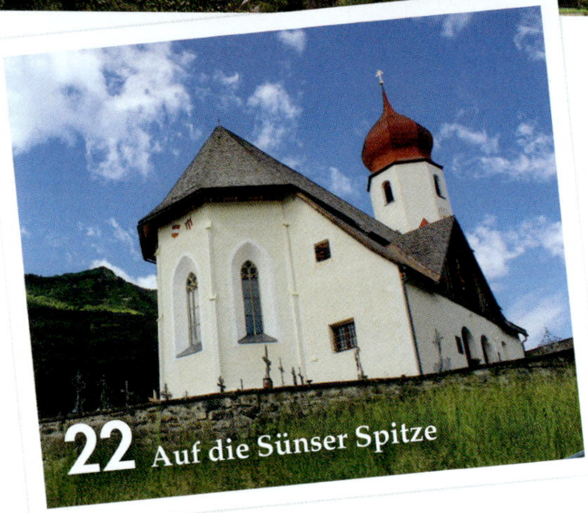
22 Auf die Sünser Spitze

Tourenüberblick

		Tour											
1	●	Nördlich der Bregenzer Ach	8,5 km	190/135 Hm	2.10 Std.	●	●	●			●		●
2	●	Auf alten Wegen und Schienen	20 km	280 Hm	5.30 Std.	●		●			●		●
3	●	Eine Wallfahrt durch das Moos	8 km	440/160 Hm	2 Std.	●		●	●	●			●
4	●	An der Dornbirner Ach	7 km	190 Hm	1.30 Std.	●	●	●	●		●	●	●
5	●	Ins einsame Bergdörfchen	10 km	850/220 Hm	3 Std.	●		●		●			●
6	●	Ein Mann, ein Dorf	10–11 km	130 Hm	2–2.30 Std.	●	●	●	●		●	●	●
7	●	Auf dem Sulzbergstock	11 km	305 Hm	3 Std.	●	●	●	●	●		●	●
8	●	Durch den Bärentobelsteig	9 km	100/80 Hm	2.30 Std.	●		●		●			●
9	●	Im Ab und Auf zur Ach	11 km	250/270 Hm	2.30 Std.	●		●			●		●
10	●	Die Brücken-Tour	9 km	90/190 Hm	2 Std.	●	●	●		●			●
11	●	Am Hang des Hittisbergs	8 km	250/130 Hm	2 Std.	●	●	●	●	●		●	●
12	●	Keineswegs eine Rosskur	9 km	100/80 Hm	2 Std.	●	●	●		●		●	●
13	●	Ein Höhenzug und viel Kultur	9 km	360/390 Hm	2.30 Std.	●		●		●		●	●
14	●	Auf der alten Bahnstrecke	4 km	80/50 Hm	1.30 Std.	●	●	●	●		●	●	●
15	●	Am Klaratsberg	12 km	430 Hm	3.30 Std.	●		●		●			●
16	●	Zur Hochälpelealpe	17 km	700 Hm	4 Std.	●		●		●		●	●
17	●	Am Hang von Sattel und Niedere	9 km	270/320 Hm	2.30 Std.	●	●	●	●	●		●	●
18	●	Zum Mittelpunkt des Bregenzerwalds	10 km	470 Hm	3 Std.	●	●	●		●		●	●
19	●	Die Vier-Dörfer-Tour	10 km	320/235 Hm	2.30 Std.	●	●	●		●		●	●
20	●	Am Ende des Tals	8 km	340/80 Hm	2 Std.	●	●	●	●	●			●
21	●	Hindernislauf zur Schnellvorsäß	11 km	580/610 Hm	3 Std.	●		●			●	●	●
22	●	Auf die Sünser Spitze	22 km	630/1370 Hm	6 Std.	●		●		●		●	●
23	●	Unter dem Diedamskopf	5 km	20/60 Hm	1.30 Std.	●	●	●	●	●		●	●
24	●	Auf Franz Michael Felders Spuren	6 km	10/190 Hm	1.30 Std.	●		●			●	●	●
25	●	Auf der Alten Salzstraße	5 km	190/10 Hm	1.30 Std.	●	●	●		●	●		●

Vorwort

Für die Einheimischen heißt er einfach nur »der Wald« und seine Einwohnerinnen und Einwohner »die Wälder« – ohne »l«. Der Bregenzerwald, der über Jahrhunderte hinweg nur lose Verbindungen über hohe Passwege zur namensgebenden vorarlbergischen Landeshauptstadt hatte, ist eine für die Alpen typische Talschaft, zusammengehalten durch einen Fluss, die Bregenzer Ach, an dessen Ufern die vielen kleinen Dörfer liegen. 22 Gemeinden gehören offiziell dazu, es gibt keine einzige Stadt, keine Burg, keine riesigen Fabrikanlagen, keine Autobahn, nur noch einen kleinen Museumszug und ein einziges kleines Kloster. Es gibt hier keine Getreideäcker und so gut wie keine Siloanlagen; Kühe, Pferde und Ziegen grasen noch auf Weide und Alpe. Und es gibt auch gar nicht mehr so viel Wald, aber trotzdem überall das alles prägende Holz.

Der Bregenzerwald ist eine Einheit in der Vielfalt und trotz touristischer Erschließung noch immer, zum Glück, eine kleine Welt für sich. Und eine Talschaft mit wunderschöner, abwechslungsreicher Landschaft und einem offenen und freundlichen Menschenschlag mit einem lieblichen, wenn auch für ungeübte Ohren aufs Erste nicht immer ganz leicht zu verstehenden Dialekt. Die Orte sind klein und übersichtlich und oft weit verstreut in die Landschaft eingebettet, umgeben von den Vorsäßen und Alpen mit ihren Kapellen, Bildstöcken, Brunnen und Feldkreuzen. Und wer hier wandert, muss damit rechnen, einen Weidezaun zu übersteigen, um sich den Weg dann mit den einheimischen Tieren zu teilen, die das für gewöhnlich recht gelassen hinnehmen.

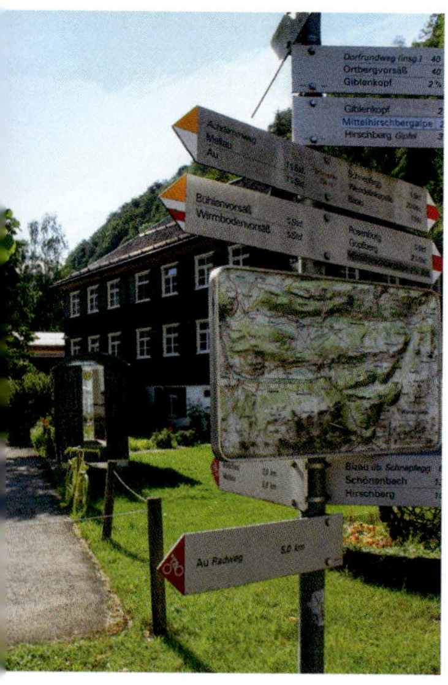

Dieser Wegweiser in Schnepfau beweist: Der Bregenzerwald ist ein Wanderparadies.

Kurzum, der Bregenzerwald besticht durch seine landschaftliche Schönheit, durch seine vielen Möglichkeiten zum Wandern, vom Flussuferweg bis zum Hochgebirgsgipfel, durch seine eigene Kultur und seine aufgeschlossenen Bewohner, durch seinen »stillen« Tourismus, im Sommer wie im Winter. Oder anders gesagt, ohne viele weitere Worte zu machen: Willkommen im Bregenzerwald!

Konstanz, im Dezember 2020
Benedikt Grimmler

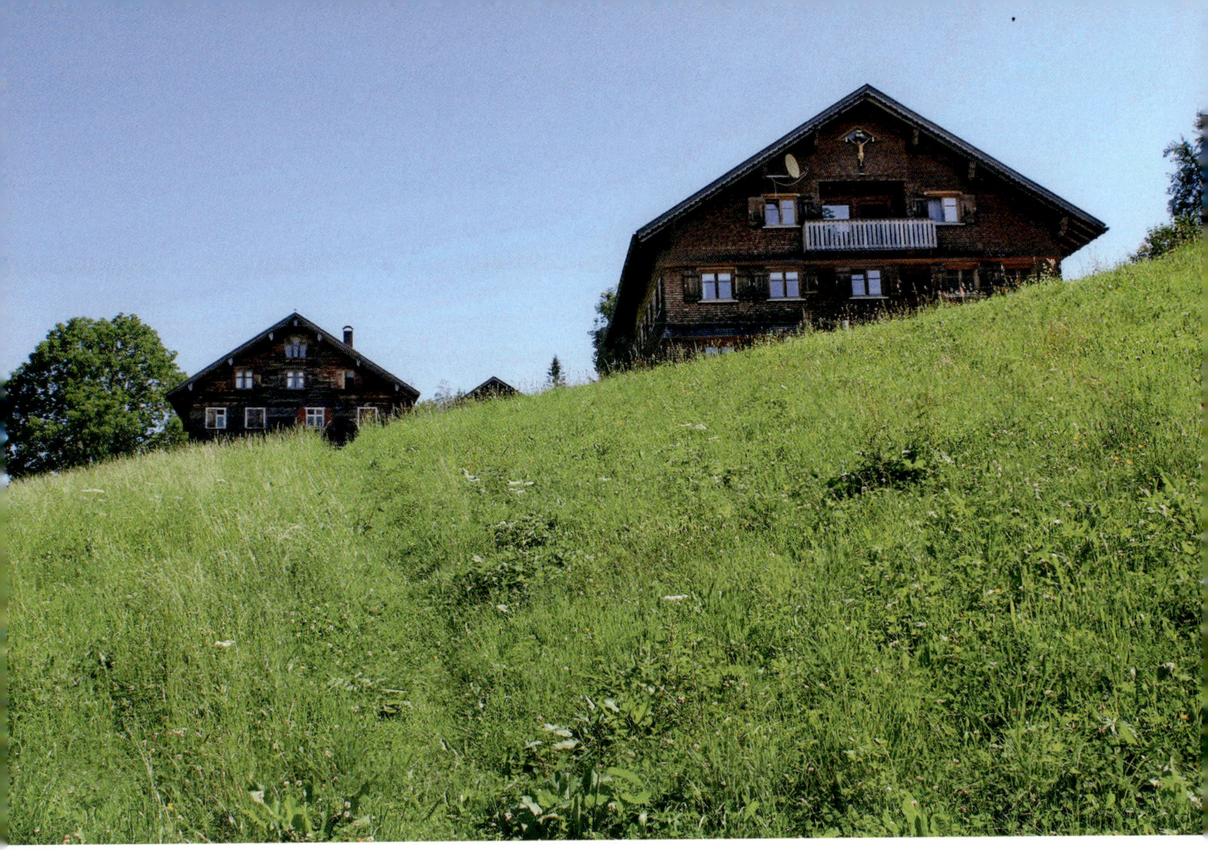

Saftige Wiesen vor dem Meierhof bei Riefensberg

Willkommen im Bregenzerwald!

Vorderer, Mittlerer und Hinterer Wald

Grob setzt sich der Bregenzerwald aus mehreren klar erkennbaren Teilen zusammen: dem nördlichen Vorderen Wald, der noch durch weite Flächen und hohe Hügel geprägt ist, eine voralpenländische Mittelgebirgslandschaft. Im Süden, unterhalb des Durchbruchs der Ach bei Bersbuch, beginnt der Hintere Wald, bestimmt durch die aufragenden Gipfel des Hochgebirges, das hier bis deutlich über 2500 Meter hinaufreicht. Dazwischen liegt noch, als drittes, der Mittlere Wald, eine weite Ebene um Egg, Schwarzenberg und Andelsbuch.

Die Subersach, ein tief eingeschnittener Nebenfluss, war lange Trennlinie zwischen den zwei bzw. drei Teilen und ist noch heute als Dialektgrenze erkennbar. Waren es einstmals die charakteristischen Holzbrücken, so sind es heute monumentale Stahlbetonkonstruktionen, die die Region verbinden. Das Zusammengehörigkeitsgefühl ist gleichwohl geblieben. Wie erwähnt hatte man über Jahrhunderte hinweg aufgrund der Abgeschlossenheit zu Rheintal, Allgäu und Arlberggebiet, die nur über hochgelegene Saumwege erreichbar waren, wenig Verbindung zur Außenwelt.

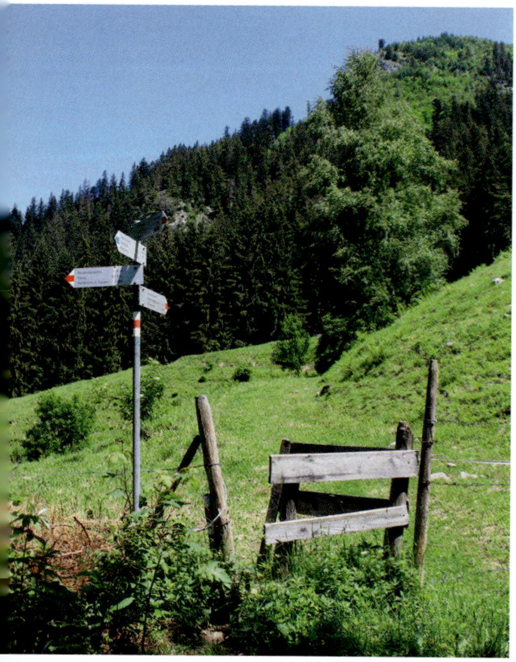

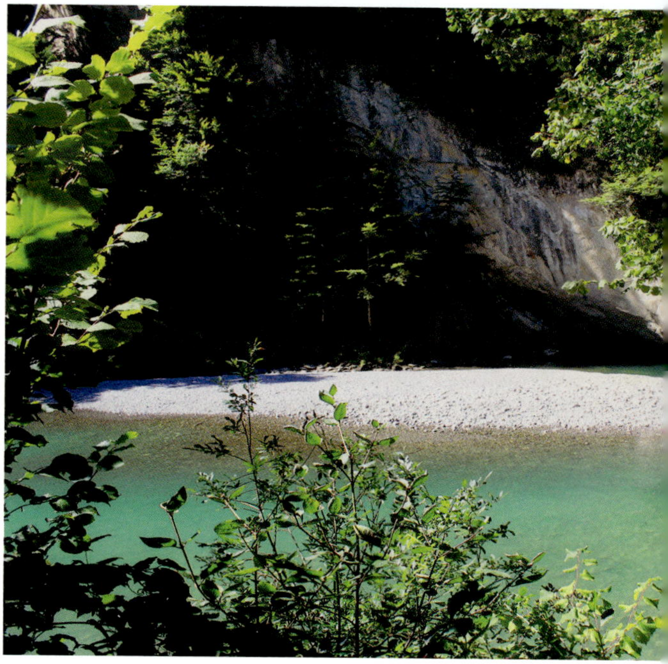

Hoch oben im Gebirge finden sich meist nur noch rote Markierungen.

Rechts: Die Bregenzer Ach verbindet (fast) alle Gemeinden des Bregenzerwalds.

Es entstand eine eigene Identität, die auch zu geschichtlichen Sonderentwicklungen führte.

In unserem Buch stellen wir von den 22 Gemeinden 21 vor (Schröcken ist die Ausnahme – das wird nachgeholt, versprochen!), dazu auch einige Orte am Rand und im Rheintal, um ein möglichst umfassendes Bild des Bregenzerwalds zu geben und seine zahlreichen Facetten vorzustellen – und dies auf Wegen, die nicht immer den üblichen Routen folgen.

Bregenzerwaldgebirge und Nagelfluhkette

Ganz so einfach ist es mit der klaren Aufteilung aber dann doch wieder nicht, denn die historische und die moderne touristische Region Bregenzerwald sind nicht komplett identisch mit dem sogenannten Bregenzerwaldgebirge.

Der Vordere Wald gehört zur Nagelfluhkette, die über die Landesgrenze bis weit hinein nach Bayern reicht; der Mittlere und der Hintere Wald sind – geologisch und offiziell definiert von den Alpenvereinen – das eigentliche Bregenzerwaldgebirge, das sich jedoch südlich bis ins Große Walser- und westlich bis

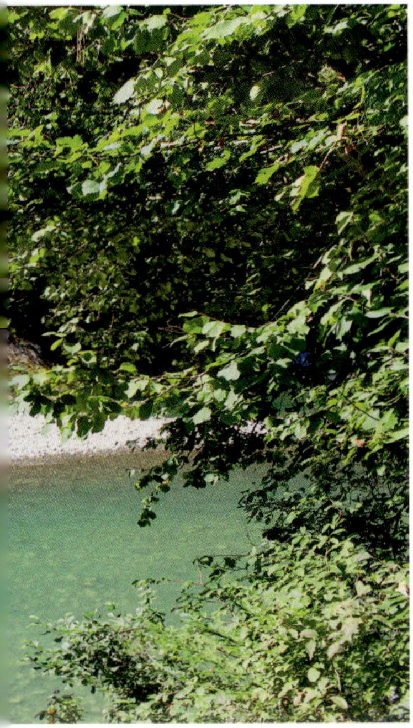

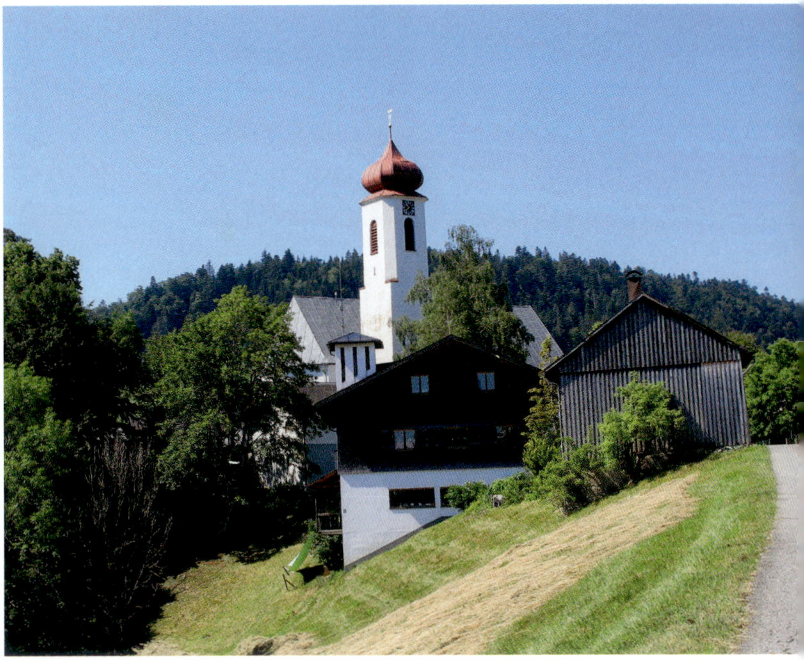

Krumbach mit seiner typischen Wälderkirche

ins Rheintal ausdehnt. Um das Ganze noch etwas komplizierter zu machen, gehören die Gebirgszüge östlich von Au bereits zur Arlberggruppe, darunter Bregenzerwälder-Klassiker wie der Diedamskopf und der Widderstein sowie auch die höchste Erhebung der Region, die Braunarlspitze mit ihren 2649 Metern. Der berühmteste, markanteste und auch unheimlichste Berg der Talschaft, der buchstäblich seinen Schatten auf den Bregenzerwald wirft, ist jedoch die Kanisfluh (2044 m), eine enorme Bergwand.

Allzu sehr verwirren lassen sollte man sich von dieser Einteilung für Experten jedoch nicht – wer durch den Wald reist, wird die Bergwelt auch einfach so genießen können und froh sein, dass er an einem Tag mal eher auf Hügeln, an einem anderen Tag auch mal steil auf eine Bergspitze wandern kann. Flach geht es allerdings nie zu, kein Wunder bei Höhenunterschieden von knapp über 400 Metern auf Bodenseeniveau bis hinauf auf 2650 Meter.

Leben im Bregenzerwald

Besiedelt wurde der Bregenzerwald erst nach dem Jahr 1000, vereinzelt aber mag der eine oder andere auch schon früher dort gelebt haben, denn bereits die Römer liebten die Region als Jagdgebiet, wie auch viele spätere Herrschaften. Es waren die lokalen Größen, die anfangs den Wald unter sich aufteilten: die Bregenzer Herzöge, das Kloster Mehrerau, schließlich die Habsburger. Die einzelnen Dörfer wurden nach und nach gegründet, aber man blieb quasi unter sich. Die Oberherrschaft der abgelegenen Region blieb lose, im Hinteren Wald bildete sich die sogenannte »Wälderrepublik« heraus, eine Art demokratisch halbautonome Versammlung der Einwohner, nachgewiesen seit 1522 und aufgelöst erst zu Zeiten der kurzen bayerischen Besatzung (s. Tour 18). Für das Grundverständnis der Wälder ist diese Selbstständigkeit noch immer – zu Recht – bedeutsam. Es waren übrigens gerade die Frauen, die in mehreren Aufständen jegliche Versuche der Unterwerfung durch Fremdmächte meist erfolgreich abwehrten. Heute ist man Fremden gegenüber natürlich sehr aufgeschlossen; auch wenn das Wälderbähnle nur noch sehr verkürzt verkehrt – aber durch ein hervorragendes Busnetz ersetzt wurde –, ist der Tourismus naturgemäß eine der wichtigsten Einnahmequellen.

Neugierig sind nicht nur diese Ponys in Stollen, …

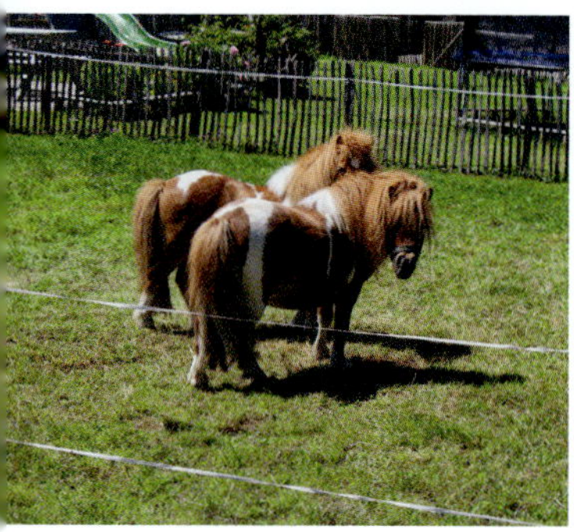

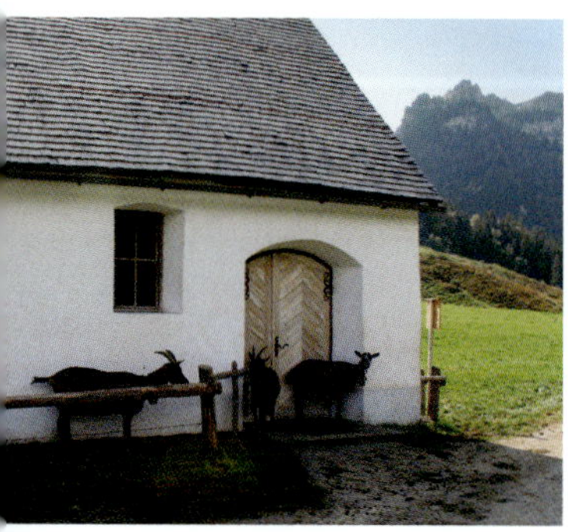

… sondern auch diese ungewöhnlichen Kirchenbesucherinnen in Schönenbach.

Armut dagegen war früher stets ein Problem – eines, das erstaunliche kreative Lösungsmöglichkeiten hervorbrachte. Zu den eher tristen Folgen gehörten die »Schwabenkinder«, Bauern, die ihre Kinder mindestens für die Sommermonate in die wohlhabenderen Gebiete Oberschwabens senden mussten, um sie dort Geld verdienen zu lassen. Doch die Bregenzerwälder zogen auch aus, um ganz andere Fähigkeiten unter Beweis zu stellen: Sie waren nämlich überaus begabte Künstler. Ohne die »Auer Zunft« ist das Barockzeitalter nicht denkbar, Meisterwerke der Baukunst von St. Gallen bis zur Birnau sind Bregenzerwälder Künstlern wie Architekten, Malern und Bildhauern zu verdanken. Der Wald selbst ist ohnehin ein Genuss für Architekturliebhaber. Holz ist natürlich das Baumaterial Nr. 1, und so entstanden die wunderschönen charakteristischen Wälderhäuser der vergangenen Jahrhunderte, aber auch insbesondere ganz moderne Bauten – hier ist es gelungen, zeitgenössische Architektur hervorragend mit der Tradition und Rücksicht auf die Landschaft zu vereinen.

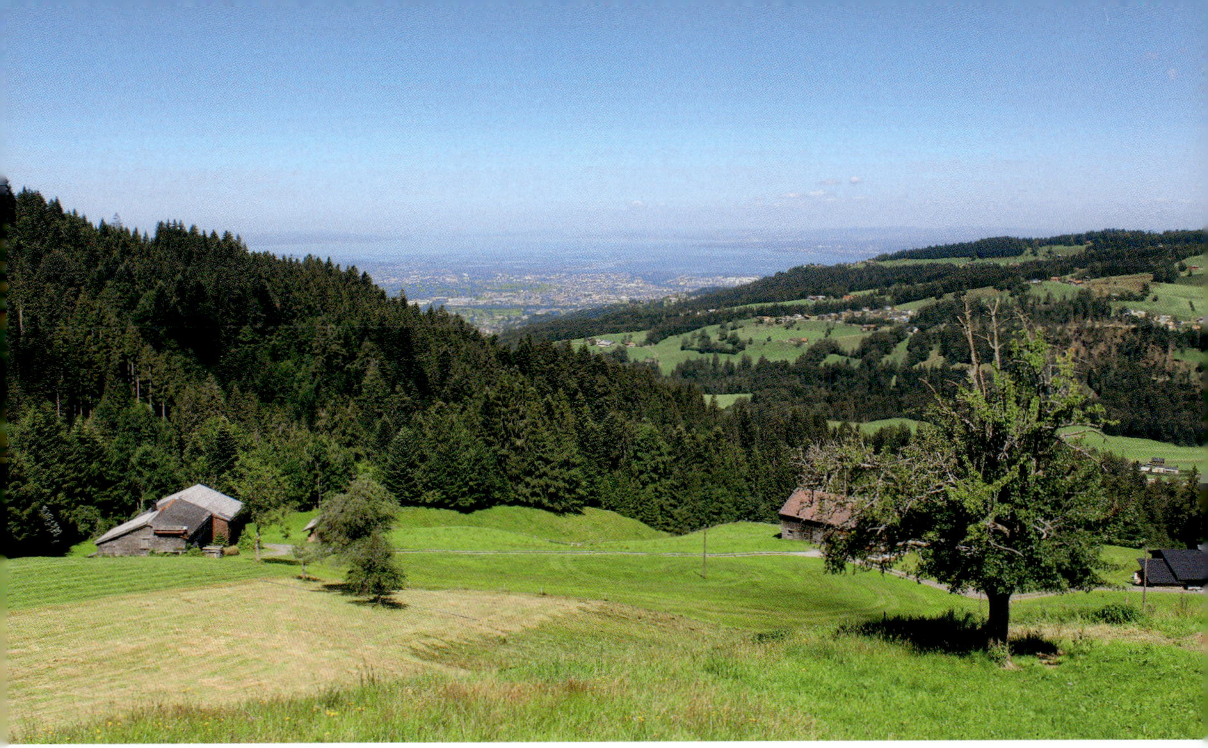

Zwei Punkte möchten wir noch herausheben. Die selbstbewussten Bregenzerwälderinnen haben wir schon erwähnt. Es ist wahrscheinlich geradezu charakteristisch, dass sie es sind, die noch immer ihre traditionelle Tracht, die Juppe, an Sonn- und Feiertagen mit Stolz tragen. Weit entfernt von Landzeitschriften- und Oktoberfestkitsch gehört auch für junge Mädchen die Ausstattung mit der eigenen Juppe einfach dazu. In Riefensberg kann man sich die Herstellung dieses Gewands vorzeigen und erklären lassen (s. Tour 8). Und dann ist da noch die Bewirtschaftung des Bregenzerwalds im Dreierrhythmus, seit Jahrhunderten die Arbeitszeiten, aber auch die Landschaft bis heute bestimmend. Im Winter wohnt die Familie mit ihrem oft nicht allzu großen Viehbestand natürlich auf dem Hof in einer der typischen Streusiedlungen um den Ortskern aus Kirche und Gemeindeamt. Im Frühjahr bis Juli aber geht es mit Sack, Pack und den Tieren auf die Vorsäß, um dort die Weiden zu nutzen, in eine Hütte auf gut 800–1200 Metern Höhe. Noch höher hinaus, auf die Alpe, zieht man dann im Hochsommer bis Mitte September, ehe es anschließend noch einmal für ein paar Wochen auf die Vorsäß geht, bis im Oktober dann das Leben im Dorf erneut beginnt. Der Bregenzerwald liefert noch heute über 50 Prozent der Vorarlberger Milch und Milchprodukte, darunter den ebenso legendären wie einfach nur unglaublich guten Bergkäse aus Heumilch.

Unterhalb des Lorenapasses reicht der Blick von Maltach bereits bis zum Bodensee.

Wandern im Bregenzerwald

Für Familien geeignet

Dieser Hinweis am Ende unserer Tourencharakteristiken muss naturgemäß näher präzisiert werden. Er bedeutet nicht, dass es sich um einen Spaziergang handelt, sondern durchaus um anspruchsvolle Wanderungen mit den für unsere Region unvermeidlichen Anstiegen. Manche Tour sollte für Kinder womöglich von der Länge angepasst, sprich verkürzt werden, hier kann man sich am Text orientieren. Kinderwagentauglich ist keine der Strecken, besonders schwierige Abschnitte (lange An- und Abstiege, steile oder enge Pfade), die aber für Kinder zu bewältigen sind, werden mit »Für Familien mit Wandererfahrung« charakterisiert. Gibt es ein – wenn auch noch so kurzes – Wegstück an oder auf einer stärker befahrenen Landstraße, gilt die Tour als nicht familientauglich. Natürlich aber wissen Eltern ihre Kinder und deren Wanderfähigkeiten am besten einzuschätzen, sodass sie nach der Lektüre eigenständig entscheiden können, welche Touren sie mit ihren Sprösslingen in Angriff nehmen möchten.

»Wir starten am ...

... Gemeindeamt.« Das werden Sie oft zu lesen bekommen. Die ersten Touren mit Beginn im Rheintal sind eine Ausnahme, aber im Bregenzerwald selbst mit seinen kleinen, weit verstreuten Dörfern sind das oft gut sichtbare Gemeindeamt oder die Kirche ebenso das natürliche Zentrum wie auch der geeignetste Ausgangspunkt, da dort für gewöhnlich immer eine Bushaltestelle zu finden ist. Der Bus ist das beste Verkehrsmittel im Bregenzerwald, das Netz hervorragend ausgebaut, Umstiege sind aufeinander abgestimmt, und die Strecken werden verlässlich und mit hoher Frequenz bedient – dies gilt auch für die abgelege-

Die Bregenzerwald-Gäste-Card

Wer im Sommer länger als drei Tage mit Übernachtung im Bregenzerwald verbringt, erhält automatisch und kostenlos, meist im Tourismusbüro des Gemeindeamts, die Bregenzerwald-Gäste-Card. Damit lassen sich nicht nur die Busse der Region und einiger Nachbargebiete sowie die Bergbahnen und Freibäder gratis nutzen, es gibt zusätzlich auch zahlreiche Vergünstigungen bei Veranstaltungen und Museen (www.bregenzerwald.at/aktivitaet/bregenzerwald-gaeste-card).

neren Ortschaften (s. Tippkasten). Da wir bei ein, zwei Touren die Grenze nach Deutschland überqueren, sollte man Ausweispapiere dabeihaben – der Grenzübertritt wird dann im »Tourencharakter« gesondert erwähnt. Unsere Touren sind durchnummeriert, doch es versteht sich von selbst, dass die Lese- nicht der Laufreihenfolge entsprechen muss. Je nachdem, wo der Ausgangsort ist, startet man nach Belieben, ob bei Tour 14 oder 25, und geht danach zu Tour 7 oder 22, wie es einem gefällt.

Selbst hoch oben trifft man im Sommer noch immer auf Kühe.

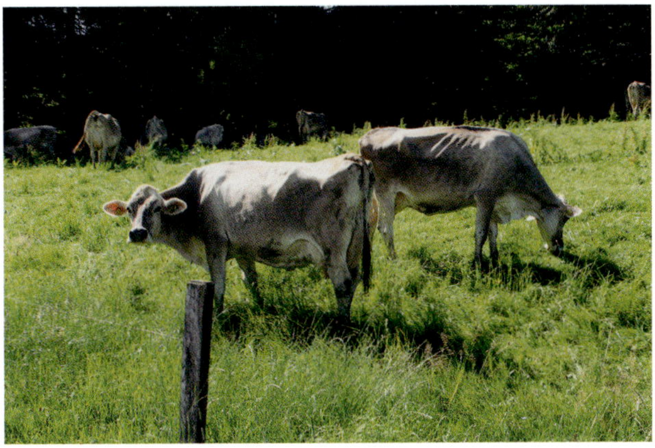

Wanderzeiten und Höhenmeter

Die angegebenen Zeiten sind relativ großzügig bemessen, geübte Wanderer werden diese sicher des Öfteren unterschreiten. Es handelt sich dabei um reine Laufzeiten, d. h., berücksichtigt sind lediglich Pausen für eine kurze Rast oder den Aufenthalt etwa an einem Aussichtspunkt. Umgekehrt sind die Längen der einzelnen Touren so gestaltet, dass sie meist über ein paar Stunden nicht hinausgehen und leicht zu einem Tagesausflug mit ausgedehntem Aufenthalt in einer gemütlichen Einkehr, auf dem Spielplatz oder im Museum, einer Rast auf einem Berg oder bei einem Bad ausgeweitet werden können (und sollen).

Wichtige Internetadressen

ÖPNV: www.vmobil.at/ueber-vmobil/partner/landbus-bregenzerwald

Tourismus: www.bregenzerwald.at

Wetter: www.bergfex.at/sommer/bregenzerwald; www.wetter.at

Die Angabe der Höhenmeter bezieht sich immer auf das Gesamtprofil (also den höchsten und den niedrigsten Punkt der Tour) und ist nicht aufaddiert – was folglich auch bedeuten kann, dass es z. B. mehrere Anstiege hintereinander von 250 Hm gibt. Gleichwohl sind auch die »schweren« Touren für einen geübten Freizeitwanderer gut zu bewältigen.

Zu berücksichtigen sind gerade in den Bergen immer die Witterungsverhältnisse (s. Tippkasten) und der entsprechende Hinweis bei der Kurzcharakteristik der Strecke.

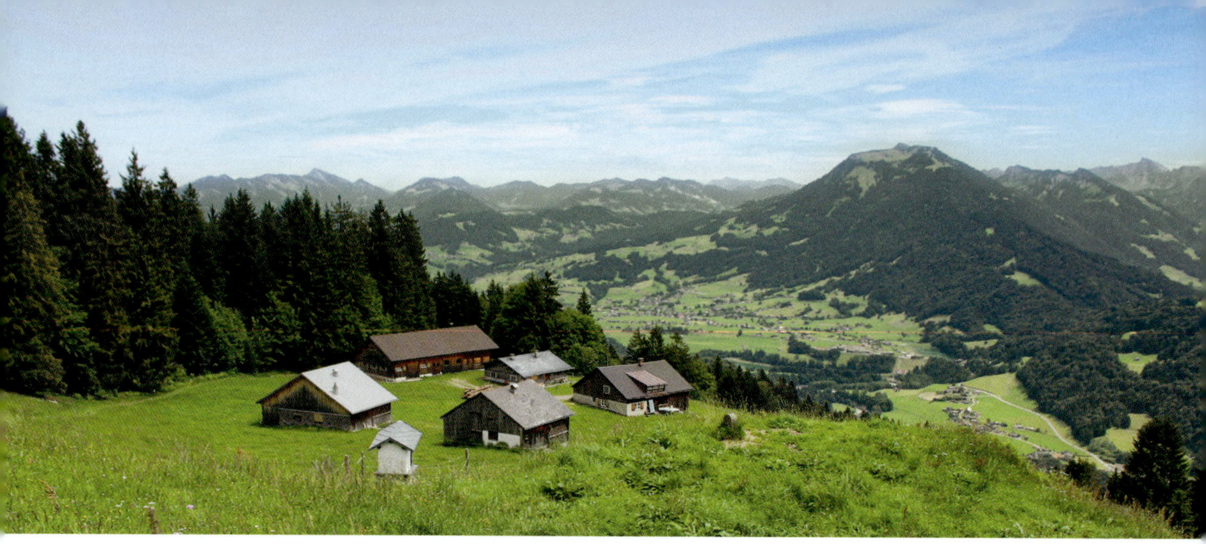

Eine Vorsäß – mit herrlichem Ausblick auf das Bregenzerwald-Panorama

Schwierigkeitsgrade

Die Einstufung von »leicht« bis »schwer« ist natürlich bis zu einem Punkt ebenfalls subjektiv – objektiv bemisst sie sich nach den An- und Abstiegen, der Wegbeschaffenheit und der Länge. Dabei ist zu berücksichtigen, dass die Ausgangslage im Bregenzerwald bereits gewisse Ansprüche an Wanderer stellt – auch eine »leichte« Tour beinhaltet hier normalerweise mindestens einen spürbaren Anstieg; dieser ist dann aber auf bequemen Wegen zu bewältigen und nicht allzu lange. Dementsprechend weisen »mittelschwere« Touren längere oder mehrere An- und Abstiege auch mal auf Pfaden auf. »Schwere« Touren führen teils ins Hochgebirge, verlaufen oft auf Felspfaden, erfordern Erfahrung, Trittsicherheit und Schwindelfreiheit, und es kommen auch steile, schwierige Bergpfade vor – aber es werden keine Kletterkünste verlangt (also blau gepunktete Touren, s. u.).

Vorarlberger Farbenlehre und Orientierung

Die offizielle Einteilung der Wanderwege in Vorarlberg lautet:

- Normale Wanderwege: gelb/durchgehende Linie
- Bergwanderungen: rot/gestrichelte Linie
- Alpine Klettersteige: blau/dünn gestrichelte Linie

Sie ist verlässlich und eine gute Orientierung. Blaue Wege kommen in unserem Buch nicht vor. Auch wenn wir uns abseits der üblichen Touren bewegen, verlassen wir nie offizielle Wanderwege, und das Umherschweifen in der Natur ist tabu, nicht nur, weil wir uns des Öfteren durch geschützte Gebiete bewegen und das Verlassen der Wege in den Bergen oft auch gefährlich sein kann. Die Wegweiser und Markierungen sind in den meisten Fällen gut sichtbar und zielführend, selten muss man einen zweiten Blick riskieren, um die Markierung zu erkennen, die auch mal weiter entfernt gegenüber, als Stange auf einer Wiese oder als Bemalung eines Felsblocks, auftauchen kann. Eine klassische Wanderkarte ist trotzdem Pflicht für Zweifelsfälle und zur größeren Orientierung – anders als Smartphone-Apps fällt sie im Gebirge nicht mangels Empfang aus. Und dann sind da ja noch unsere Wegbeschreibungen im Buch.

Die Wege bieten alle Varianten, von breiten Wald- und Forstwegen über steile, enge und wurzelige Trampel-, Geröll- und Felspfade; von (zum Glück eher selten) Gehsteigen neben Autostraßen bis zu sehr einsamen und stillen Tälern und Tobeln. Besonders schwierige Abschnitte – etwa an Steilhängen – sind extra erwähnt, insbesondere in Hinsicht auf ihre Begehbarkeit bei und nach Niederschlägen. Berücksichtigen sollte man jedoch, gerade bei höheren Touren, dass die Beschaffenheit der Wege schnell wechseln kann: Soeben noch auf einem breiten Waldsträßchen dahinflanierend, geht es urplötzlich auf engstem Raum auf einem kurvigen Steig hinauf oder hinab, wo eine gewisse Gebirgserfahrung grundsätzlich vorausgesetzt wird.

Vor dem Start: die Ausrüstung

Immer mit dabei sollte man haben:

- Wanderschuhe
- Wanderkarte
- Rucksack
- Erste-Hilfe-Set
- Warme Kleidung (je nach Jahreszeit)
- Ausweis (bei Grenzübertritt)
- Regenschutz
- Wasserflasche/Getränk und Proviant
- Sonnen- und Insektenschutz
- Geld
- Taschentücher
- Uhr

Sollte man dabeihaben:

- Schreibzeug
- Handy
- Wechselkleidung
- Taschenmesser
- Busfahrplan Landbus Bregenzerwald

Nur für besondere Touren:

- Wander-, Trekkingstöcke
- Fernglas
- Fotoapparat
- Taschenlampe
- Kulturbeutel (für Übernachtungen)

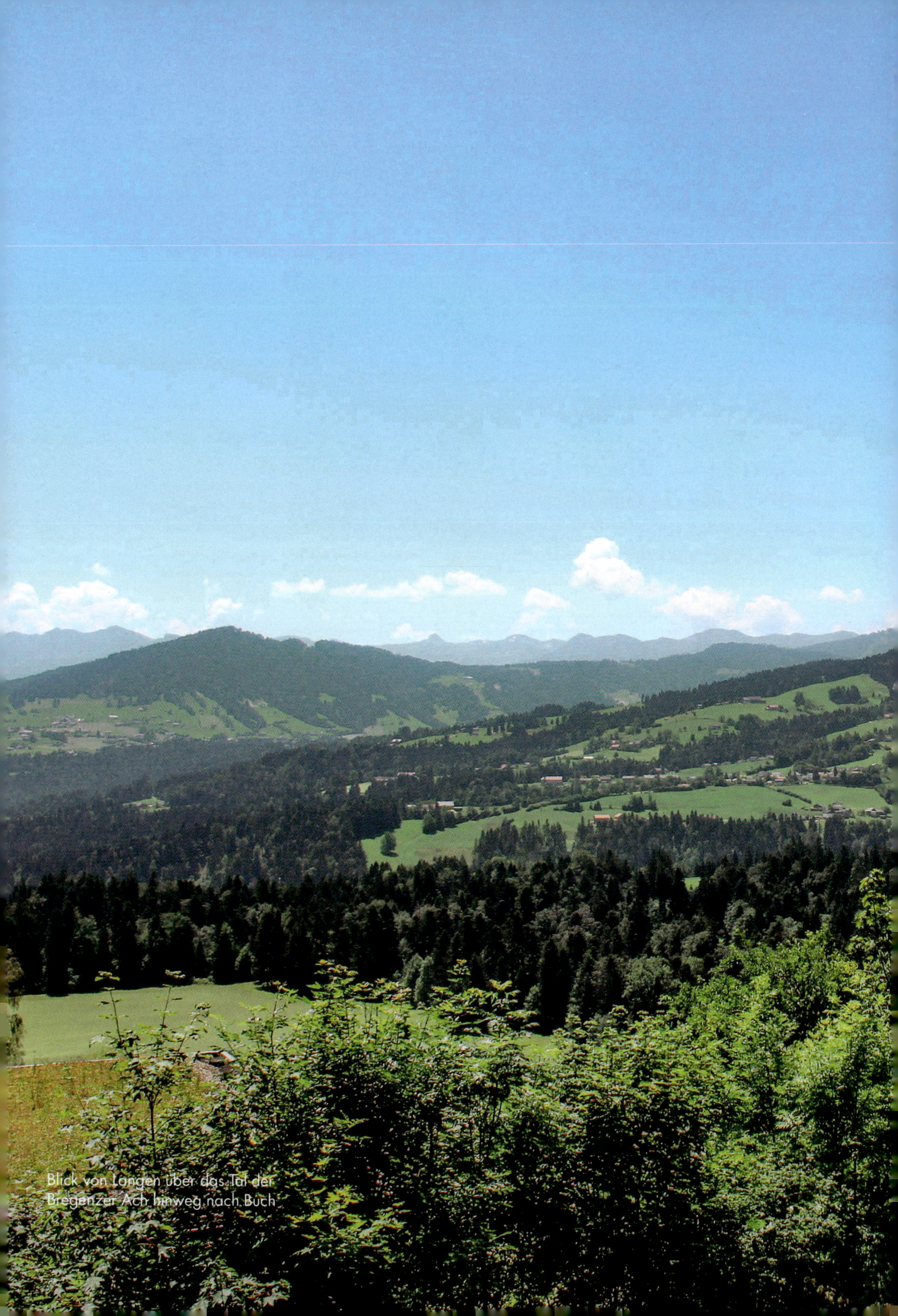

Blick von Langen über das Tal der Bregenzer Ach hinweg nach Buch

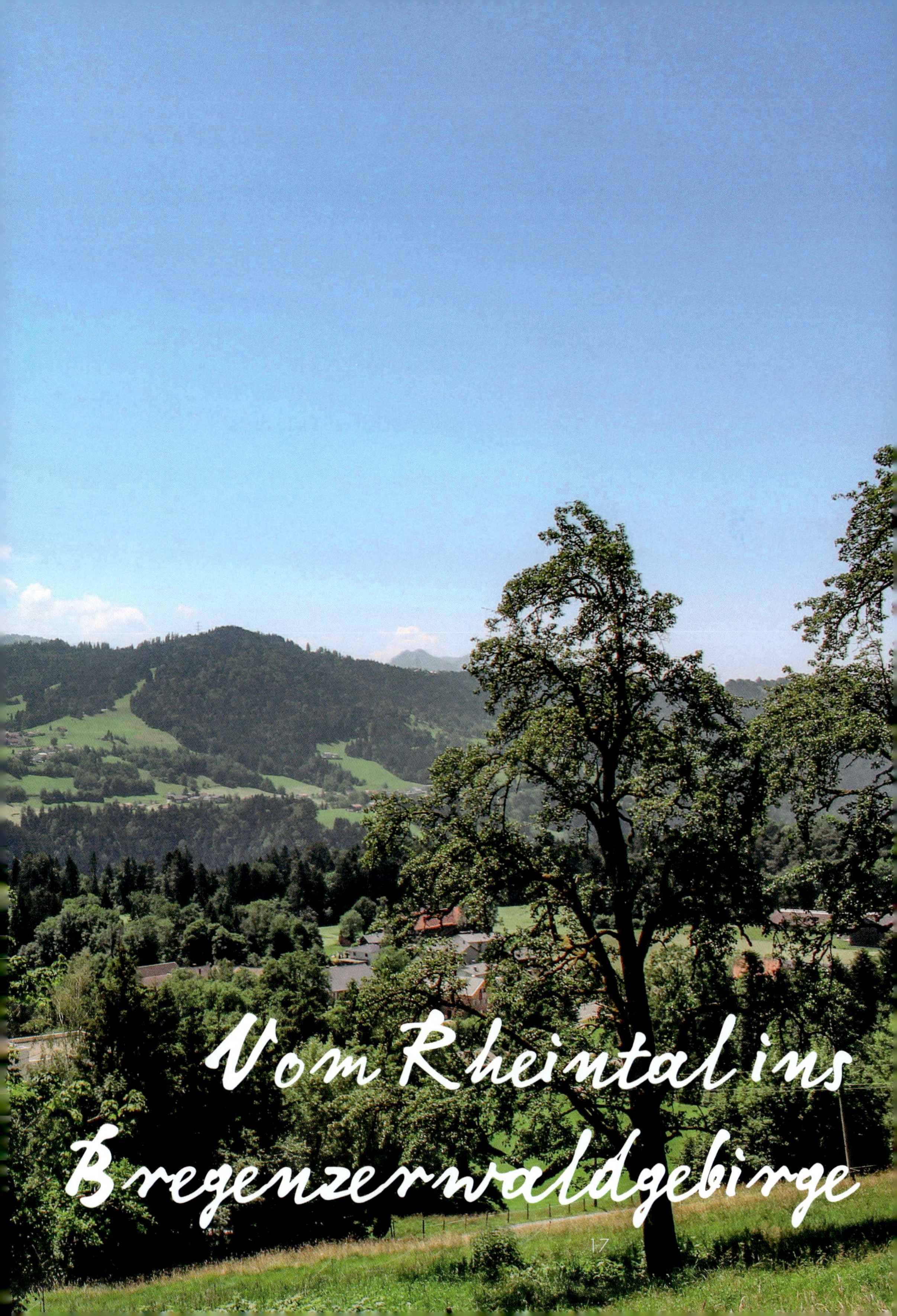

Vom Rheintal ins Bregenzerwaldgebirge

1 Nördlich der Bregenzer Ach

Vom Gebhardsberg nach Langen

Mittel 8,5 km ↑ 190 Hm ↓ 135 Hm 2.10 Std.

Tourencharakter
Mehrere Anstiege auf guten, breiten Wegen, nur der letzte Abstieg nach Langen verlangt den Wanderern mehr ab (kann aber umgangen werden). Für Familien geeignet – auf der Straße zum Wirtatobel allerdings aufpassen!

Ausgangspunkt
Burg Gebhardsberg bei Bregenz. GPS: 47.490278, 9.748333

Endpunkt
Langen-Dorf

Anfahrt
Bahn & Bus: Bregenz Hauptbahnhof (IC, IR, RE, S-Bahn). Mit Buslinie 25 kommt man von Langen zurück nach Bregenz.
Auto: A 14 (Rheintalautobahn) bis Ausfahrt Bregenz

Karte
Kümmerly + Frey 1:35 000, Nr. 1 Bregenzerwald

Einkehr
In Gebhardsberg, Gasthof Adler in Fluh, Gasthof Stollen in Langen

Information
www.langen.at

Hoch über der Landeshauptstadt Bregenz starten wir mit atemberaubendem Panoramablick über Rheintal und Bodensee zu unserer ersten Tour, die uns über einen Wallfahrtsort und durch einen Tobel in die Bregenzerwald-Gemeinde Langen führt.

Auf dem Gebhardsberg Wohl seit dem 10. Jahrhundert stand hier eine Burg, offiziell Hohenbregenz genannt. Weit besser bekannt ist der Ort aber als Gebhardsberg, was auch daran liegt, dass die einstige Festung seit dem Dreißigjährigen Krieg in Trümmern liegt und anschließend von hier lebenden Einsiedlern eine Wallfahrtskirche errichtet wurde. Diese beherrscht heute die Lage über der scharfen Abbruchkante hinunter ins Tal der Bregenzer Ach. In den Resten der Burg ist außerdem ein beliebtes Ausflugsrestaurant zu finden – mit Blick auf den Bodensee und das Rheintal.

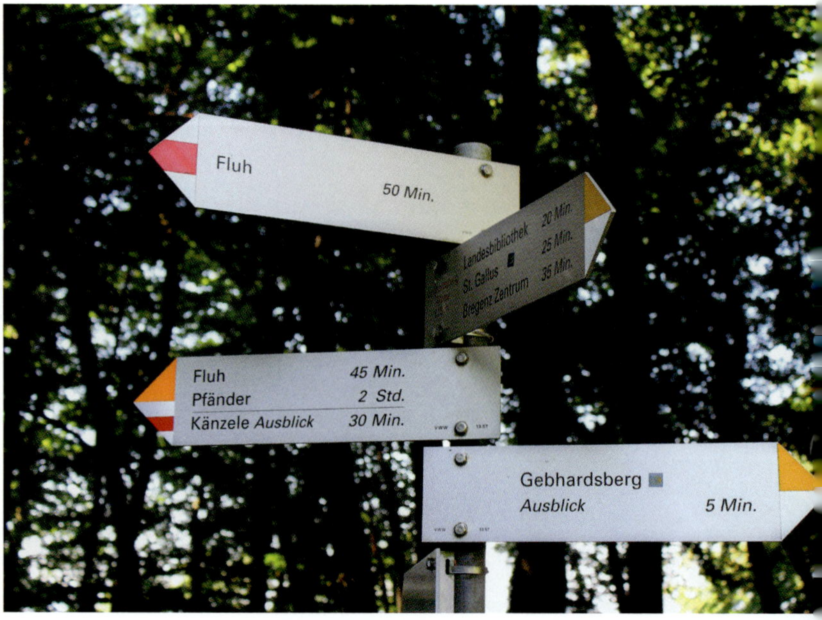

Viele Wege führen nach Fluh – wir wählen die gelbe Markierung.

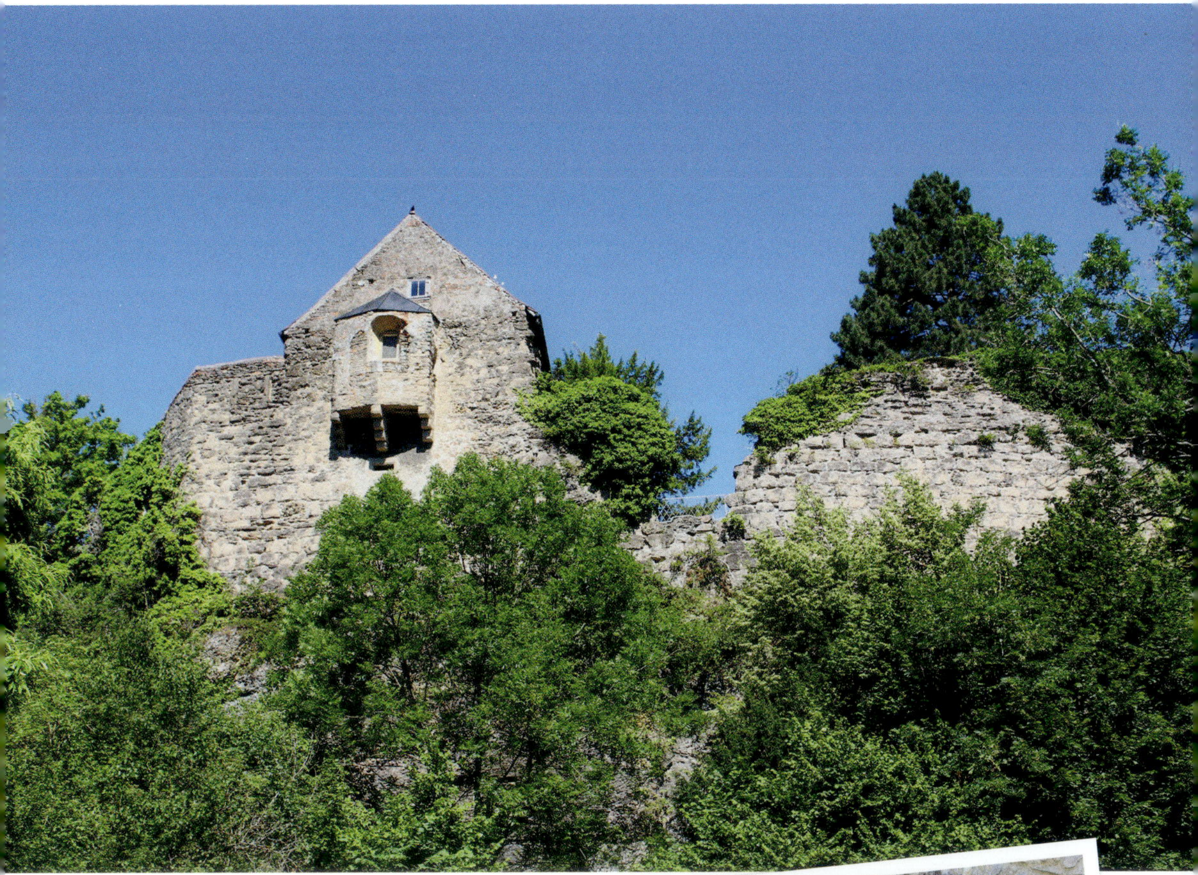

Wir verlassen den Gebhardsberg durch das östliche Burgtor hinab zum Parkplatz und orientieren uns rechts (neben dem kleinen Garten) am Wegweiser, wo wir den mittleren Weg Richtung Fluh wählen, ein breiter Schotterweg mit gelber Markierung durch den Buchwald. Leicht ansteigend geht es bis zu einer Lichtung am Bach. Hier wenden wir uns für wenige Meter nach rechts, um dann sofort links hinauf abzubiegen. An der nächsten Kreuzung wandern wir dann links auf dem Wiesenweg weiter, überqueren die Straße und gehen am Waldrand rechts entlang – der Wanderweg ginge geradeaus weiter, ist aber bisweilen gesperrt. Ausweichen kann man links zur Straße und an dieser rechts nach Fluh.

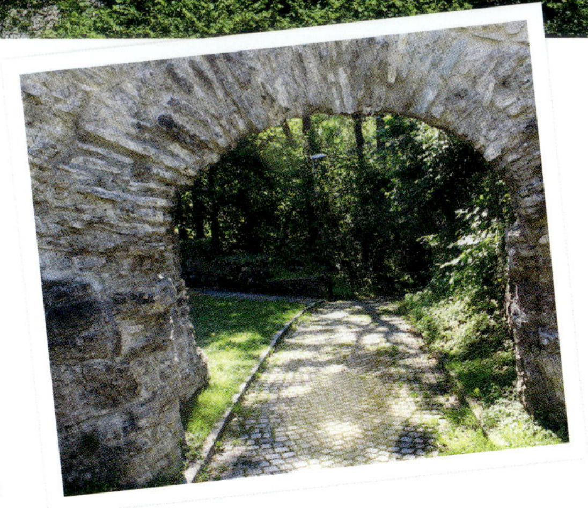

Das Burgtor geleitet uns hinaus.

Ganz oben: Geheimnisvoller Erker in alten Mauern: die Burg Hohenbregenz

Von Fluh über Wirtatobel und Stollen … Das langgezogene Dörfchen Fluh am Hang durchqueren wir vollends von Anfang bis Ende, vorbei an der Dorfkirche bis zu den letzten Häusern. Wir bleiben auf dem Landsträßchen geradeaus und gehen dieses hinab in den Wirtatobel. Hier biegen wir gegenüber dem Sägewerk links auf den Waldweg ab und steigen wieder bergan.

Es geht nun geradeaus auf zwar breitem Weg weiter, aber mit zwischenzeitlicher Steigung von 28 Prozent und via eine Kurve durch den Wald nach Stollen. Der Name verrät es schon: Tatsächlich wurde hier lange Zeit in kleinerem Umfang Kohle abgebaut; dies ist nun aber doch schon einige Jahre her. Bekannt ist Stollen heute als lokaler Wallfahrtsort, die erste – hölzerne – Fatimakapelle steht als schmuckes Beiwerk neben ihrer Nachfolgerin aus den 1950er-Jahren mit ihren schönen Glasfenstern.

… nach Langen Gegenüber dem Gasthaus Stollen biegen wir links hoch ab und folgen der roten Markierung mit der Bezeichnung »Langen Waldweg« (eine bequemere Alternative ist der gelb markierte Weg »Langen Straße«). Anfangs schreiten wir auf einem

Auf den Hirschberg

Wer noch etwas höher hinaus will, der kann von Langen auf den Hirschberg (1095 m) steigen. Hier stand im Mittelalter ein Frauenklösterchen – nach Blitzschlag wanderten die Nonnen nach Kennelbach ab –, in dessen Nachfolge eine idyllische Kapelle knapp unterhalb des Gipfels steht (von Langen-Dorf aus gut 1 Std. Gehzeit einfach, ca. 450 Hm).

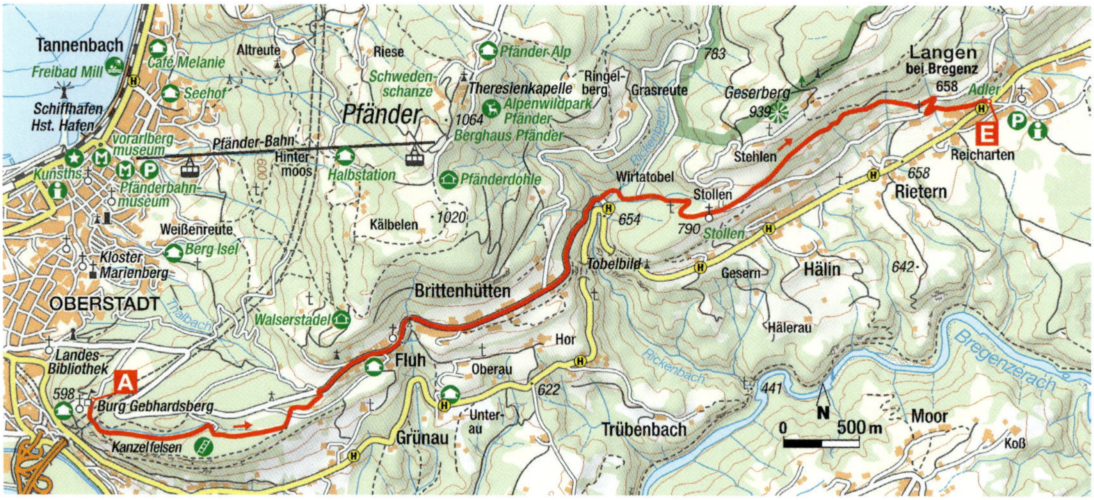

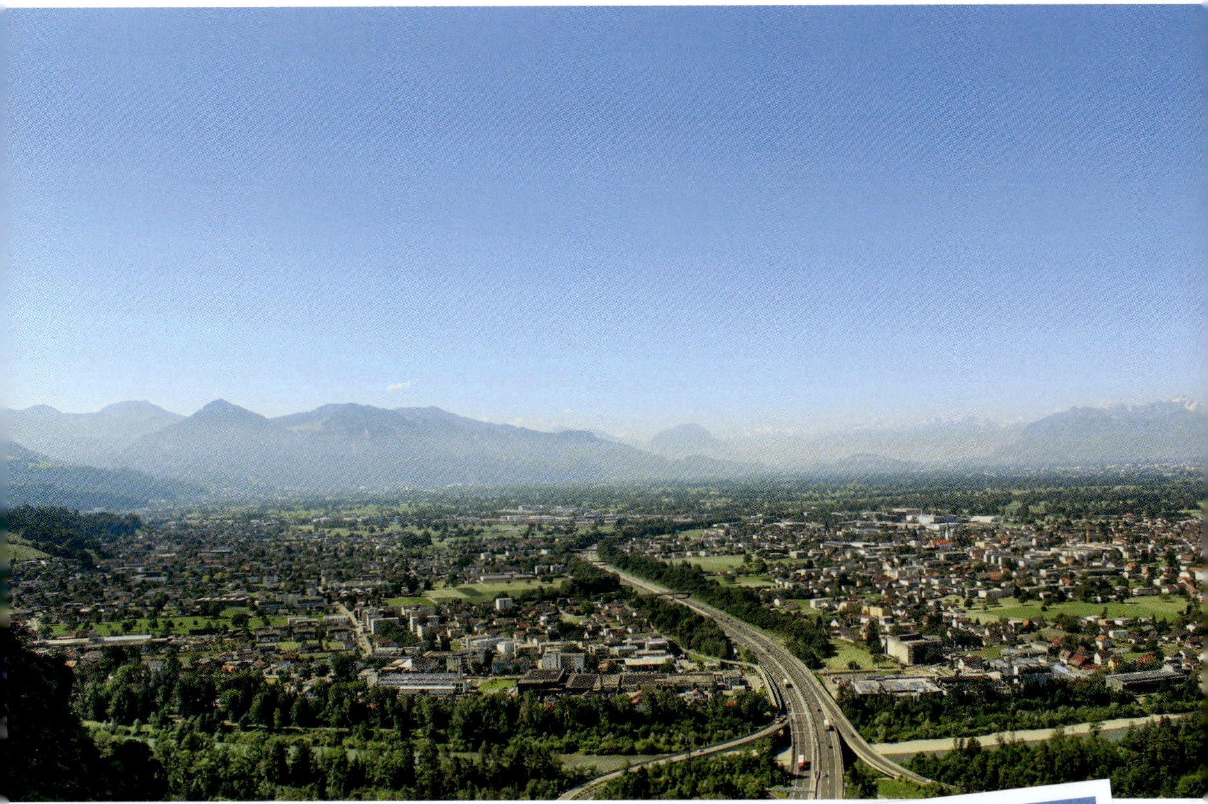

Forstweg entlang, von dem jedoch nach einiger Zeit rechts ein Waldpfad abzweigt, der uns bis Langen führen wird. Es ist der anspruchsvollste Teil unserer Wanderung, und in scharfem Zickzack geht es auf dem engen, teils steilen Trampelpfad bis kurz vor das Ortszentrum von Langen. Die letzten Meter legen wir dann auf der Teerstraße hinunter nach Langen-Dorf zurück.

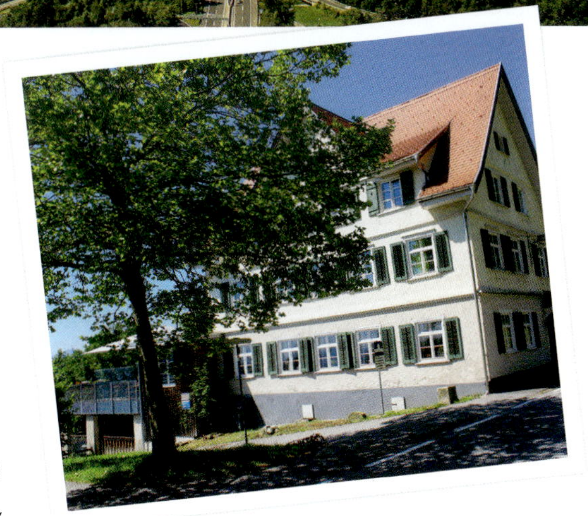

Der Gasthof Adler in Fluh

Ganz oben: Vom Gebhardsberg schweift der Blick weit über das dicht besiedelte Rheintal.

Für die einen ist Langen (neben Sulzberg) die nördlichste Gemeinde des Bregenzerwalds, für die anderen gehört sie (noch) nicht richtig dazu. In jedem Fall ist sie das nördliche Eingangstor in den Bregenzerwald, was niemand bestreiten wird und allein schon der Ausblick hinüber auf die wunderbare Landschaft beweist. Mit dem Bus (Linie 25) kommt man von hier zurück nach Bregenz.

2 Auf alten Wegen und Schienen

Von Kennelbach nach Buch

Schwer | 20 km | 280 Hm | 5.30 Std.

Tourencharakter
Die Gesamttour ist nur für Profis. Die Bregenzer-Ach-Schlucht ist auch in freigegebenem Zustand äußerst anspruchsvoll und erfordert Erfahrung, absolute Trittsicherheit und, obwohl flach, gewisse Kletterkünste – bei Niederschlägen ein Tabu! Der Anstieg nach Buch ist recht bequem und mittelschwer, insgesamt aber ist die Tour als schwer einzuordnen. Noch einmal der Hinweis: Derzeit (2020) nur ab Bozenau begehbar (verkürzte Tour dann 12 km, ca. 3 Std.).

Ausgangs-/Endpunkt
Kennelbach, Schindler-Areal. GPS: 47.477516, 9.763149

Anfahrt
Bahn & Bus: Bahnhof Wolfurt (RB Bregenz–Feldkirch), zu Fuß oder mit dem Bus zum Schindler-Areal
Auto: A 14 (Rheintalautobahn) bis Ausfahrt Bregenz und über die Bregenzer Straße nach Kennelbach

Karte
Kümmerly + Frey 1:35 000, Nr. 1 Bregenzerwald

Einkehr
In Kennelbach, in Bozenau das Achstüble, in Wolfurt

Information
www.gemeinde-buch.at

Auf historischen Verbindungswegen geht es an und oberhalb der wilden Bregenzer Ach entlang, durch Bozenau und nach Buch und am Ende auf der alten Bucher Straße zurück nach Kennelbach.

Auf den Spuren der Wälderbahn Wir beginnen unsere Tour am Eingang zum Schindler-Areal, ein den Ort Kennelbach prägendes altes Fabrikgelände, das neben der namengebenden Firma heute auch von einem international bekannten Skihersteller genutzt wird. Am Kanal entlang gehen wir durch das Areal bis hinter die letzten Bauten, dann erst queren wir das Gewässer hinüber zu den Infotafeln und sind damit auf dem sehr langen Pfad, der ins Naturschutzgebiet Bregenzer-Ach-Schlucht führt.

Auf den nächsten gut acht Kilometern ist es sehr, sehr einsam bzw. wieder sehr einsam. Jahrhundertelang arbeiteten hier nur die Holzfäller, die die Stämme die Ach hinunterschickten, und von 1902–1980 zwängte sich die Wälderbahn auf ihren Schmalspurgleisen am Hang entlang. Ihre verschwundenen Gleise – andere Überreste sind noch vorhanden – werden uns durch das Tal führen (zu ihrer Geschichte s. Tour 14).

Achtung auf die Wegführung Nun folgt allerdings leider der Wermutstropfen dieser Wanderung: Die wunderschöne, sowohl naturbelassene als auch durch ihre Vergangenheit spannende Strecke hat leider noch immer mit den Problemen der Wälderbahn zu kämpfen, die dieser einst den Garaus machten: mit Hangrutschen, Muren und Abbrüchen. Der Weg ist deshalb derzeit ab kurz hinter Kennelbach und kurz vor Bozenau gesperrt.

In der Hoffnung, dass dieser einmalige Wanderweg in naher Zukunft gesichert und wieder freigegeben wird, wurde er in dieses Buch aufgenommen. Momentan ist leider nur der Abschnitt ab Bozenau frei begehbar.

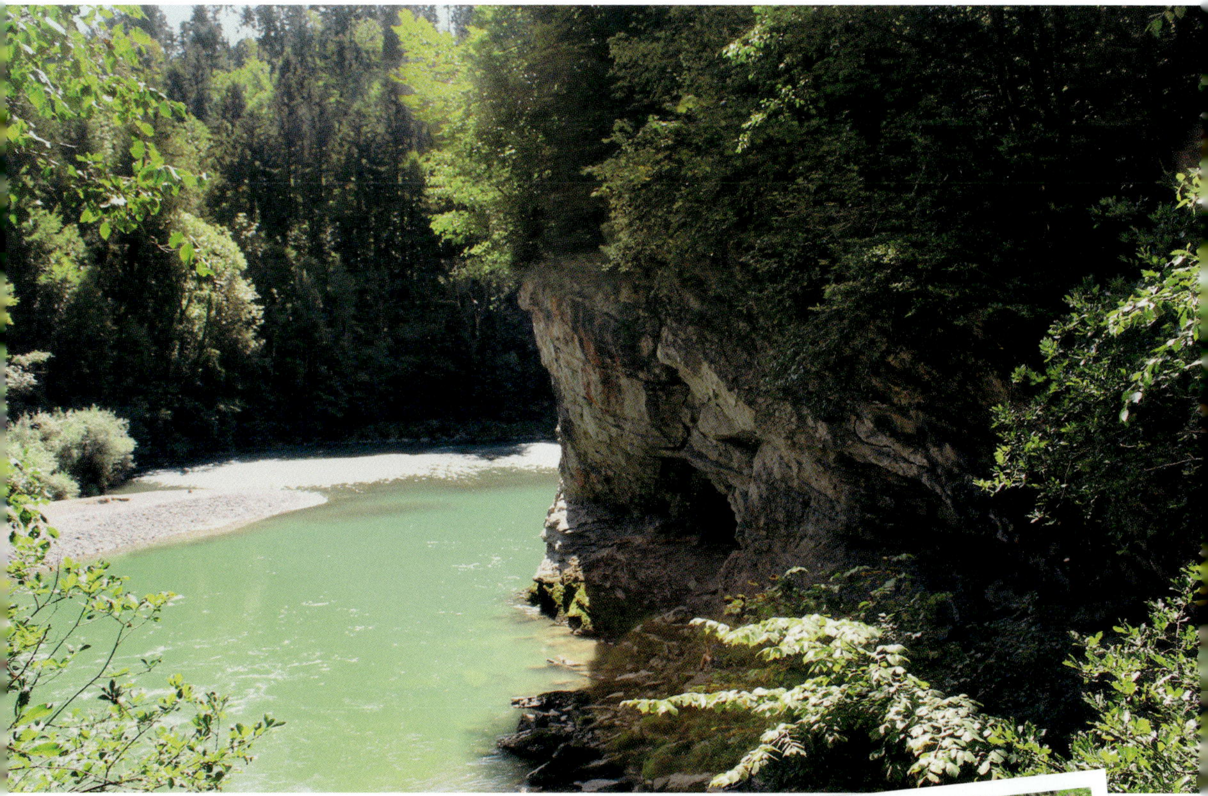

Spannender Tourabschnitt nach Bozenau

An den rauschenden Windungen der Ach geht es oft auf sehr schmalem Pfad und zwischen Wasser und Hang entlang, es gibt fast keine Abzweigungen, und bis Bozenau ist die Orientierung klar: am Ufer immer geradeaus. Leicht ist das nicht, denn man wandert vorsichtig an der Abbruchkante entlang und über Reste der Bahn oder durch schlammige Stellen – selbst im Hochsommer ist es in Flussnähe feucht. Bei und nach Niederschlägen ist die Strecke ohnehin ein absolutes Tabu! Eine Besonderheit ist das Durchwandern zweier ehemaliger Tunnel, des Rickenbach- und des Rotachtunnels (beide derzeit wegen Einsturzgefahr gesperrt). Liebhaber der Flora laufen an vielen geschützten Arten vorbei und durch kleine Auenwälder.

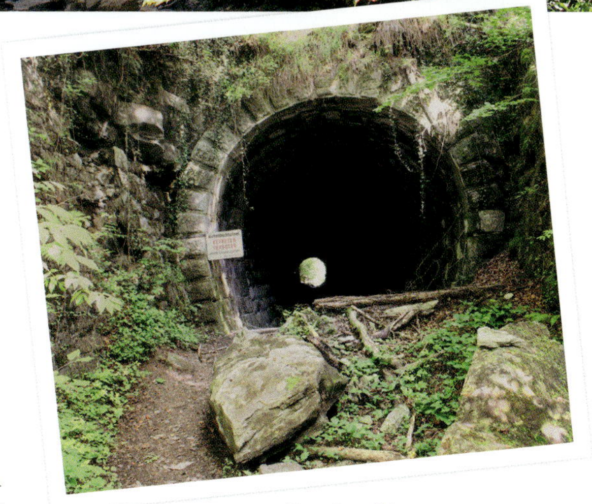

Kein Durchkommen: einsturzgefährdeter Tunnel der Wälderbahn

Ganz oben: Menschenleer, eng und naturbelassen: das wilde Tal der Bregenzer Ach

Kurz nach dem Rotachtunnel kommen wir schließlich nach Bozenau mit dem renovierten alten Bahnhof Doren-Sulzberg und wechseln hier über den historischen Steg (s. Tour 9).

Nach Buch Die Orientierung bleibt erst mal einfach: Es geht bergauf bis zum ersten Hof und dort geradeaus weiter, und zwar bis kurz bevor das Teersträßchen in einer Kurve in die größere Landstraße einbiegt. Wir kürzen vorher schon ab, steigen links den Pfad hoch (hinter dem Lagerplatz) und überqueren das genannte Landsträßchen direkt in den Wald hinüber auf einen Pfad, der bergan führt. Dieser trifft kurz darauf auf einen geteerten Forstweg. Wir gehen rechts und nach dem ersten Haus leicht links, dann auf die Weiden, hier erst am Waldrand entlang und dann kurz in den Wald hinein, wo es rechts wieder zur Straße hinuntergeht. Auf ihr wandern wir schließlich links weiter bis nach Buch.

Kurz nach dem Ortsschild gehen wir links hoch ins Ortszentrum mit der Barockkirche, dem Pfarrhaus und dem modernen Gemeindeamt; links ist sogar ein kleiner Dorfladen. Buch, obwohl hoch über der Ach gelegen, ist keine der klassischen Bregenzerwald-Gemeinden, historisch war es stärker mit dem Rheintal verbunden.

Auf der alten Bucher Straße Dorthin wollen auch wir zurück und können dies auf einem historischen Pfad, der einst beschwer-

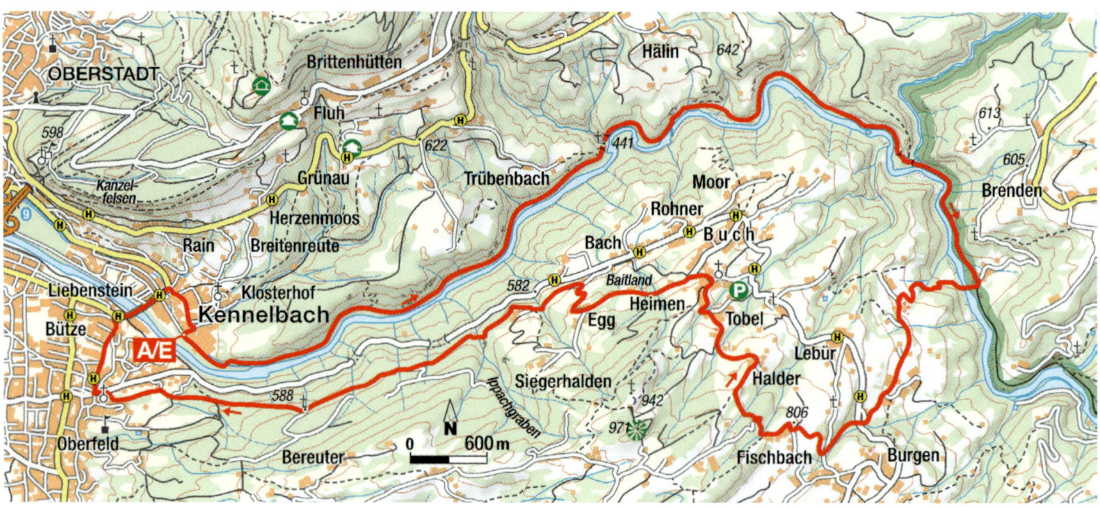

lichen alten Bucher Straße. Hierfür gehen wir links vom Gemeindeamt die Straße hinunter Richtung Feuerwehr und biegen in der Kurve dann links ab auf den oberen der beiden Wege. Nach dem Waldstück am Wegweiser zum Moststüble (diesem nicht folgend) geht es rechts ab, bis wir direkt vor ein Haus kommen. Bei diesem biegen wir erneut rechts auf einen Wiesenpfad ab, der uns hinunter bis kurz vor den nächsten Hof führt. Hier halten wir uns kurz rechts, dann geht es links weiter bis zu einer Lichtung vor einem weiteren einsamen Anwesen. Dort wandern wir nach rechts in den Wald und sind nun auf der alten Bucher Straße – und können uns gut die Beschwerlichkeiten vorstellen, die man früher damit hatte, den Ort zu erreichen. Dabei gehen wir immerhin bergab (und vom Winter reden wir besser gar nicht).

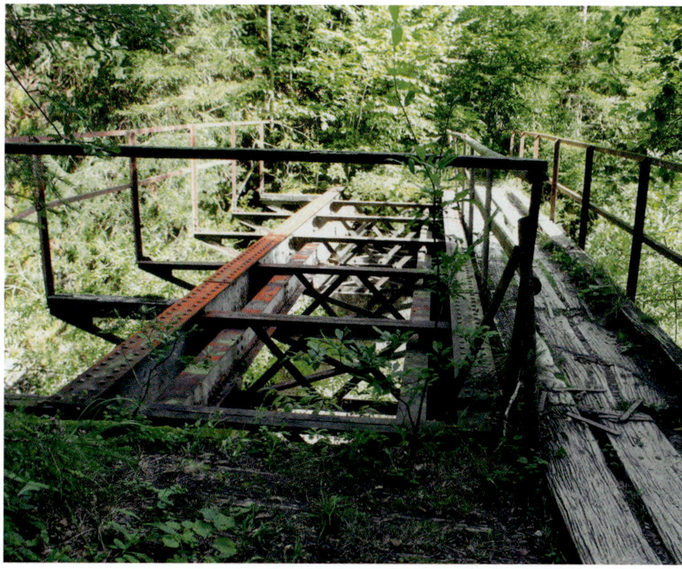

Tierhilfe Vorarlberg

In Bozenau steht nicht nur der alte Bahnhof für Doren und Sulzberg, und hier führt nicht nur die einzige Brücke weit und breit über die Ach – neben dem Achstüble als Einkehrmöglichkeit gibt es hier seit 2006 auch ein Begegnungszentrum der Tierhilfe Vorarlberg. Bei Voranmeldung erfährt man mehr über die versorgten Tiere und über die Arbeit der Initiative (www.gut-bozenau.at).

Zurück nach Kennelbach Durch den Wald wandern wir nun am Hang entlang oberhalb der rauschenden Ach in Richtung Wolfurt. An den nächsten Abzweigungen, erst auf den Forstweg, dann am Kreuz und Brunnen und später kurz vor dem Waldende halten wir uns stets rechts. Schon in Sichtweite von Wolfurt (noch größtenteils hinter einem Hügel verborgen) biegen wir dann nach links (Wegweiser »Wolfurt Kirche«) und kommen ins alte Ortszentrum von Wolfurt. Unterhalb der Kirche gehen wir rechts in die Oberfeldgasse (die mittlere der drei Straßen), gelangen so zur Ach und laufen rechts über die Brücke hinüber nach Kennelbach. Dort halten wir uns erneut rechts und kommen zurück zum Schindler-Areal.

Oben: Man ahnt, warum der Weg derzeit gesperrt ist: ehemalige, wenig vertrauenerweckende Bahnbrücke.

3 Eine Wallfahrt durch das Moos

Von Rickenbach nach Alberschwende

Mittel | 8 km | ↑ 440 Hm ↓ 160 Hm | 2 Std.

Tourencharakter
Bis zum Farnacher Moos stetig ansteigend, anfangs hin und wieder an der Straße. Nur wenige Waldpfade, ansonsten sehr bequeme Wege

Ausgangspunkt
Rickenbach, Dorfkapelle. GPS: 47.45789, 9.752027

Endpunkt
Alberschwende, Wendelinskapelle

Anfahrt
Bahn & Bus: Bahnhof Wolfurt (RB Bregenz–Feldkirch). Mit dem Bus (Linien 35, 37) fährt man von Alberschwende nach Wolfurt zurück.
Auto: A 14 (Rheintalautobahn) bis Ausfahrt Wolfurt

Karte
Kümmerly + Frey 1:35 000, Nr. 1 Bregenzerwald

Einkehr
In Rickenbach, Bildstein und Alberschwende

Information
www.gemeinde-bildstein.at

Eine Kunstschönheit in Bildstein und eine Naturschönheit mit dem Farnacher Moos warten bei diesem Anstieg in den Bregenzerwald auf alle Entdeckernaturen.

Auf dem Kreuzweg Passenderweise starten wir an der kleinen neugotischen Kapelle von Rickenbach, heute ein Ortsteil von Wolfurt. Am gegenüberliegenden Gasthof Kreuz (links) vorbei, dann geht es rechts in die Rickenbacher Straße, und schon hier beginnt spürbar der Aufstieg nach Bildstein. Wir bleiben geradeaus in der Rickenbacher Straße, bis sie auf die größere Bildsteiner Straße trifft, und beginnen hier den Kreuzweg links hoch zum Wallfahrtsort, der – leider – die meiste Zeit an der Straße entlangführt, wobei man oft die Seiten mit den Gehsteigen wechseln muss. Nach der starken Linkskurve können wir allerdings, indem wir rechts abbiegen, für kurze Zeit auf einem kleinen Waldpfad abkürzen, der uns auch an dem ursprünglichen Bildstein vorbeiführt. Wieder an der Straße geht es weiter bergan bis unterhalb der Basilika.

Frühbarockes Maria Bildstein Die letzte Straßenkurve vermeiden wir und gehen gleich links hoch. Wir treffen hier auf den Frauenbrunnen, dessen Quelle unterhalb der Wallfahrtskirche liegt, die sich nun majestätisch rechts von uns erhebt. Auf ein Pestgelübde zurückgehend, wurde die schlichte Kirche nach mehreren Kapellenbauten im Frühbarock Mitte des 17. Jahrhunderts errichtet, um die vielen Pilger aufzunehmen. Die Ausstattung im Inneren ist barock und modern, das Gnadenbild stammt aus dem 14. Jahrhundert.

Was aber Maria Bildstein so außergewöhnlich macht, ist seine wunderbare Lage über dem Rheintal. Übertroffen wird sie wohl nur noch von der des Gemeindeamts: Außergewöhnlich und wie auf einem Kliff liegt dieses hoch über der Abbruchkante, von wo aus man einen fantastischen Blick auf die Schweizer, die Vorarl-

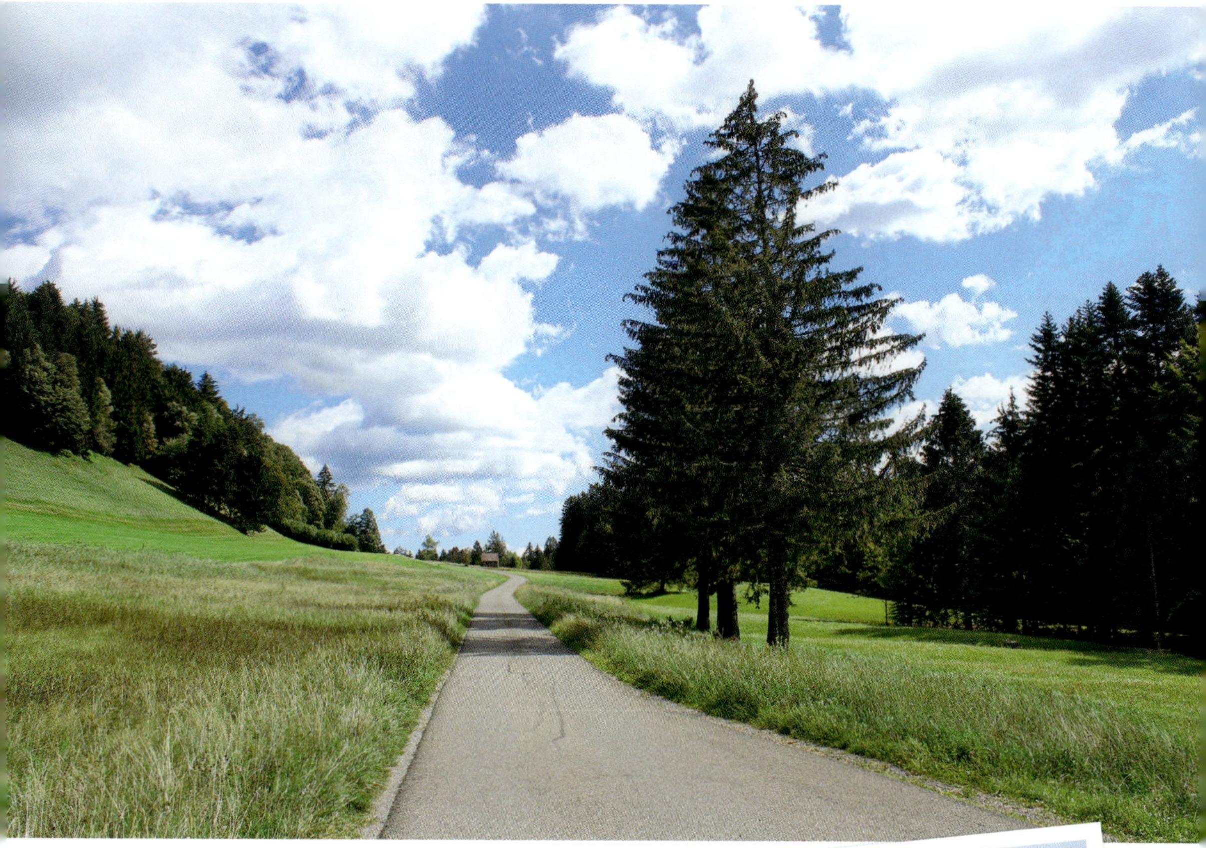

berger und die Liechtensteiner Berge, das Rheintal und den Bodensee genießt.

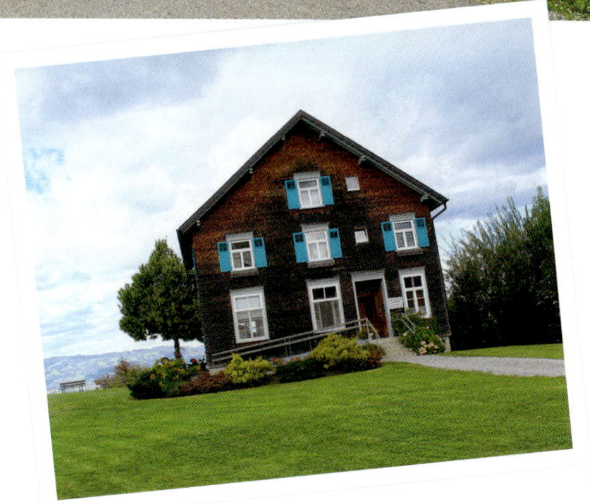

Lage am Abgrund: das Gemeindeamt von Bildstein

Ganz oben: Der Weg auf der Hochfläche ins Farnacher Moos

Ins Farnacher Moos Wie es sich für einen Wallfahrtsort gehört, besitzt Bildstein natürlich mehrere Gastwirtschaften, wo man sich stärken kann – denn der Anstieg ist noch nicht beendet. Hinter dem Chor der Kirche laufen wir an der Straße weiter, bis diese sich verzweigt. Wir gehen geradeaus (nicht dem Straßenverlauf rechts abbiegend folgend), bis wir im Wald scharf rechts mit dem Wegweiser »Ferienheim Oberbildstein« abbiegen. Wir schlängeln uns in Serpentinen durch die modernen Wohnbauten, bleiben dann lange geradeaus auf dem Teerweg und durchqueren den Weiler Kapf, bis wir die ersten Vorboten des Farnacher Mooses erreichen.

Dieses Hochmoor, einst Torfabbaugebiet, begeistert durch seine hohe, ruhige Lage und natürlich durch seine Vielfalt vor allem an allen Arten von Feuchte liebender Flora. Wie uns die Schilder an seinem Rand erklären, steht es unter Naturschutz. Wir gehen am Wegweiser rechts am Moos entlang und halten uns kurz darauf an der Holzhütte links, sodass wir die Schönheit des Sumpfgebiets genießen können.

Der Frauenbrunnen

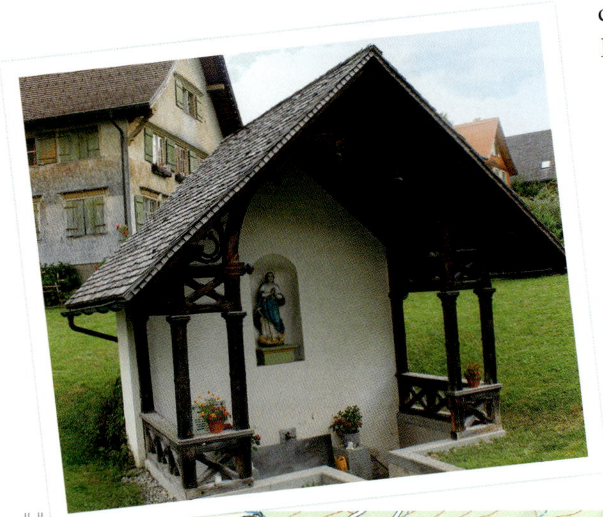

Kurz nachdem dieses zu Ende ist, biegen wir von dem breiteren Weg links ab in den Wald und steigen hier auf dem sich bald weitenden Weg hinab bis kurz vor dem Waldende. Dort geht es erneut links und schließlich am Waldrand noch einmal links.

Nach Alberschwende Vor uns liegt schon Alberschwende, das erste große Bregenzerwald-Dorf, seit Jahrhunderten das Eintrittsportal in die Talschaft. Wir biegen gleich wieder von unserem Weg nach rechts auf den Wiesenpfad ab. Er führt uns zu den ersten Häusern des Dorfs und hier hinab zur Bregenzerwaldstraße. Kurz geht es links hoch und dann links über die Schulen zum Dorfplatz.

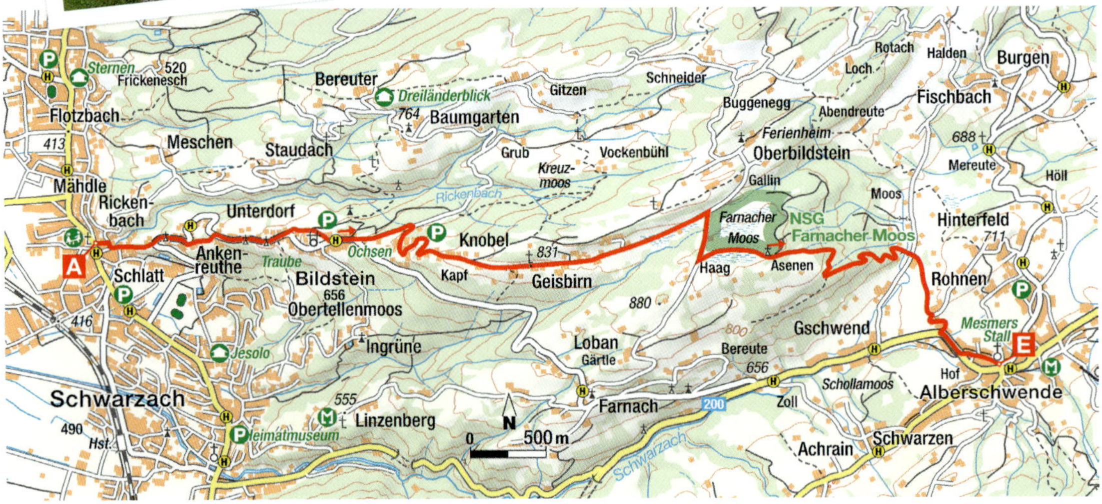

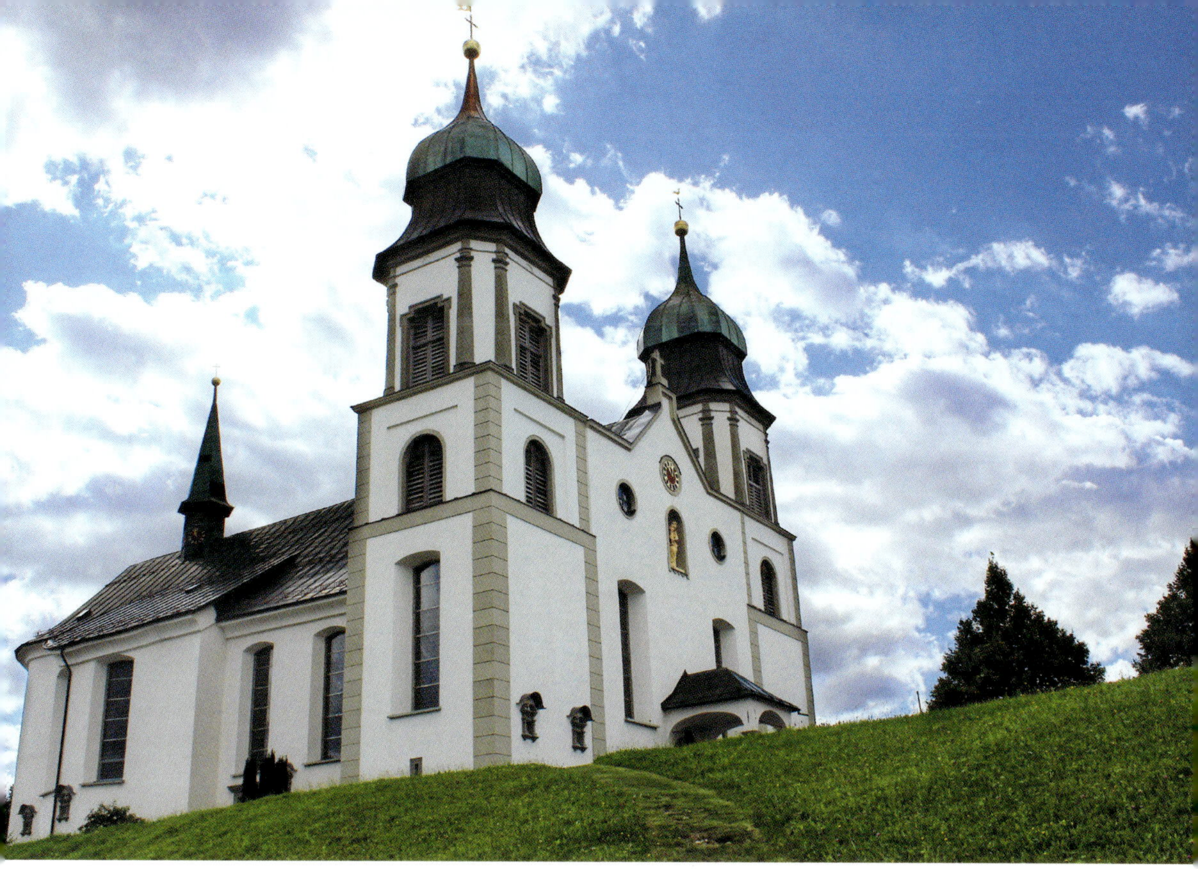

Die Wallfahrtsbasilika Bildstein in all ihrer Herrlichkeit

Die groß geratene Martinskirche, die umliegenden Häuser, der Brunnen und vor allem die berühmte Dorflinde, der ein hohes Alter nachgesagt wird, machen den zentralen Platz von Alberschwende aus. Auch heute noch ist das Dorf mit seinen gut 3000 Einwohnern der wichtigste Zugangsort zum Bregenzerwald, und das Verkehrsaufkommen ist hoch, aber den Charme Alberschwendes kann da doch nicht gänzlich stören. Von hoher geschichtlicher Bedeutung war der Lorenapass, der mit der Legende der drei wichtigen Bregenzerwald-Heiligen verbunden ist, von denen einer, Merbod, in der barocken Wendelinskapelle begraben ist (s. Tour 13). Sie liegt links vom Dorfplatz an der Straße und ist damit der perfekte Ort, um unsere heutige kleine Wallfahrt zu beenden. Mit dem Bus (Linien 35, 37) fahren wir alsdann nach Wolfurt zurück.

Für die ganze Familie

Nahe am Beginn unserer Strecke liegt der Doppelmayr-Zoo. Er bietet auf weitem Gelände sowohl heimischen Tierarten als auch einigen Exoten bis hin zu Kängurus ein Zuhause. Naturgemäß ist er besonders bei Kindern beliebt und ein Besuch ist das ganze Jahr über möglich – das Gelände ist frei und kostenlos zugänglich (www.doppelmayr.com/de/unternehmen/doppelmayr-zoo/).

4 An der Dornbirner Ach

Von der Karrenseilbahn nach Gütle

Leicht | 7 km | 190 Hm | 1.30 Std.

Tourencharakter
Angenehme, gemütliche Tour mit allerdings einem sehr starken Anstieg hinter Gütle. Sehr gute Wege, teils Teersträßchen. Für Familien – auch wegen der vielen Attraktionen am Weg – gut geeignet.

Ausgangs-/Endpunkt
Talstation der Karrenseilbahn in Dornbirn.
GPS: 47.400405, 9.753505

Anfahrt
Bahn & Bus: Bahnhof Dornbirn (zum Gütle mit Halt an der Talstation verkehrt von dort auch ein Bus)
Auto: A 14 (Rheintalautobahn) bis Ausfahrt Dornbirn-Süd

Karte
Kümmerly + Frey 1:35 000, Nr. 1 Bregenzerwald

Einkehr
Gasthof Gütle, Gasthäuser in Dornbirn

Information
www.dornbirn.info

Hinter Dornbirn, Vorarlbergs größer Stadt, verbinden sich im Tal der Dornbirner Ach Kultur- und Naturschönheiten, beherrscht vom Karren, einem Ausläufer des Bregenzerwaldgebirges.

Am Fuß des Karren Ein modernes Panaromarestaurant nutzt die Lage des Karren mit seinen 971 Metern Höhe am Rand des Rheintals, um allen Besuchern einen grandiosen Ausblick auf das Tal, die Schweizer Berge und den herüberschimmernden Bodensee zu ermöglichen. Man kann hier zu Fuß hochsteigen oder die Karrenseilbahn nutzen, die alle Viertelstunde in nur fünf Minuten auf den Gipfel fährt.

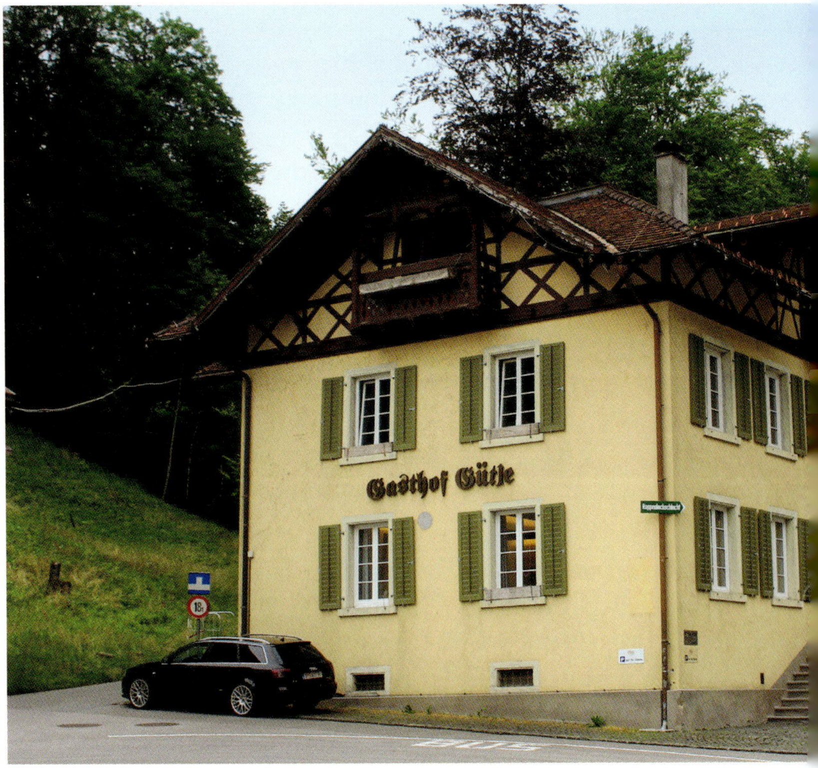

Der Gasthof Gütle am Beginn des Fabrikgeländes

Für uns ist die Talstation ein praktischer Ausgangspunkt (mit Parkplätzen) für unsere Wanderung ins Tal der Dornbirner Ach und somit ins Bregenzerwaldgebirge. Hierzu überqueren wir an der Seilbahn auf dem Steg den Fluss hinüber auf die südliche Seite und gehen dann links. Wir kommen am Waldbad Enz vorbei und laufen bis Boden. Hier treffen wir auf ein erstes Denkmal der industriellen Vergangenheit dieses Tals, das sich die Wasserkraft der Ach zunutze machte – die Fabrikgebäude sind heute längst aufgegeben und dienen als Nachtclub. Vor den Gebäuden wenden wir uns links, gehen über den Fluss und rechts weiter an der Gütlestraße entlang. Nach einer längeren Kurve kommen wir vor

Für jeden Geschmack etwas dabei

Der Möglichkeiten sind, wie im Text erwähnt, natürlich vielseitig. Die Karrenseilbahn (www.karren.at) fährt zu jeder Viertelstunde von 9–23 Uhr (im Winter kürzer). Das Rolls-Royce-Museum (www.rolls-royce-museum.at) hat im Sommer täglich, ansonsten Di–So geöffnet, das Krippenmuseum Di–So von 10–17 Uhr (www.krippenmuseum-dornbirn.at). Wer die Rappenlochschlucht besuchen möchte, sollte sich vorher informieren – wegen Felseinbrüchen ist sie des Öfteren geschlossen (www.rappenlochschlucht.at).

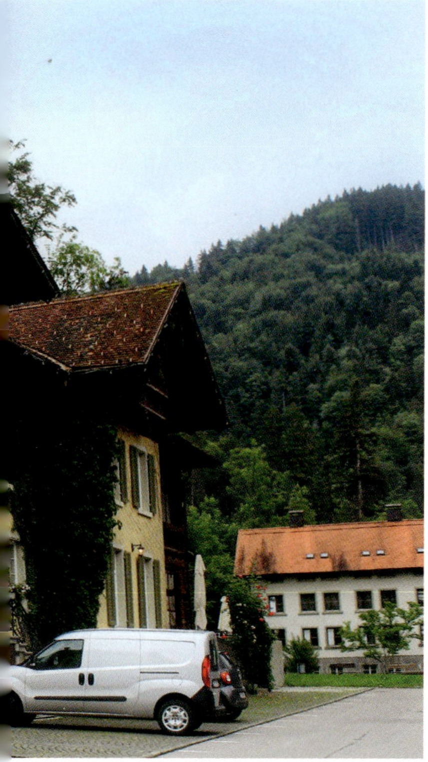

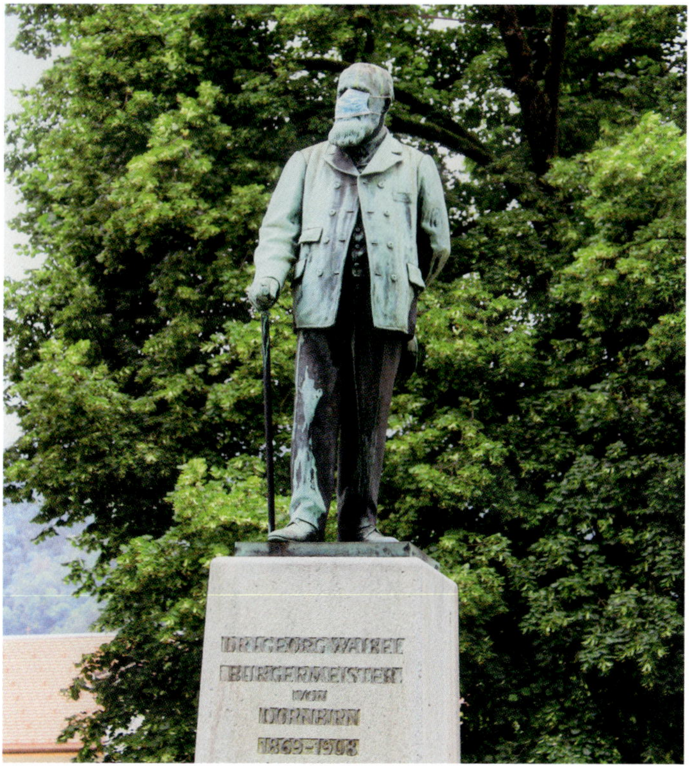

Statue des Dornbirner Bürgermeisters Dr. Waibel (1869–1908) – immer noch vorbildlich

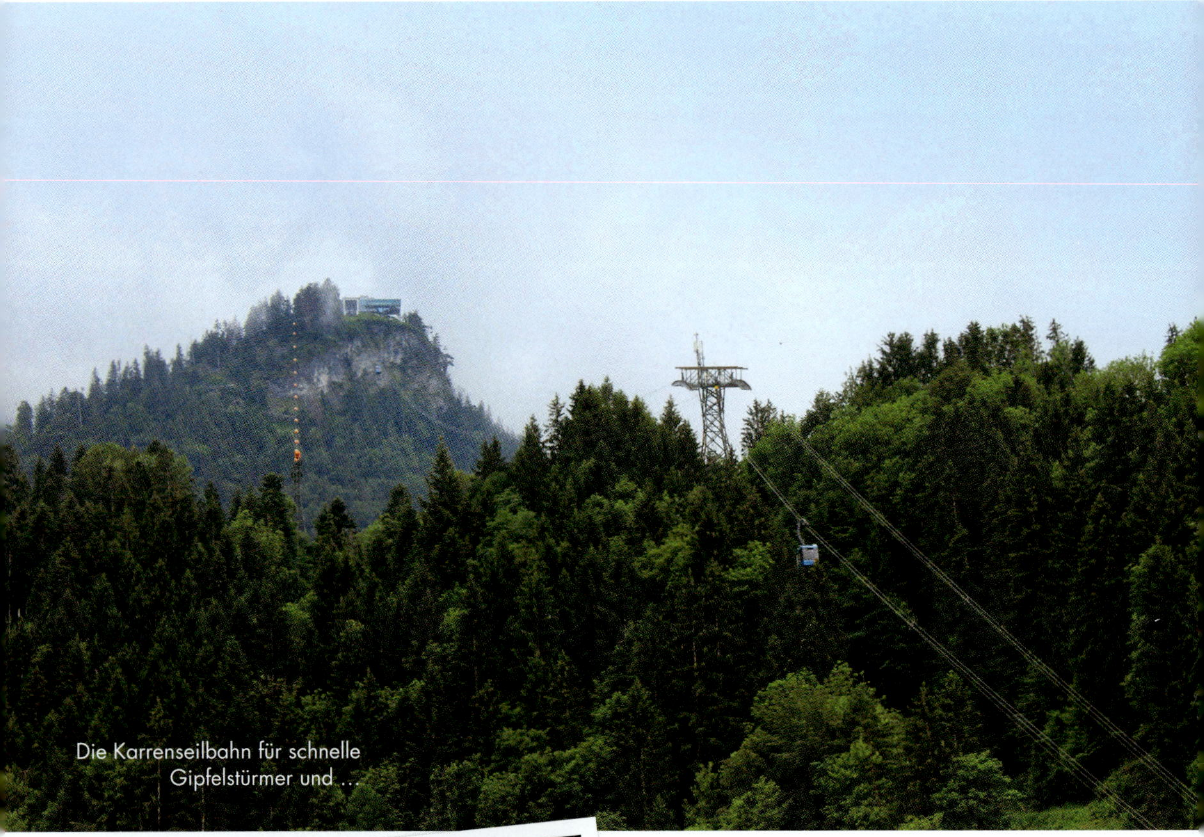

Die Karrenseilbahn für schnelle Gipfelstürmer und …

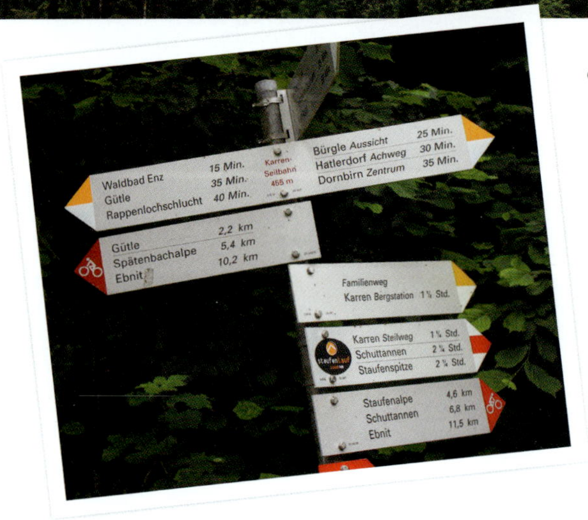

… die Wegweiser für Gütle-Wanderer

dem ehemals großen Industriegelände von Gütle an.

Wasserkraft und Pferdestärken Auch hier war einst die Wasserkraft entscheidend – kommend aus dem nahen Staufensee mit seinem alten Kraftwerk Ebensand – für die durch F. M. Hämmerle Mitte des 19. Jahrhunderts errichteten Textilfabriken, die bald mit zu den wichtigsten in ganz Österreich gehörten. Vom Stolz jener Zeiten zeugen nicht nur die noch vorhandenen Bauten der k.u.k.-Tage, sondern auch der große Springbrunnen, dessen Fontäne mit seiner Höhe von gut 57 Metern einst zu den höchsten in Europa zählte. Er wurde allerdings längst abgestellt und plätschert nur noch vor sich hin.

Besser erging es den Fabrikbauten – zwar kam auch für die Fertigung hier Anfang der 1990er-Jahre das Ende, doch ist mittlerweile wieder neues Leben eingezogen: Weithin bekannt ist das Rolls-Royce-Museum (bzw. die Rolls-Royce-Museen) mit einer der größten Sammlungen dieses edlen Automobils weltweit. Beschaulicher Kontrast ist das nebenan untergebrachte und nicht nur zur Weihnachtszeit geöffnete Dornbirner Krippenmuseum. Außerdem gehören zum Ensemble ein Gasthaus und mit dem um 1900 gepflanzten Mammutbaum in der Mitte des Geländes ein Naturdenkmal, das fast die Höhe der einstigen Fontäne erreicht.

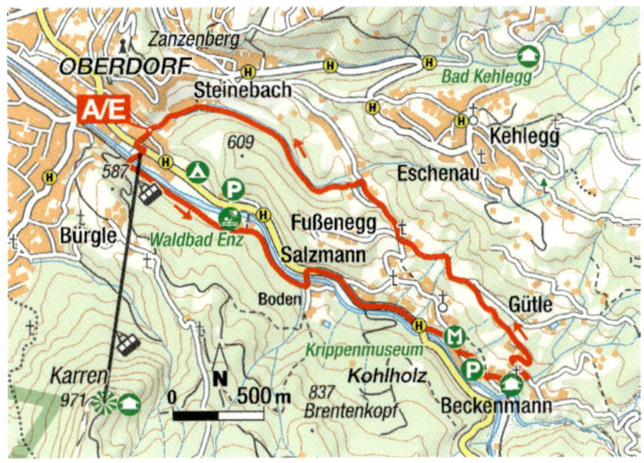

Über Salzmann nach Dornbirn Wir betreten das Gelände links, gehen an den Museen, Springbrunnen und dem Mammutbaum vorbei, dann zum Spielplatz links und rechts hoch Richtung Rotte Beckenmann. Eine Attraktion dieses Wandergebiets ist die Rappenlochschlucht, zu der wir hier überall Hinweise finden. Sie ist eine der größten Schluchten des Alpenlands und natürlich bei Weitem kein Geheimtipp mehr – weshalb wir sie heute auch nicht aufsuchen. Ein Tipp für spätere Ausflüge bleibt sie allemal (s. Tippkasten).

Wir dagegen wandern weiter auf dem Teersträßchen bergan durch die Häuser Beckenmanns. Es geht nun längere Zeit kräftig hinauf, jedoch auf bequemen Wegen. An der Holzkapelle wenden wir uns links und gehen die Serpentinen weiter hoch. An dem Anwesen kurz vor dem Waldstück bleiben wir geradeaus (steigen also nicht weiter hoch) und laufen bis Salzmann. In dem Weiler halten wir uns an der Großkreuzung rechts, und es geht nun bereits wieder leicht bergab.

Nach kurzer Zeit treffen wir wieder auf Häuser (Eschenau), biegen nach der Lama-Farm auf das Sträßchen (mit sehr wenig Verkehr, aber trotzdem darauf achten!) ab und wandern so Richtung Karrenseilbahn zurück. Nachdem wir den Ortsrand von Dornbirn wieder erreicht haben, geht es kurz darauf von der Gechelbachgasse links durch die kurze Straße In der Enz direkt bis vor die Talstation.

5 Ins einsame Bergdörfchen

Von Hohenems nach Ebnit

Schwer | 10 km | ↑ 850 Hm ↓ 220 Hm | 3 Std.

Tourencharakter
Anspruchsvolle Strecke mit kilometerlangen Anstiegen über Hunderte von Höhenmetern. Teils auf engen, felsigen Pfaden und Steigen. Für gut geübte Wanderer mit Erfahrung, festem Schuhwerk, Trittsicherheit und Schwindelfreiheit. Nur bei trockenem Wetter!

Ausgangspunkt
Hohenems, Kirche.
GPS: 47.363593, 9.690152

Endpunkt
Ebnit, Kirche

Anfahrt
Bahn & Bus: Bahnhof Hohenems (RE, S-Bahn). Zurück mit Buslinie 46 nach Dornbirn und von dort mit der Bahn nach Hohenems
Auto: A 14 (Rheintalautobahn) bis Ausfahrt Hohenems

Karte
Kümmerly + Frey 1:35 000, Nr. 1 Bregenzerwald

Einkehr
Pfarrers Älpele, Gasthäuser in Hohenems und Ebnit

Information
www.hohenems.at

Hoch hinaus geht es von der Rheintalstadt Hohenems über die Ruine Alt-Ems auf steilen Pfaden nach Tugstein, zur Ranzenbergalpe und bis zu einem Bergsattel mit der Emser Hütte. Von dort wandern wir am Pfarrers Älpele vorbei ins einsame Bergdörfchen Ebnit.

Schmuckes Hohenems Die einstige Residenzstadt Hohenems mit ihrem Schloss, ihrer schmucken Altstadt, den vielen Museen und zahlreichen Veranstaltungen ist heute eine lohnenswerte kleine Kulturmetropole mit Strahlkraft weit über das Bodenseegebiet hinaus. Für uns ist ihr Zentrum Ausgangspunkt einer Wanderung mit buchstäblich einigen Höhepunkten.

Wir beginnen an der Hohenemser Pfarrkirche und durchqueren hier den Torbogen rechts. Gleich dahinter beginnt rechts der

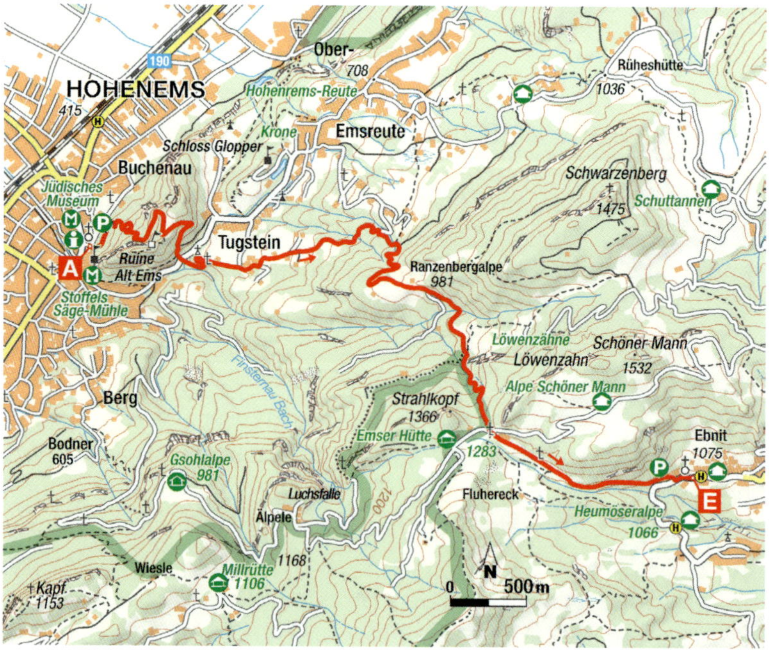

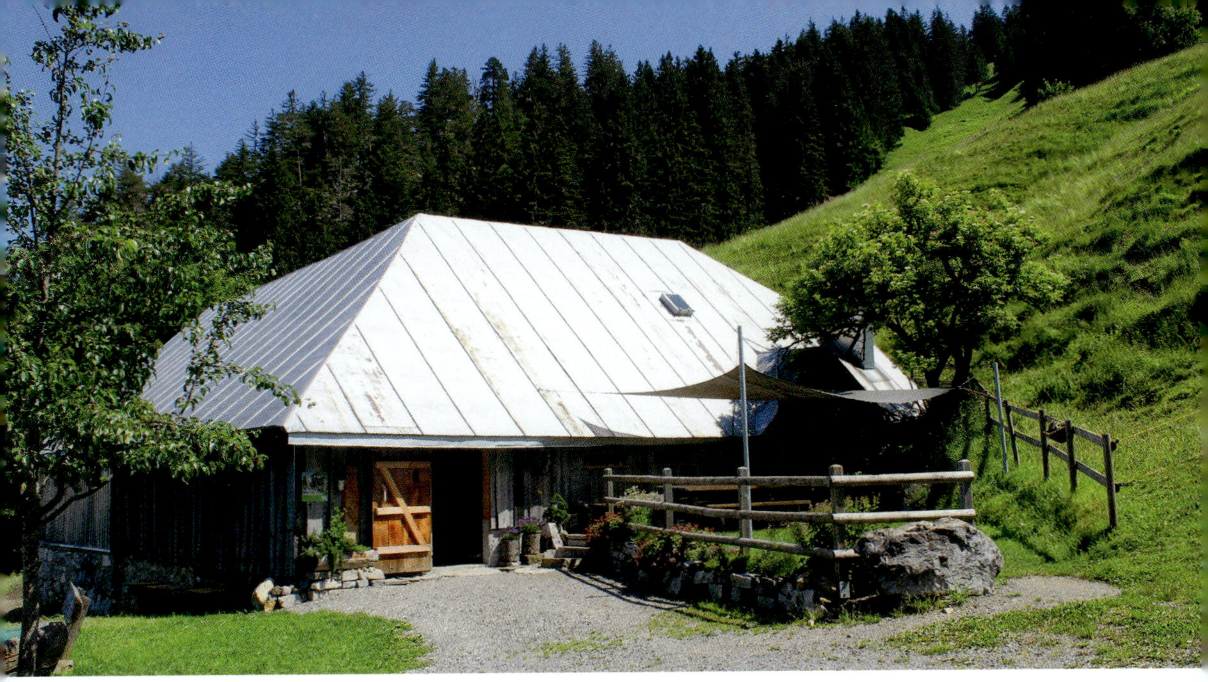

Anstieg zur Ruine Alt-Ems. Rot markiert deutet der Wegweiser schon an, dass dieser sogenannte Zickzack-Weg durchaus seine Ansprüche stellt. Diese werden, kann man sagen, mit der Höhe auch höher: Unten noch breit und bequem, wird der Weg immer mehr zum Pfad, der sich in mal steinigen, mal rutschigen kurzen Serpentinen bis auf den Schlossberg hinaufzieht.

Empfiehlt sich als kurze Rast vor den nächsten Anstiegen: die Ranzenbergalpe

Geschichtsträchtige Ruine Alt-Ems Nach der Überwindung von gut 300 anstrengenden Höhenmetern kommen wir oben auf dem Burgplateau auf ca. 740 Metern Höhe an. Damit sind wir bereits in der Vorburg, während sich die Hauptanlage rechts von uns erstreckt. Erstreckt ist nicht übertrieben, denn die wohl im 12. Jahrhundert errichtete Burg, die schon im Mittelalter des Öfteren eine weltgeschichtliche Rolle spielte, gehörte einst zu den größten Anlagen im Süden des Reichs. Im 18. Jahrhundert wurde sie endgültig zugunsten des Stadtschlosses aufgegeben. Wer das innere Burgtor hinter sich hat, bekommt schnell einen Eindruck von den Ausmaßen des Ansitzes – auch noch als Ruine.

Legendär und spektakulär

Die Ebniter Bergstraße ist legendär und die Busfahrt deshalb ein Erlebnis: In engen Windungen geht es auf dem Sträßchen durch Felstunnel, über Schluchten und an Rappenloch, Alploch und dem Staufensee vorbei. Die Busfahrer der Linie 46 sind – anders als die Fahrgäste, die die Landschaft genießen können – nicht zu beneiden. Besonders spannend wird es stets bei Gegenverkehr …

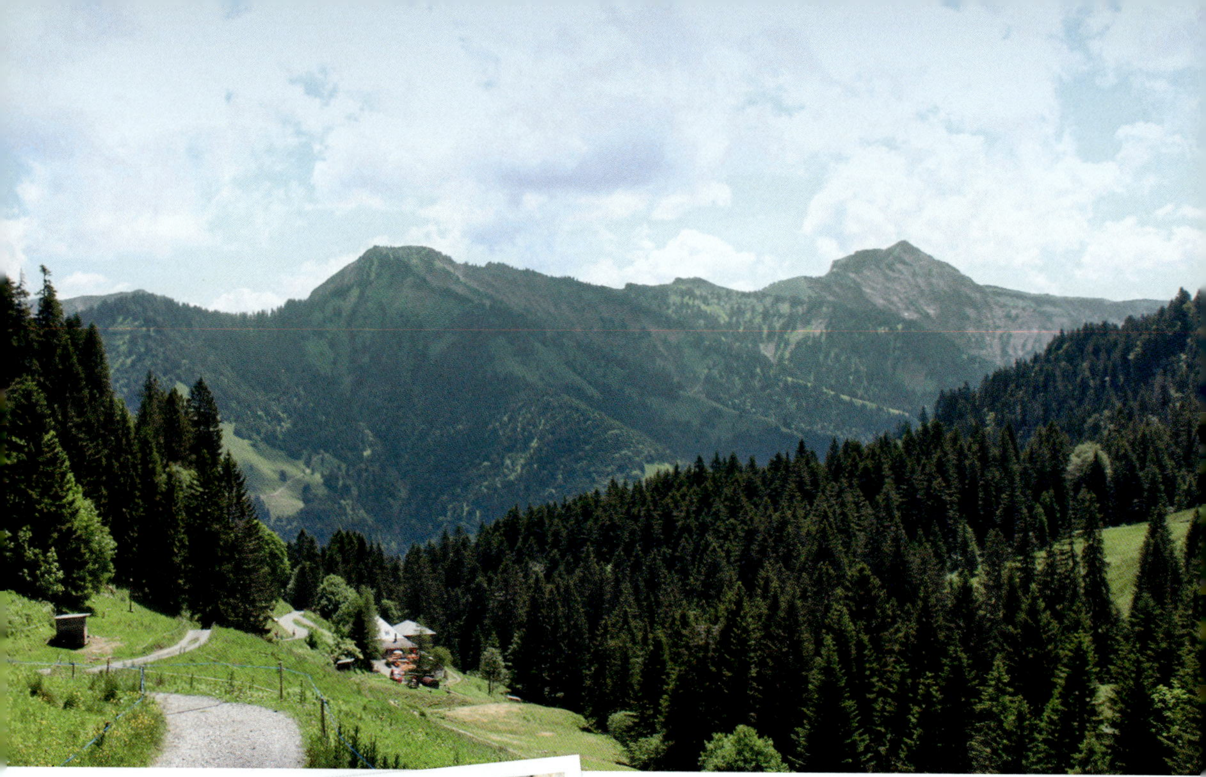

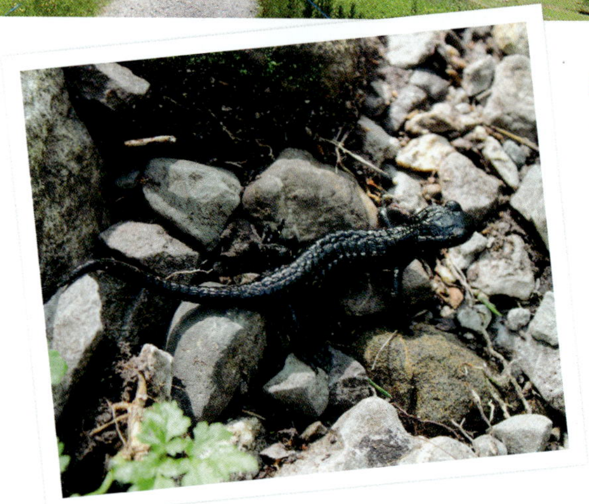

Steile Wege über Tugstein Durch das äußere östliche Burgtor verlassen wir die Ruine, und es geht auf einem Pfad einige Meter bergab. Nutzen Sie dies zur Erholung – es ist nur eine kurze Verschnaufpause. Wir kommen zu einem Waldweg und gehen auf ihm rechts weiter abwärts um die Kurve zu den Häusern von Buchenau. Hier nutzen wir kurz das Landsträßchen – und damit beginnt ein sehr langer Anstieg über viele Kilometer und Höhenmeter.

Ein Alpensalamander

Ganz oben: Auf dem Höhensattel schweift der Blick zu noch Höherem hinauf und hinab zu Pfarrers Älpele.

Wir gehen rechts hoch und verlassen vor der Kurve die Straße wieder nach rechts auf den Weg nach Tugstein. Am Teersträßchen angekommen, geht es links weiter bergan und fortan immer geradeaus, bis sich das Sträßchen in einen Schotterweg verwandelt und uns in den Wald führt. Hier wird der Weg immer holpriger und ähnelt teils eher einem Bachbett. Er führt teils stark ansteigend ebenfalls immer geradeaus (d. h. durchaus mit Kurven, aber wir zweigen nicht von ihm ab), bis er nach einiger Zeit auf einen breiteren Waldweg trifft.

Zur Ranzenbergalpe Hier halten wir uns rechts und an der nächsten Kreuzung erneut rechts. Auf diesem recht bequemen Weg kommen wir bis zur Ranzenbergalpe – Profis können vorher rechts direkt über die Weide abkürzen. Hier auf 981 Metern Höhe kann man in dem schönen Gebäude rasten, Brotzeit machen oder sich aus dem Mostbrunnen versorgen – dauerhaft besetzt ist die Alpe jedoch nicht.

An der Ranzenbergalpe ist unser Zielort Ebnit bereits angeschrieben. Wir gehen, vergleichsweise flach, auf dem breiten Weg weiter, bis wir zu einer Kreuzung vor einer Weide kommen. Unser Weg führt scharf rechts hoch in den Wald, und es folgt das sicher anspruchsvollste Stück der Etappe: In vielen Serpentinen wandern wir auf einem engen Fels- und Waldpfad bergan, und es sind noch einmal gut 300 Höhenmeter zu überwinden.

Zwischen Emser Hütte und Ebnit Oben angekommen, findet man sich nun mitten im Bregenzerwaldgebirge wieder, zwischen den Bergen Strahlkopf (1366 m) und Schöner Mann (1532 m). Rechts liegt nicht weit entfernt idyllisch die Emser Hütte (1283 m), und vor uns genießen wir den weiten Blick ins Ebniter Tal.

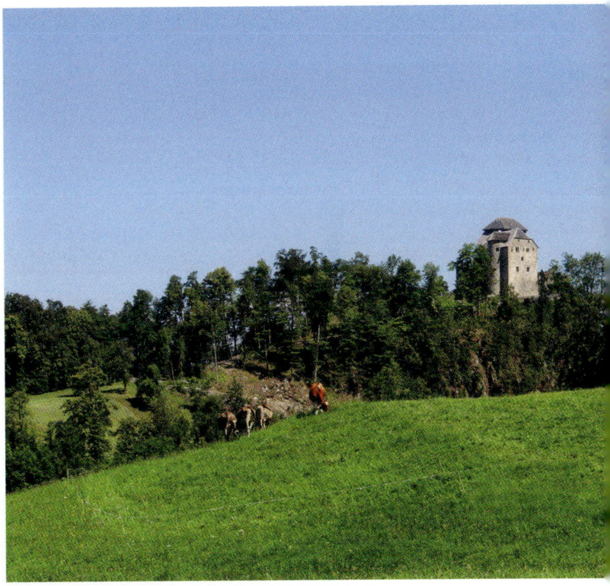

Aus der Ferne grüßt Burg Glopper.

Wir verlassen den höchsten Punkt unserer Tour auf gut 1270 Metern nach halb links und laufen am Wegkreuz vorbei zu Pfarrers Älpele, einer netten Einkehr direkt an der Strecke. Auf steilem Schotterweg geht es nun schnell bergab bis ins »Zentrum« von Ebnit, dem sehr einsam gelegenen Bergdorf auf über 1050 Metern Höhe. Neben der Kirche finden sich auch Gasthöfe, dazu gibt es einige Freizeitmöglichkeiten (etwa einen Hochseilgarten).

Ebnit, keine Bregenzerwald-Gemeinde, aber im Bregenzerwaldgebirge gelegen, gehört zur Stadt Dornbirn und ist auch nur über diese mit Fahrzeugen zu erreichen. Mit dem Bus (Linie 46) geht es deshalb dorthin und von Dornbirn mit der Bahn zurück nach Hohenems (s. Tippkasten).

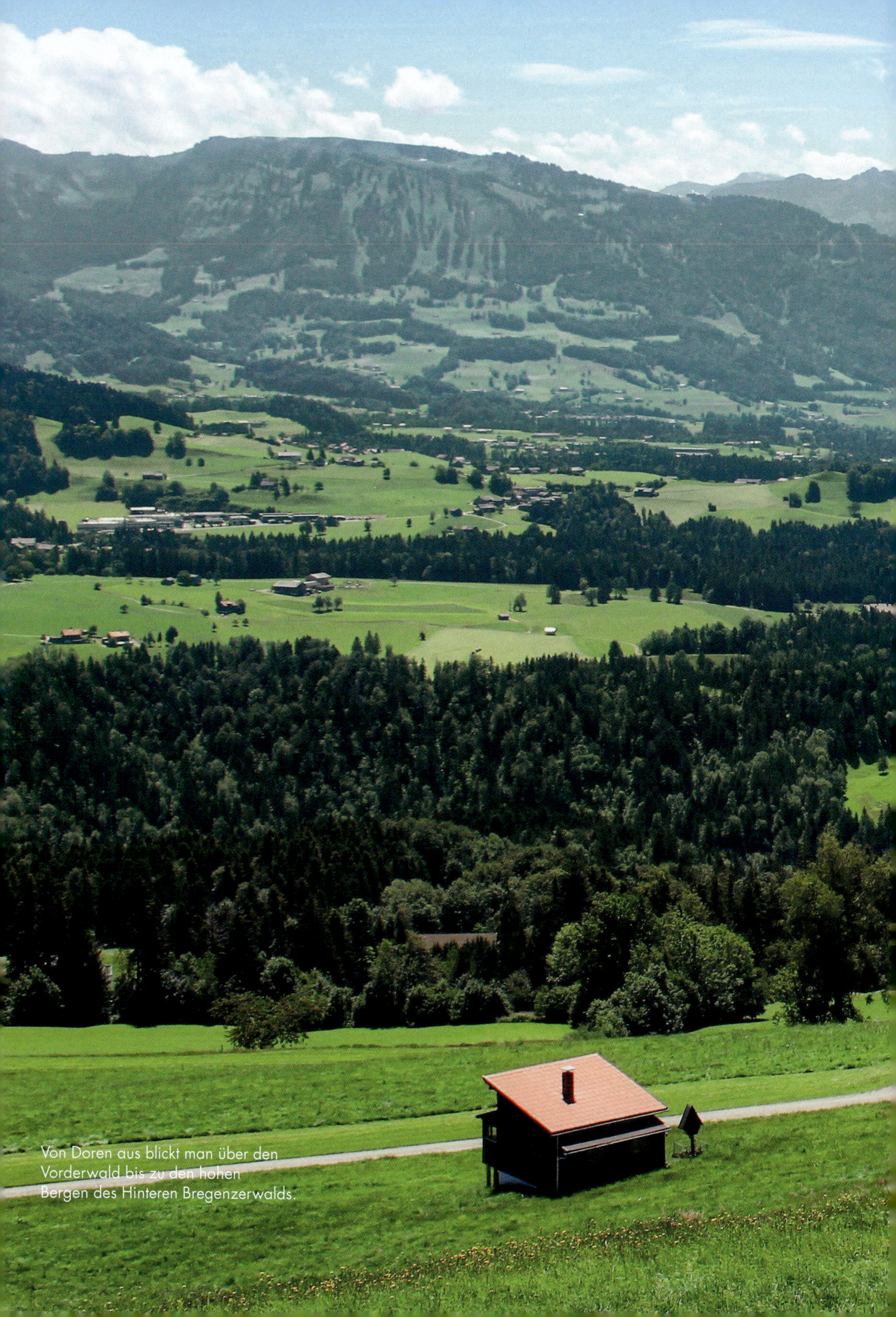

Von Doren aus blickt man über den Vorderwald bis zu den hohen Bergen des Hinteren Bregenzerwalds.

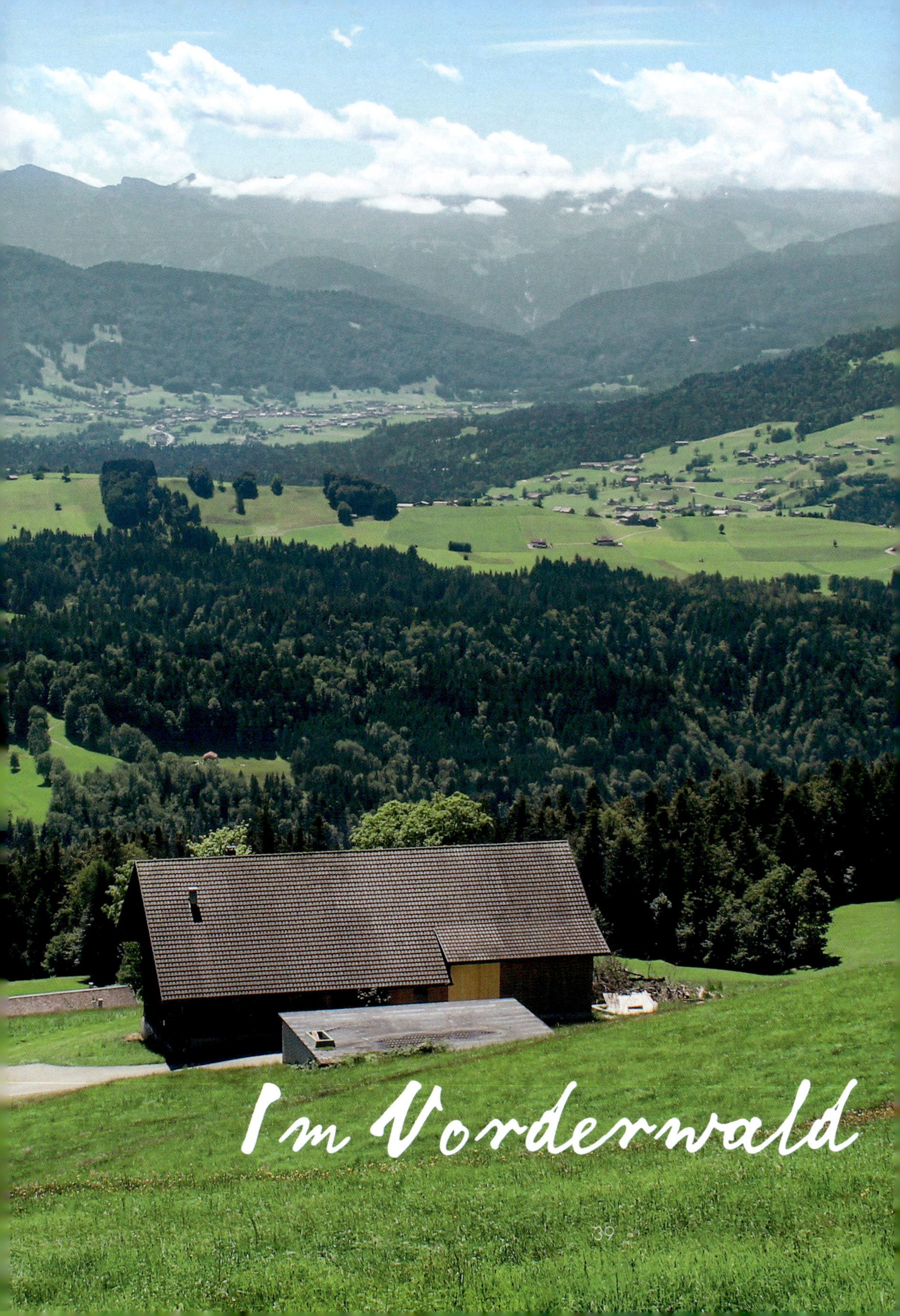

Im Vorderwald

6 Ein Mann, ein Dorf

Von Ach nach Thal

Leicht | 10–11 km | 130 Hm | 2–2.30 Std.

Tourencharakter
Gemütliche Strecke auf guten Wegen mit kurzem, aber deutlichem Anstieg nach Scheffau. Mit der etwas kürzeren Variante 1 des Rückwegs auch für Familien geeignet. Grenzübertritt

Ausgangs-/Endpunkt
Bushaltestelle Langen-Ach an der L4 bei Thal.
GPS: 47.515430, 9.862123

Anfahrt
Bahn & Bus: Bahnhof Bregenz, weiter mit Buslinie 25
Auto: A14 (Rheintalautobahn) bis Ausfahrt Bregenz, weiter auf der L2, dann der L4

Karte
Kümmerly + Frey 1:35 000, Nr. 1 Bregenzerwald

Einkehr
In Thal Gasthaus Krone, in Scheffau der Postwirt, in Ach Gasthaus Traube

Information
www.thal.at

Seine Existenz als Dorf verdankt Thal einem einzigen Mann: Martin Sinz. Auf unserer Wanderung zwischen Deutschland und Österreich begegnen wir diesem »Dorfvater« – und erleben das Allgäu.

Von Ach nach Thal Die Parzelle Ach gehört zu Langen und befindet sich – der Name verrät es – in einer Senke des Rotachtals. In der Richtung, in der wir uns nun von der Bushaltestelle wegbegeben, nämlich nördlich, war dieses bis ins Spätmittelalter so gut wie nicht besiedelt. Sümpfe und dichte Bewaldung herrschten vor.

Davon ist heutzutage nicht mehr allzu viel zu spüren, wenn wir nahe der Rotach, vorbei an den Tennisanlagen, die wenigen Häuser hinter uns lassen, bis wir rechts zu einem Steg über den Fluss

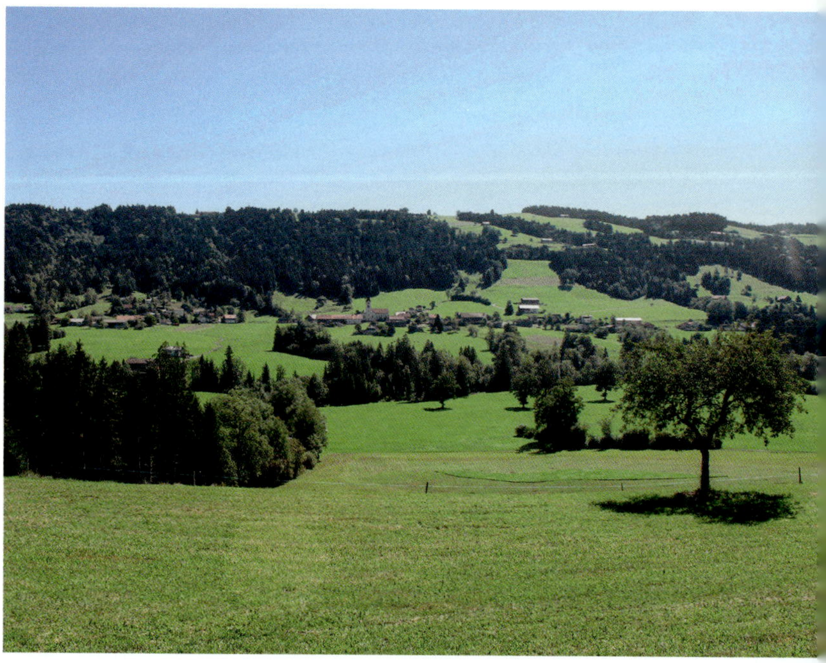

Thal von der Allgäuer Seite aus gesehen

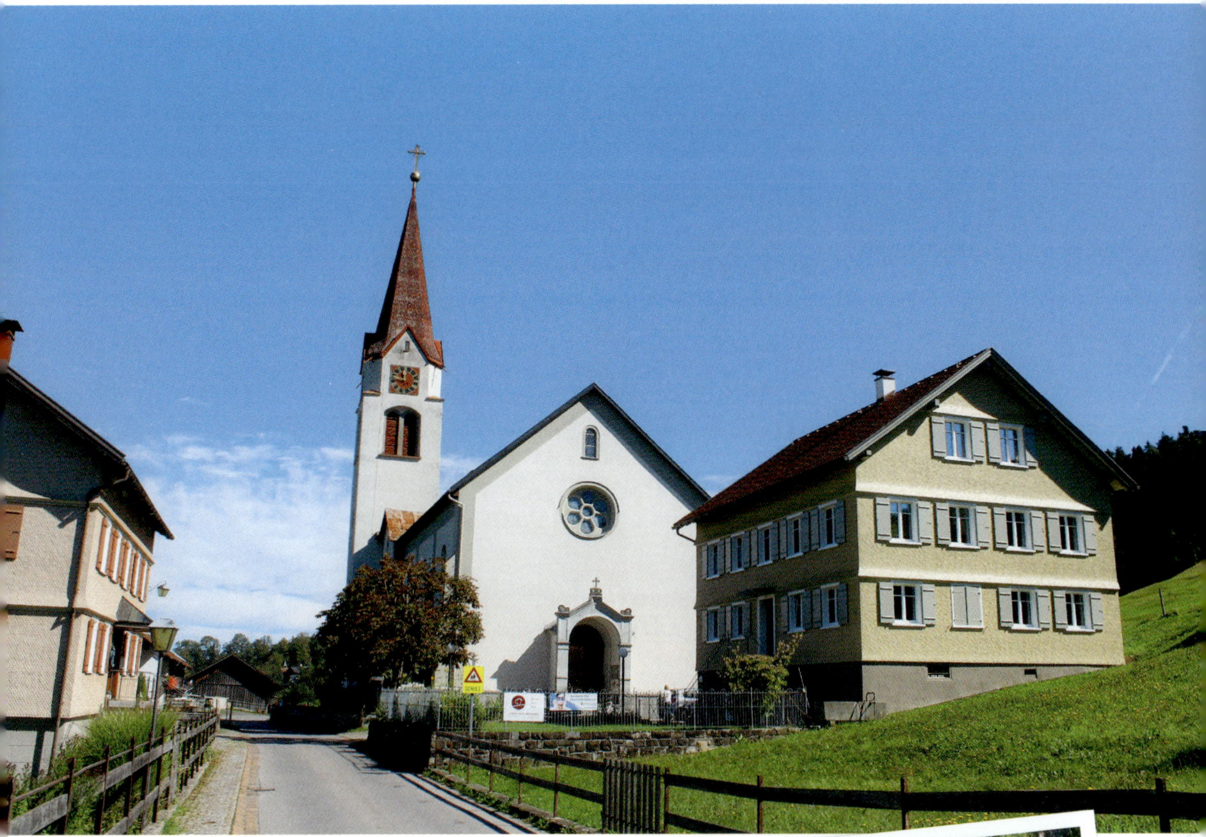

kommen, den wir auch nutzen. Auf der anderen Seite geht es nun links weiter auf dem Sträßchen immer geradeaus bis nach Thal.

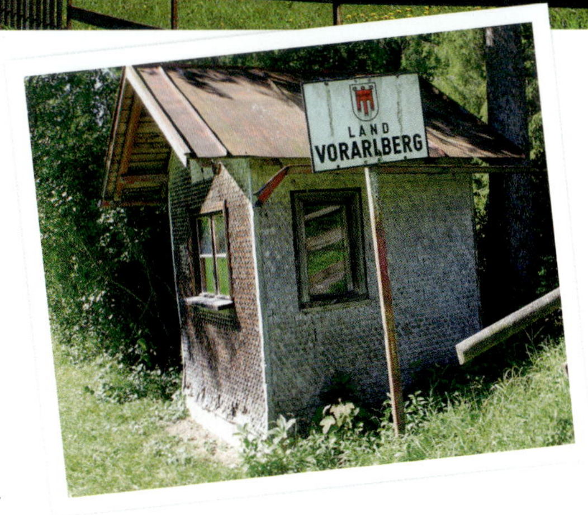

An der Landesgrenze

Ganz oben: Der kleine Ortskern von Thal

Liebenswertes Dörfchen Die überschaubar große Ortschaft hat eine interessante Geschichte: Die verstreuten Höfe in dem abgelegenen Tal, das zu Sulzberg gehörte, waren stets von Armut geprägt – ein Zustand, den Ende des 19. Jahrhunderts ein gebürtiger Thaler, der Pfarrer Martin Sinz, zu ändern versuchte. Und das erfolgreich: Er etablierte die Heimstickerei, dann setzte er den Bau einer Kirche, eines Pfarrhauses und einer Schule durch. Dieses Ensemble steht heute noch, und drumherum bildete sich ein kleiner Ortskern, zu dem heute auch das Gasthaus Krone mit dem Dorfladen und die Feuerwehr gehören.

Zwar scheiterten Versuche, selbstständig zu werden, und man blieb Teil der Gemeinde Sulzberg, aber die kleine Ortsgemeinschaft hat ein sehr liebenswertes Dorf geschaffen und hält dieses am Leben.

Beliebter Geheimtipp Gegenüber der Kirche, am Kriegerdenkmal, biegen wir in einen Weg links ein, der vor dem Bauernhof leicht rechts als Pfad über die Wiesen auf das nächste Anwesen zu führt. Hier geht es links ins Tal hinab bis zur Egglismühle. Vor den Gebäuden wenden wir uns dann links zur Rotach, die hier die Landesgrenze zu Deutschland markiert. Wir überqueren den Fluss und gehen auf der Allgäuer Seite geradeaus auf den Pfad zur Straße hoch. Gegenüber wandern wir links hinauf nach Scheffau, und wenn wir wieder die Straße kreuzen, geht es gegenüber weiter in den kleinen Ortskern.

Hier kann man hinüberblicken zum etwas tiefer liegenden Thal. Zwischen den beiden Dörfern herrscht eine gute Nachbarschaft, gehörte doch auch Scheffau bis 1814 zu Vorarlberg. Der Ort ist aber anders als Thal historisch gewachsen, wie man an einigen der Gebäude, nicht zuletzt der barocken Martinskirche sieht. Er besitzt einen schönen Dorfplatz und ist nicht umsonst ein beliebter Geheimtipp für Ausflügler.

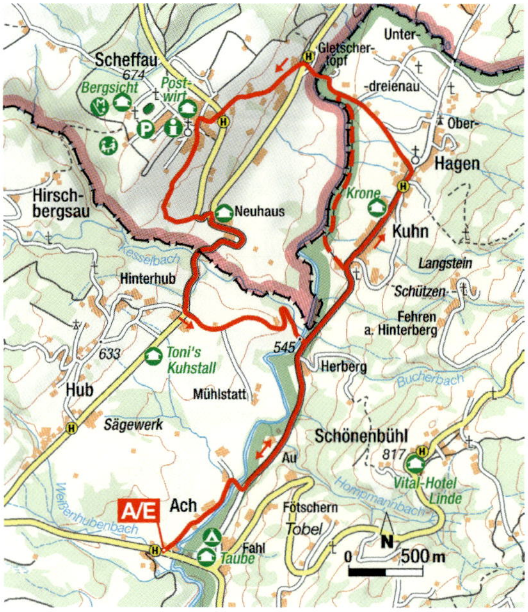

Zwei Varianten für die Rückkehr In Scheffau muss man sich entscheiden, wie man zum Ausgangspunkt in Ach zurückkommen will. Abgesehen von einer langen, anspruchsvollen Variante über den Hirschberg gibt es zwei Möglichkeiten: Die bequeme und sichere Version führt uns erst einmal auf demselben Weg zurück bis auf die österreichische Seite, wo dann rechts nach der Egglismühle ein Pfad über die Wiesen im Tal unterhalb von Thal abzweigt, der später in das Sträßchen in der Parzelle Kuhn einmündet. Hier geht es rechts bis Ach und auf bekanntem Weg zurück.

Wer direkt von Scheffau aus weiterlaufen möchte, geht vom Dorfplatz vor der Kirche links abwärts (Im Ahornbühl) und bis zu dem einzelnen Anwesen. Hinter diesem wendet man sich links und wandert zwischen den Weiden hinunter nach Neuhaus. Hier beginnt der unange-

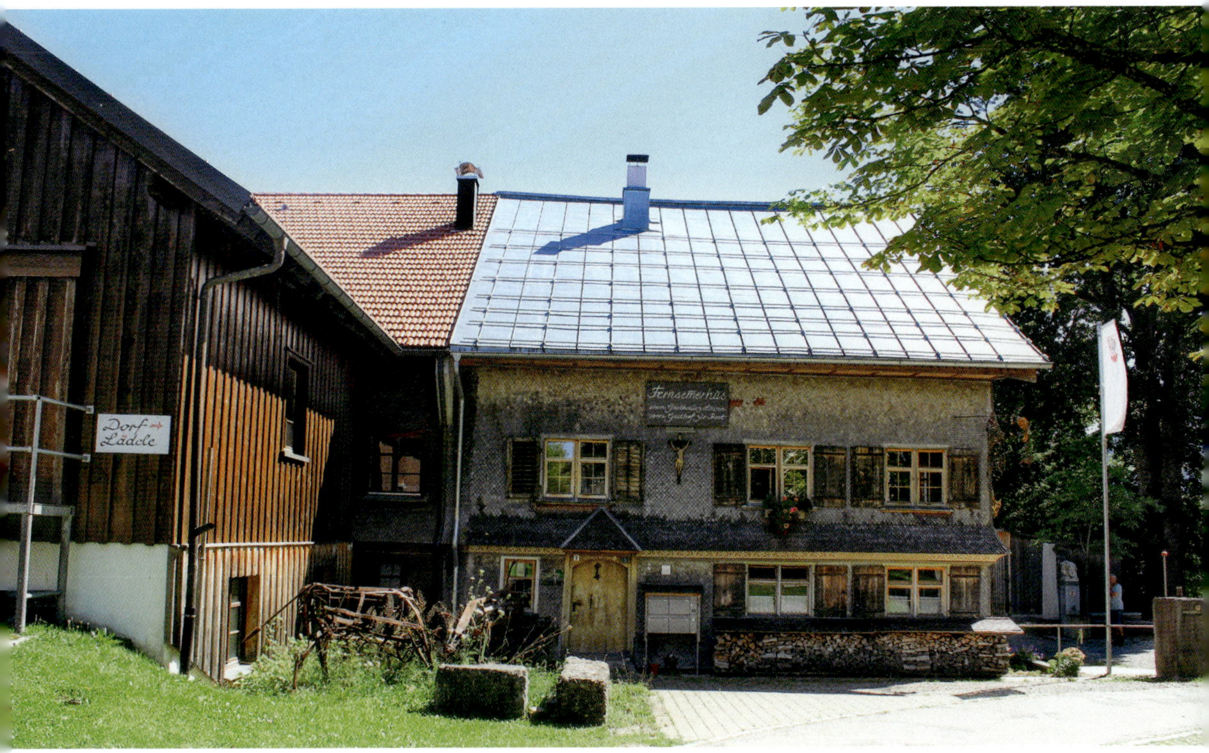

Recht urig sind manche Ecken in Scheffau.

nehme Teil der Tour, der am Rand der gut befahrenen Straße Langen–Weiler entlangführt. Reizvoll sind die beiden aufgelassenen Zollhäuser, gefährlich dagegen die kurvenreiche Strecke – es heißt gut aufpassen. Am ehemaligen österreichischen Zollamt ist dieser Abschnitt zum Glück vorbei, und wir können links ins Tal der Rotach abbiegen. An der nächsten Abzweigung bleiben wir links auf dem Sträßchen. Unten an der Brücke angelangt, geht es rechts auf dem uns schon bekannten Weg zurück zum Ausgangspunkt.

Erfrischend kühles Nass

Die Rotach lädt an unserem Weg zweimal zum Badevergnügen ein: Unterhalb des Ortskerns von Thal in der Au liegt die »Bitsche Gumpa«, ein frei zugänglicher Badeplatz im Fluss, zu dem man allerdings etwas hinabsteigen muss. Flacher ins Wasser kommt man in Fahl gleich zu Beginn (aber auf der anderen Uferseite) unserer Tour nahe des Stauwehrs. Beide Badestellen sind kostenlos. Mehr Infos dazu gibt's auf der Thaler Internetseite (s. Infokasten).

7 Auf dem Sulzbergstock

Von Doren nach Sulzberg

Mittel | 11 km | 305 Hm | 3 Std.

Tourencharakter
Von Doren bis Sulzberg ein langer Anstieg mit mal flacheren, mal etwas steileren Passagen, auf insgesamt aber gut begehbaren Wegen. Auf Wiesen und Weiden allerdings gut aufpassen. Der Abstieg ist anfangs flach, geht dann aber ab Hüttersberg recht schnell. Für Familien geeignet

Ausgangs-/Endpunkt
Doren, Kirche.
GPS: 47.492620, 9.879392

Anfahrt
Bahn & Bus: Bahnhof Bregenz, weiter mit Buslinie 25
Auto: A 14 (Rheintalautobahn) bis Ausfahrt Bregenz, dann weiter auf L2 und L4

Karte
Kümmerly + Frey 1:35 000, Nr. 1 Bregenzerwald

Einkehr
In Doren und Sulzberg

Information
www.sulzberg-bregenzerwald.com

Buchstäblich hoch im Norden liegt Sulzberg, auf gut 1000 Metern Höhe, mit einem weiten Ausblick auf Allgäu und Bregenzerwald. Durch Wiesen und Wald wandern wir vom traditionsreichen Käserei-Dorf Doren stets bergauf zum beliebten Ausflugsort.

Von Doren über Huban nach Ober Sie gehörten lange zusammen, Sulzberg und Doren, erst Mitte des 19. Jahrhunderts trennten sich die Wege, politisch und kirchlich. Seitdem ist das Dorf am Hang des Sulzbergstocks, hoch über dem Tal der Bregenzer Ach, selbstständig, mit seinem Kern um die 1823 erbaute Kirche herum, unserem Ausgangspunkt. Wir laufen an der Straße entlang in Richtung Krumbach über Schoran zur Parzelle Huban, wo wir bei der überregional bekannten Sennerei ankommen (mit Verkauf). Hier, an der Bushaltestelle, biegen wir links hoch ab,

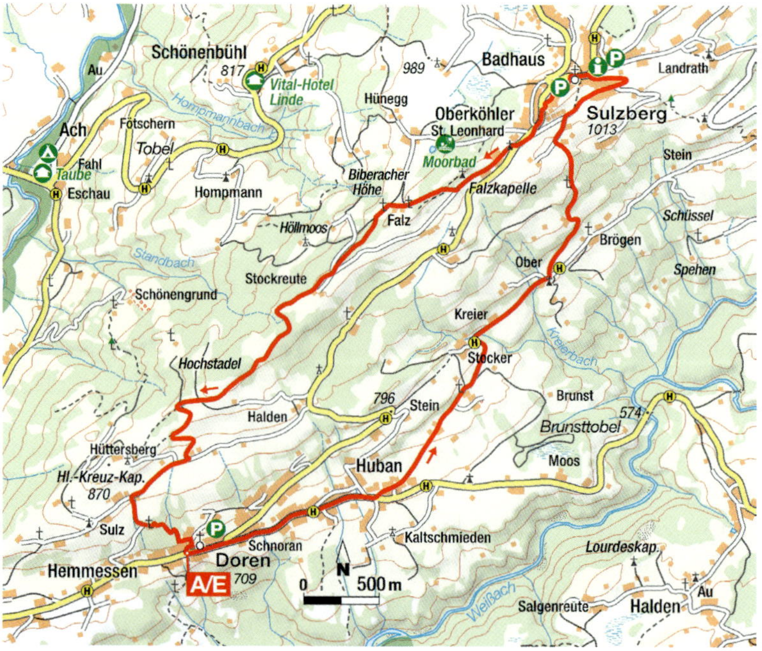

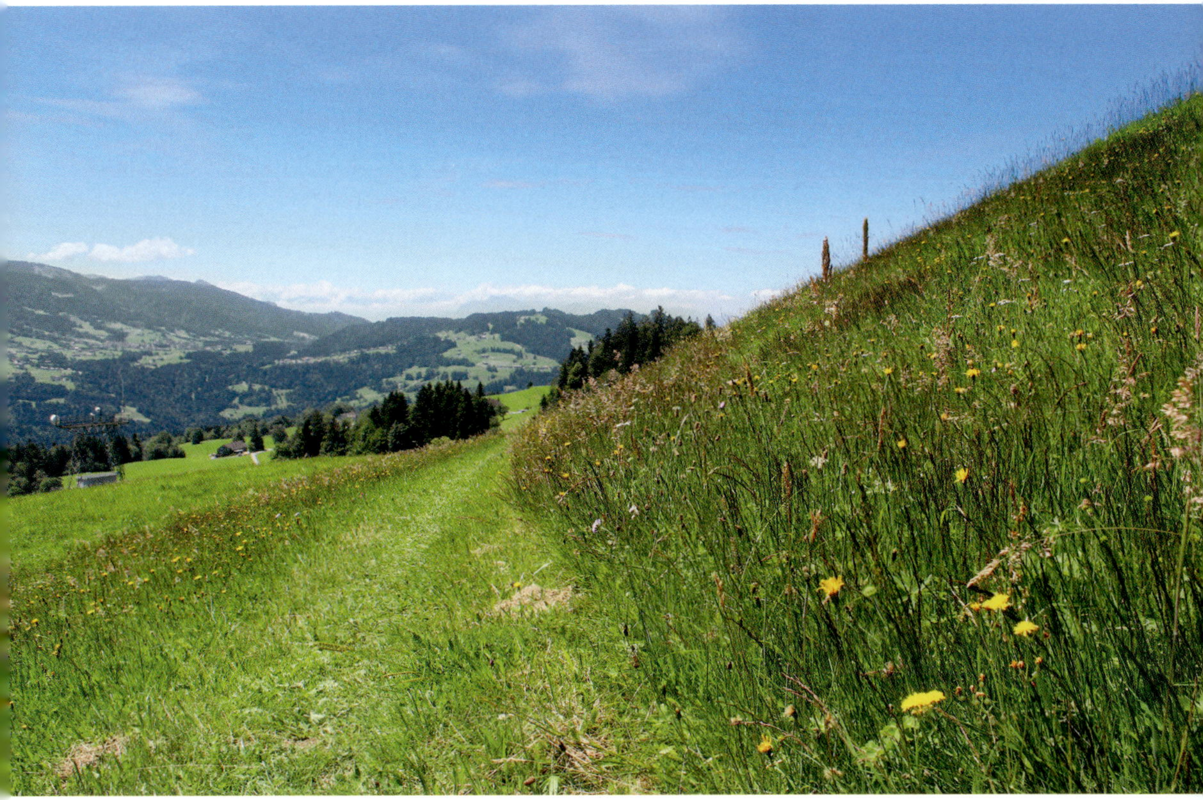

Durch herrlich blühende Wiesen wandert man am Sulzberg entlang.

kommen durch Stocker und gehen weiter bis Ober mit seiner kleinen Holzkapelle. Kurz darauf biegen wir links ab und wandern in den Wald.

Nach Sulzberg Dort geht es über eine Kurve wieder hinaus bis zur Fluh-Hütte und vor dieser rechts weiter hoch. Am Ende dieses Wegs muss man aufpassen: Die Markierung fehlt, aber es geht rechts auf dem kaum erkennbaren Wiesenweg am Waldrand weiter, bis in der Mitte der Wiese ein Feldkreuz und gegenüber wiederum am nächsten Waldstück eine rote Ruhebank zu sehen sind. Zu dieser gehen wir hinüber und folgen dort dem schmalen Pfad im Wald hoch, dann geht es über einen Forstweg und auf der anderen Seite bis zur Weide unterhalb eines Hofs. Wir durchqueren die Türchen der Weide, wenden uns an der Hofeinfahrt nach links und laufen dann rechts auf dem Sträßchen weiter, nun schon in Sichtweite von Sulzberg. An der nächsten Kreuzung uns rechts haltend, spazieren wir durch die verstreuten Häuser in einem großen Bogen bis in die Dorfmitte.

Im Schutz von St. Laurentius Der Ort Sulzberg selbst ist mit seinen großen Gastwirtschaften, wie wir bei schöner Wetterlage sehr schnell merken werden, kein Geheimtipp mehr. Für gewöhnlich herrscht im kleinen Ortskern reger Ausflugsbetrieb, und das natürlich nicht von ungefähr. Dank seiner außergewöhnlichen Lage auf knapp über 1000 Metern Höhe mitten auf dem Rücken des gleichnamigen Bergs genießt man von Sulzberg aus einen weiten Blick gen Süden in den Bregenzerwald und – wenn man sich umdreht – hinüber ins deutsche Allgäu.

Idyllischer Moorweiher

An einigen Wegweisern hinter Sulzberg finden wir es angeschrieben, denn es liegt nur wenige Meter abseits unserer Strecke: das Moorbad Oberköhler. Frisch renoviert lädt es zu einer Erfrischungspause im (oder am) hier nicht nur kühlen, sondern auch sehr dunklen und gesunden Nass des Naturbeckens. Umkleiden, ein WC und ein Grillplatz sind vorhanden.

Auch hier bildet die Kirche St. Laurentius den Dorfmittelpunkt; sie wurde 1828 von Alois Negrelli entworfen, der nicht nur in Vorarlberg für zahlreiche Bauten, sondern auch für den Entwurf des ägyptischen Suez-Kanals verantwortlich war. Sie überrascht in ihrem Inneren mit einem alten gotischen Chor, und ihr Zwiebelturm ist im nördlichen Bregenzerwald weithin sichtbar.

Barocke Schönheiten Wir gehen rechts an ihr und dem beeindruckenden ehemaligen Pfarrhof (18. Jh.) vorbei zur Marienlinde. Der gut 400 Jahre alte Baum birgt seit dem Ersten Weltkrieg in einer Spalte eine Marienstatue. An Schule und Kindergarten vorbei geht es nun bis zur Leonhardskapelle. Schon von außen als Ensemble mit dem benachbarten Mesnerhaus (18. Jh.) äußerst hübsch gelegen, erweist sich das kleine Gotteshaus im Inneren als Kunstwerk von höchstem Rang. Neben den frühbarocken Altären machen vor allem die zwar teils beschädigten, aber zahlreichen Fresken aus dem Spätmittelalter (15. Jh.) die Leonhardskapelle zu einem der bedeutendsten Baudenkmäler des Bregenzerwalds. An ihre Zeit als beliebtes Pilgerziel erinnern zahlreiche Wandkritzeleien von Wallfahrern, die sich hier verewigten.

Unser Weg führt rechts an der Kapelle vorbei und gleich zu ihrer Nachbarin, der Falzkapelle, die einen barocken Altar beherbergt.

Hinter ihr verzweigen sich die Wege, und wir wählen den ganz rechten (gelbe Markierung, »Doren/Stockreute Wald«).

Auf dem Bergrücken hinab Noch recht lange bleiben wir auf dem sich langsam Richtung Westen absenkenden Rücken des Sulzbergstocks. Am Faltzkreuz biegen wir vom größeren Weg leicht links auf den Pfad in den Wald ab, laufen nun in diesem recht lange geradeaus und queren dabei ein Sträßchen, ehe wir zu einem Hof kommen. Nach diesem sehen wir ein Drehkreuz, gehen durch dieses hindurch und auf dem Wiesenweg bis zu der kleinen Feldkapelle.

Unten am Wegweiser halten wir uns rechts bis zum nächsten Drehkreuz und gehen danach links über die Weide hinab zur anderen Seite. Dort passieren wir aber nicht das nächste Drehkreuz, sondern – gut aufpassen, der Weg ist anfangs kaum erkennbar! – halten uns im spitzen Winkel rechts (Wegweiser Richtung Doren) und bleiben auf der Weide. Im Bogen geht es nun auf Hüttersberg zu und hier auf ein Sträßchen. Wir laufen rechts auf diesem zu den nächsten Häusern und dann links hinab. Kurz nach Waldbeginn zweigt ein Waldweg links ab, der uns nun schnell den Hang hinab zum Ortsrand von Doren und von dort über die Schule wieder direkt zur Kirche zurückbringt.

Links: Die Parzelle Stocker

Das stattliche Pfarrhaus von Sulzberg

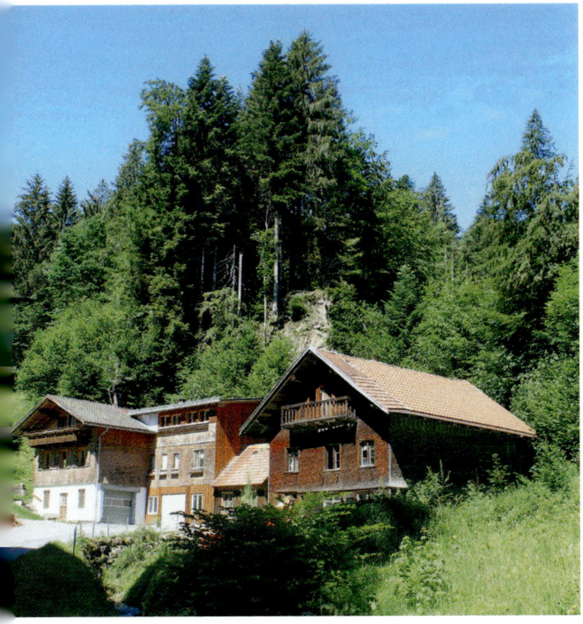

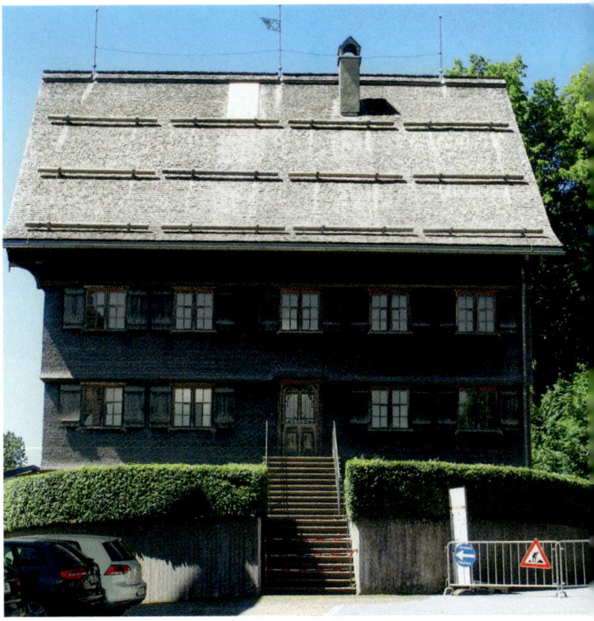

8 Durch den Bärentobelsteig

Von Krumbach nach Riefensberg

Mittel | 9 km | ↑ 100 Hm ↓ 80 Hm | 2.30 Std.

Tourencharakter
Kleine Pfade mit starken An- und Abstiegen sowie geteerte Landsträßchen. Insgesamt noch mittelschwere Tour, allerdings nur bei guter Witterung. Aufgrund der Straßenabschnitte eher nicht für Familien geeignet

Ausgangs-/Endpunkt
Krumbach, Gemeindeamt. GPS: 47.483159, 9.935453

Anfahrt
Bahn & Bus: Bahnhof Bregenz, weiter mit Buslinie 25
Auto: Auf der L205 Oberstaufen–Hittisau bis Krumbach

Karte
Kümmerly + Frey 1:35 000, Nr. 1 Bregenzerwald

Einkehr
In Krumbach und Riefensberg

Information
www.krumbach.at

Krumbach und Riefensberg erinnern an die textile Tradition des Bregenzerwalds: an den »Wälderspitz« und an die Juppe. Durch den wilden Bolgenachtobel wandern wir hinauf in das hübsche Dörfchen und weiter zum Stausee Bolgenach.

Moderne und Tradition Schöne schindelgedeckte Wirtshäuser im Ortskern von Krumbach erinnern an die gastfreundliche Vergangenheit, die das als Moorbad bekannte Dorf im Vorderwald heute noch prägt, auch wenn viele der Wirtschaften nicht mehr geöffnet haben. Lebendig und einladend wirkt (und ist) Krumbach nämlich noch immer – und auch die Moderne ist hier längst angekommen: Berühmt sind die von zeitgenössischen Architekten entworfenen Buswartehäuschen, die bei allem Avantgardismus gut in die Landschaft passen.

Von sich reden machte Krumbach auch als Zentrum des »Wälderspitz«, der in Heimarbeit hergestellten Stickereien, die anfangs als Armenverdienst belächelt, in den Hauptstädten der Welt aber Anfang des 20. Jahrhunderts zur heiß begehrten Ware wurden und bescheidenen Reichtum in manche Dörfer des Bregenzerwalds brachten.

Felsiger Tobel und weite Wiesen Wir beginnen am Gemeindeamt und gehen zwischen diesem und der Kirche hindurch in Richtung Bärentobelsteig (rote Markierung!). Nach dem letzten Krumbacher Haus geht es recht schnell auf schmalem Pfad über Treppchen und Stege hinab zur Bolgenach und in den namensgebenden Tobel. Während wir hier unten den felsdurchsetzten Bach betrachten, hören und sehen wir über uns die neue Autobrücke – zu der müssen wir wieder hoch.

Auf der anderen Seite geht es also links hinauf, und vergleichsweise schnell ist man oben an der Straße angelangt. Rechts an

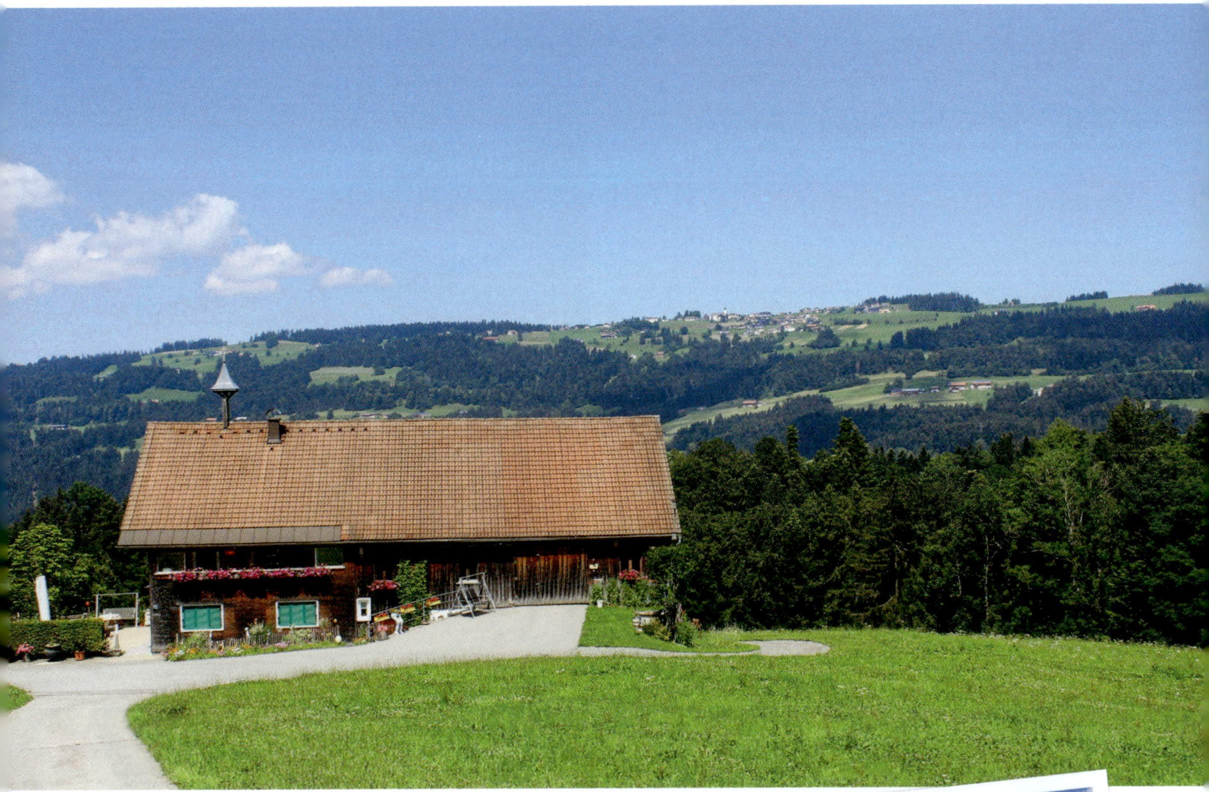

ihr entlang laufen wir bis zur Holzbaufirma und biegen direkt dahinter rechts auf einen unscheinbaren Weg zwischen Bach und Weidezaun ab, der uns kurz darauf links über den Bach und mitten über die Wiesen führt. Es geht durch einen Hof, danach kurz rechts und – wieder gut aufpassen! – auf dem kaum erkennbaren Pfad vorbei an dem auf der Wiese stehenden Feldkreuz.

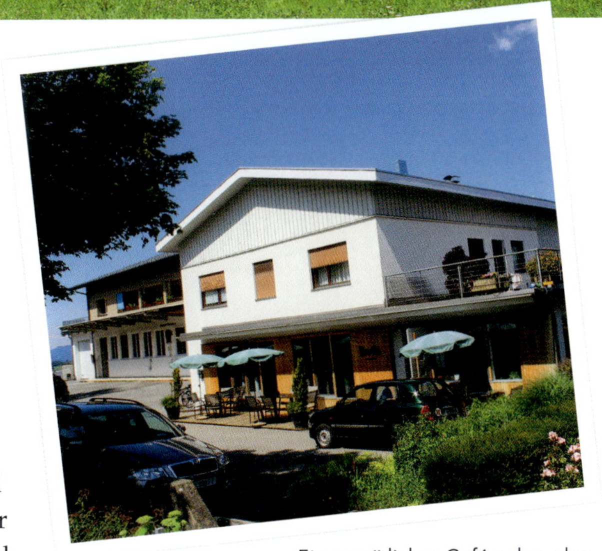

Ein gemütliches Café neben der Sennerei in Riefensberg

Ganz oben: Über den Hof blickt man hinüber nach Sulzberg.

Trachtentradition in Riefensberg Der Pfad bringt uns in die Parzelle Fischer, wo wir auf die kleine Barockkapelle zulaufen und dann rechts hinauf zur Landstraße kommen. Ihr folgen wir links bis hinein nach Riefensberg. Kaum größer als Krumbach ist auch hier im sehr ruhigen Ortskern alles versammelt, was ein Dorf braucht: Schule,

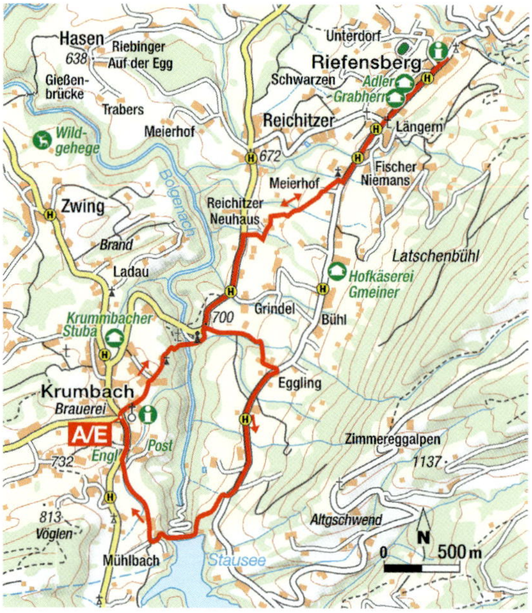

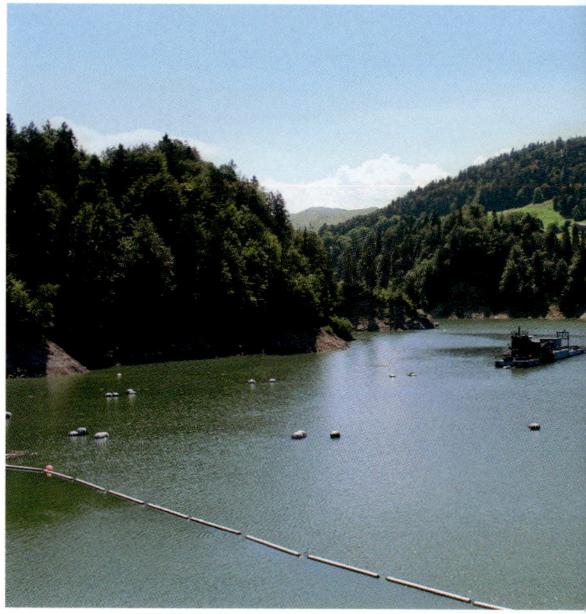

Rechts: Der Bolgenachstausee

Kirche, Rathaus, ein Lebensmittellädchen, eine Bücherei, Gastwirtschaft und ein hübsches Café neben der Sennerei – das alles zwischen (oder in) alten und neuen gut erhaltenen Häusern im regionalen Stil. Dazu kommt als Besonderheit die Juppenwerkstatt (s. Tippkasten).

Am Stausee Bolgenach Für den Rückweg geht es zunächst einmal wieder über Fischer und an der Holzbaufirma vorbei bis kurz vor die Autobrücke, wo der Abstieg zum Bärentobel beginnt. Hier wenden wir uns nun jedoch nach links hoch (rote Markierung »Bolgenach Stausee«) und müssen einmal mehr gut aufpassen: Wir wählen nicht den ersten Waldweg nach rechts, sondern laufen noch kurz weiter auf die Häuser zu und biegen dann erst auf den Pfad nach rechts ab. Auf diesem geht es nun rechts an einem kleineren Tobel entlang hinauf bis zu den Höfen von Eggling und weiter bis zur Landstraße.

Leider führt der Weg nun einige Zeit auf dieser entlang – zwar ist der Verkehr überschaubar, aber naturgemäß heißt es trotzdem aufpassen. Ein kleiner Trost ist dabei der sich weitende Blick auf Krumbach und das am Horizont liegende Sulzberg (s. Tour 7). Wir laufen die ansteigende Straße bis zur Abzweigung »Stausee/Kraftwerk« und gehen rechts zum Damm, der hier die Bol-

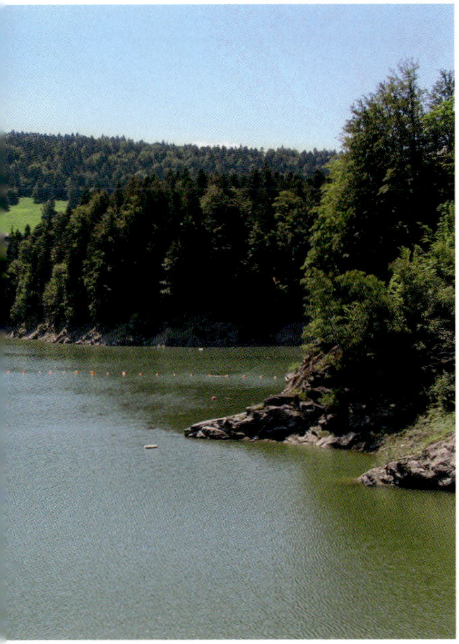

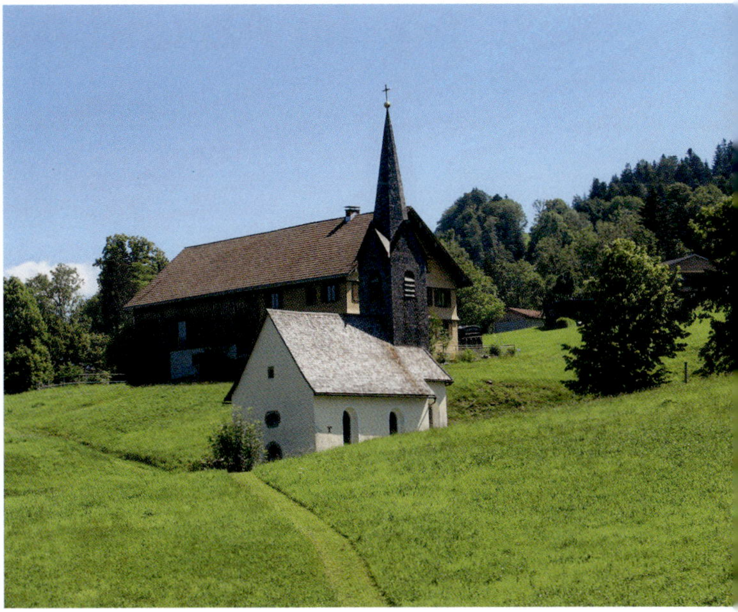

genach aufstaut. Zum Baden ist das Gewässer allerdings nicht geeignet, es kann leider auch nicht umrundet werden. Uns bleibt also der Blick vom Damm auf den See und tief hinab auf den Fluss und die Landschaft auf der anderen Seite. Wir steigen hoch und wandern dann rechts auf dem Weg zurück ins Ortszentrum von Krumbach.

Ein Idyll: die Parzelle Fischer mit Kapelle

Unten: Auch auf Wiesenwegen ist alles bestens geregelt.

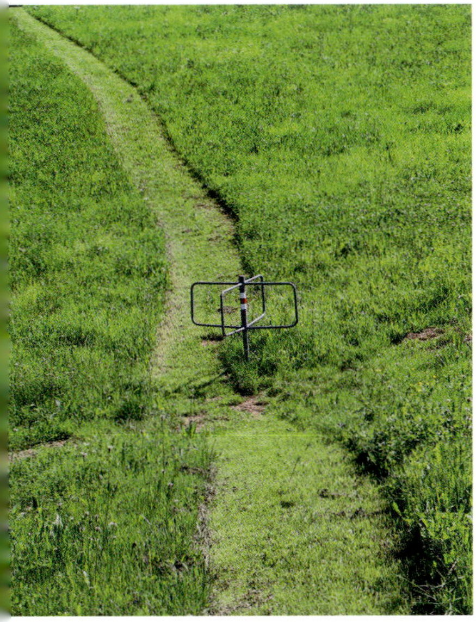

Zentrum der Trachtenerzeugung

In Riefensberg ist seit einiger Zeit die Juppenwerkstatt angesiedelt, wo nach uralter Tradition in Handarbeit die Herstellung der Juppe gezeigt wird, der klassischen Tracht der Bregenzerwälder Mädchen und Frauen. Im Lauf eines Lebens – denn dafür wird sie angefertigt und auch vererbt – kommen viele Details an der Ausstattung hinzu. Getragen wird das Festgewand zu besonderen Anlässen, Familienfeiern oder Festtagen. Untergebracht ist die Juppenwerkstatt im alten Gasthof Krone (Dorf 52). Nach Voranmeldung können Besucher den gesamten Arbeitsprozess im Rahmen von Führungen kennenlernen (www.juppenwerkstatt.at).

9 Im Ab und Auf zur Ach

Von Alberschwende nach Doren

Mittel | 11 km | ↑ 250 Hm ↓ 270 Hm | 2.30 Std.

Tourencharakter
Jeweils starke Ab- und Anstiege, aber nicht übermäßig steil. Geteerte Landsträßchen und Waldwege wechseln sich ab. Aufgrund der Straßenabschnitte nicht für Familien geeignet

Ausgangspunkt
Alberschwende, Dorfplatz. GPS: 47.450766, 9.830957

Endpunkt
Doren, Kirche

Anfahrt
Bahn & Bus: Bahnhof Bregenz, weiter mit Buslinien 35 und 37. Von Doren mit dem Bus (Linie 25, dann 35/37) via Egg nach Alberschwende zurück
Auto: A 14 (Rheintalautobahn) bis Ausfahrt Dornbirn-Nord und weiter auf der L200 bis Alberschwende

Karte
Kümmerly + Frey 1:35 000, Nr. 1 Bregenzerwald

Einkehr
In Alberschwende, in Bozenau das Achstüble, in Doren

Information
www.doren.at

Meist geht es bei unseren Touren erst bergauf und dann wieder begab. Für diesen Routenvorschlag kehren wir dieses Prinzip einmal um und wandern erst hinab zur Ach mit dem berühmten Bozenausteg, ehe es recht bequem hinauf nach Doren geht.

Start in Alberschwende Vom Dorfplatz vor der Kirche von Alberschwende gehen wir links an der Polizei und Mesmers Stall – einem Teil des Heimatmuseums – vorbei abwärts zum Sportgelände. Dieses umrunden wir durch eine Rechtskurve und laufen die Straße entlang bis zur Holzfirma an deren Ende. Hier geht es links weiterhin auf dem Sträßchen bis in den Ortsteil Höll-Moos.

Wir verlassen nun die Straße und laufen kurz geradeaus bis zum Wegweiser, bei dem wir links in den Wald hinein abbiegen und

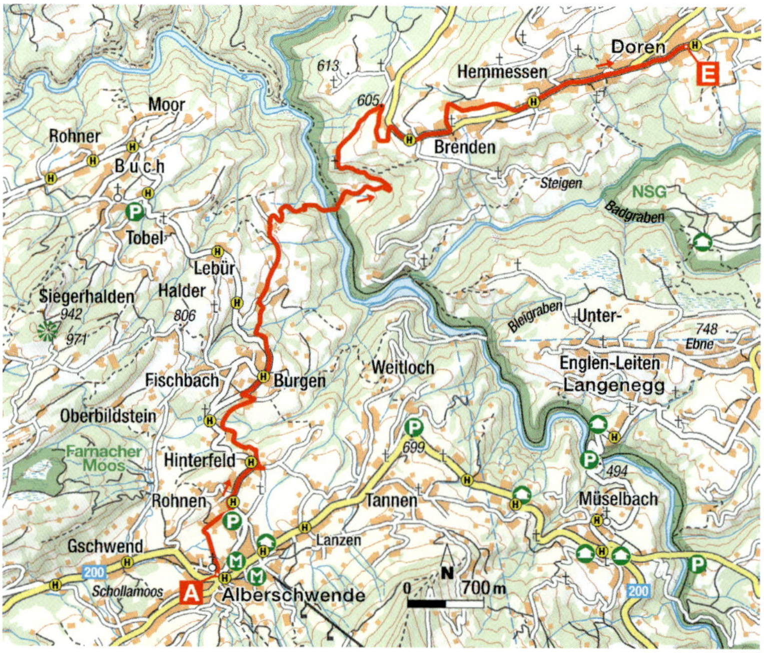

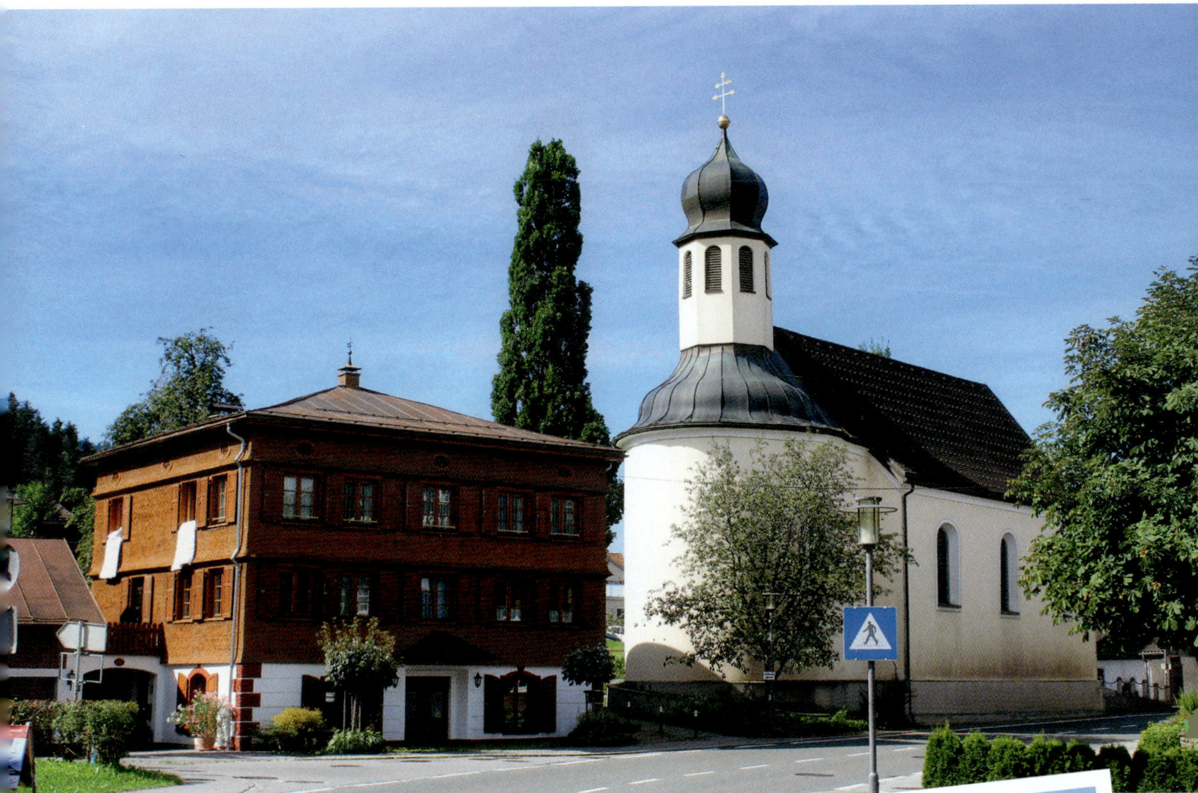

alsdann nach Fischbach kommen. Wir gehen dort bis zur kleinen Kapelle, halten uns bei dieser nach links hoch und kommen zur Straße, der wir rechts entlang folgen. Bevor sie in den Wald einbiegt, biegen wir rechts auf einen Waldpfad ab – genau hinschauen – und wandern auf diesem nun abwärts.

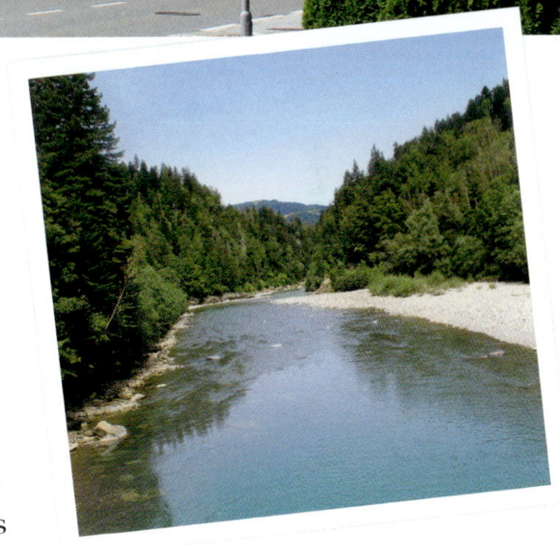

An heißen Sommertagen wirkt selbst die Bregenzer Ach recht brav.

Ganz oben: Die Wendelinkapelle in Alberschwende

Zum Bozenausteg Der Abstieg zur Bregenzer Ach wird nun spürbar steiler. Nach dem Waldstück kommen wir an einem (unverputzten) Haus heraus, hinter dem wir links hoch zum Sträßchen gehen und auf dem wir nach rechts weiterwandern (dieses Teilstück wird in umgekehrter Gehrichtung bei Tour 2 beschrieben). Wir kommen zu einem größeren Hof, an dem wir geradeaus (durch das Drehkreuz auf die Weiden) vorbeigehen. In Serpentinen erreichen wir den nächsten Wald und wandern in diesem dann auf dem Kieselweg endgültig hinab zur Ach.

Nun sind wir am Bozenausteg über die Ach. Dieser ersetzte bereits 1860 eine Fähre, litt aber immer wieder unter dem stürmischen Wesen der Ach; 1902 kam es zu einem kompletten Neubau, diente er doch nun zudem als offizieller Zubringer für die

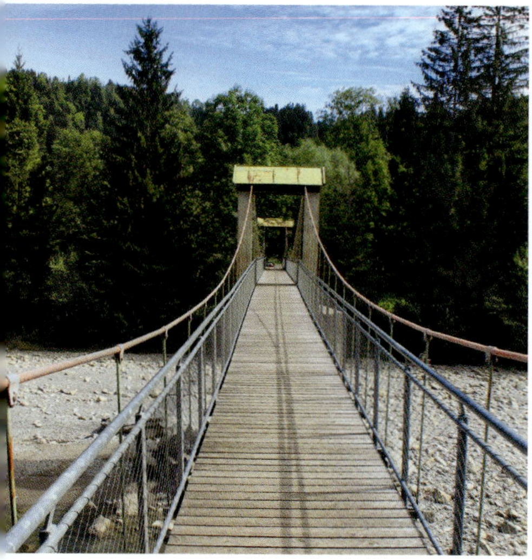

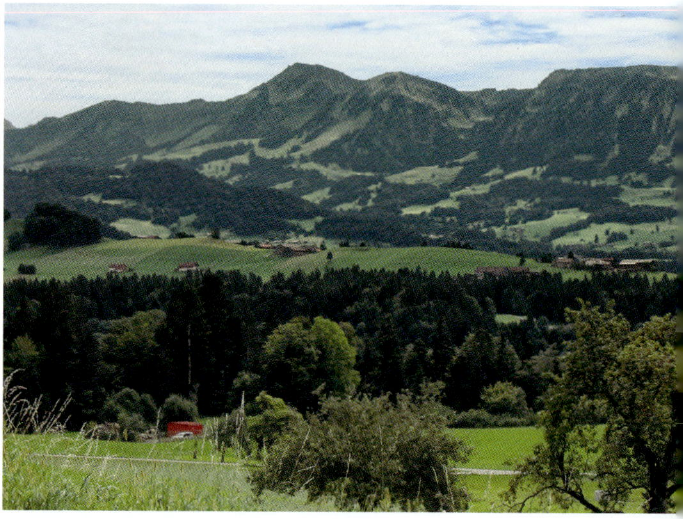

Der historische Bozenausteg

Rechts: Blick von Doren auf den Vorderwald

Bahnreisenden aus Alberschwende. Doch auch diese Brücke wurde schnell zerstört, und so entstand 1913/14 die neue Hängebrückenkonstruktion aus Drahtseil und Holz. Das denkmalgeschützte Bauwerk musste in der Vergangenheit immer wieder saniert werden, ist aber bis heute die einzige Brücke zwischen Kennelbach und Bozenau.

Beliebt bei Wanderern und Kanuten Nachdem wir sie überquert haben, kommen wir zum alten Bahnhof Doren-Sulzberg, hübsch saniert als Kunstobjekt. Hier finden wir auch interessante Informationen über die Wälderbahn vor (s. Touren 2, 14 und 17). Wie weit es die Fahrgäste nach Doren hatten (geschweige denn nach Sulzberg, s. Tour 7), werden wir gleich selbst noch ergründen. Heute ist Bozenau beliebter Ausgangspunkt für Wanderungen und Kajakfahrten, dazu besteht im Achstüble eine Einkehrmöglichkeit.

Am Achstüble vorbei laufen wir auf dem Teersträßchen hoch, und nun geht es lange, aber bequem bergauf bis nach Doren. Als Fahrgast der Wälderbahn hatte man da früher besser keinen schweren Koffer dabei …

Hoch nach Doren Wir bleiben längere Zeit auf diesem Sträßchen, bis nach einer Holzhütte ein Weg – gekennzeichnet für Mountainbiker – rechts abbiegt. In einer Kurve kommen wir nun auf das Landsträßchen, wo deutlich mehr Verkehr herrscht. Leider müssen wir hier rechts am Straßenrand einige Meter bis Brenden, vorbei an der modernen Kapelle, zurücklegen, bis wir am nächsten Wegweiser links hoch abbiegen können. Bei den Häusern nehmen wir dann rechts den ersten Weg, gehen um das Haus herum (auf dem geteerten Weg) und erreichen am Ende der Bebauung eine Wiese – man sieht Doren mit seinem Barockkirchturm schon vor sich liegen.

Gemütlich geht es anfangs in Serpentinen hinab ins Tal.

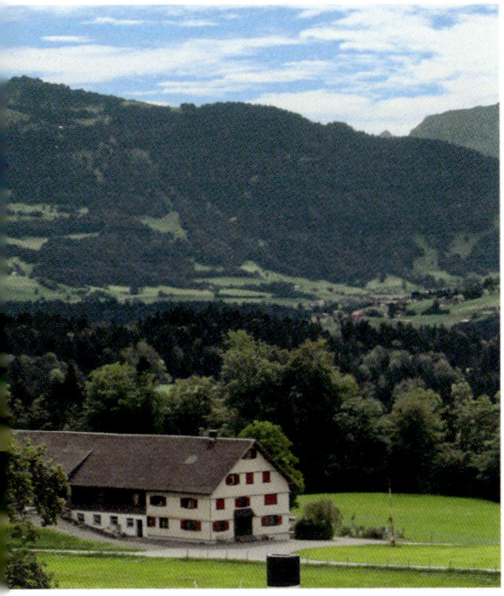

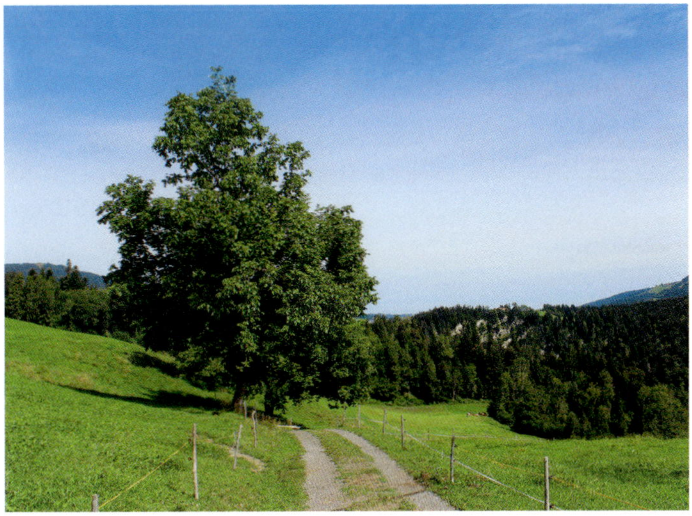

Berühmter Visionär

Alberschwende ist der Geburtsort von Hermann Gmeiner (1919–1986), dem Gründer der SOS-Kinderdörfer. Als Bergbauernkind im Ortsteil Tannen aufgewachsen und geprägt von einer kinderreichen Familie, dem frühen Tod der Mutter und den Erlebnissen des Zweiten Weltkriegs, verschrieb sich Gmeiner der Sorge um die Waisenkinder in aller Welt. In Alberschwende erinnern sein Geburtshaus und viele Ehrungen wie der Hermann-Gmeiner-Saal an den verdienstvollen Sohn des Ortes.

Wieder an der Straße, aber nun mit Gehsteig, gelangen wir links ins Ortszentrum von Doren mit Kirche, Gasthäusern, Gemeindeamt und Supermarkt. Der Ort, hoch über dem Tal der Ach gelegen, bietet eine wunderbaren Ausblick auf den gesamten Bregenzerwald. Mit dem Bus (via Egg, Linie 25, dann 35/37) fahren wir nach Alberschwende zurück.

10 Die Brücken-Tour

Von Hittisau nach Lingenau

Mittel | 9 km | ↑ 90 Hm ↓ 190 Hm | 2 Std.

Tourencharakter
Besonders der Weg im Tal der Subersach hinter Hittisau ist anspruchsvoller, Trittsicherheit ist hier Voraussetzung, bei Niederschlag ist er zu vermeiden. Für Familien mit Wandererfahrung geeignet

Ausgangspunkt
Hittisau, Kirche.
GPS: 47.457478, 9.959473

Endpunkt
Lingenau, Dorfplatz

Anfahrt
Bahn & Bus: Bahnhof Bregenz, weiter mit Buslinie 25. Per Bus geht es von Lingenau nach Hittisau zurück.
Auto: A 14 (Rheintalautobahn) bis Ausfahrt Dornbirn-Nord und weiter auf der L200 und der L205 bis Hittisau

Karte
Kümmerly + Frey 1:35 000, Nr. 1 Bregenzerwald

Einkehr
In Hittisau, Großdorf und Lingenau

Information
www.hittisau.at

Es sind nicht gerade sieben, aber immerhin zwei besonders beeindruckende Brücken, die wir auf unserer Wanderung überqueren – technische Meisterleistungen mit ein bisschen Indiana-Jones-Gefühl dabei.

Stattliches Hittisau Wer vor dem Portal der klassizistisch-neubarocken Pfarrkirche von Hittisau steht, der spürt die Bedeutung dieses Orts: Wendet man sich dem Gebäude zu, hat man eines der größten Gotteshäuser von Vorarlberg vor sich; dreht man sich zum Dorfplatz um, so führen direkt vor der Eingangstür drei Straßen auf dieses zu. Die stattlichen Bregenzerwald-Häuser um den Platz, alte und moderne, noch heute oft Gasthöfe und Einkaufsmöglichkeiten, unterstreichen die Rolle Hittisaus als wichtigem Verkehrsknotenpunkt bis heute. Die über 2000 Einwohner verteilen sich allerdings, wie für die Talschaft typisch, weit über

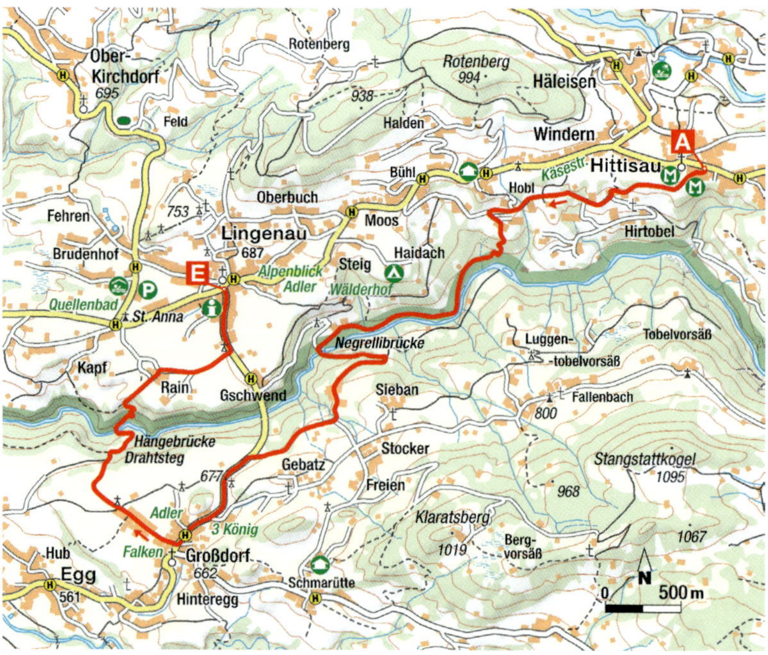

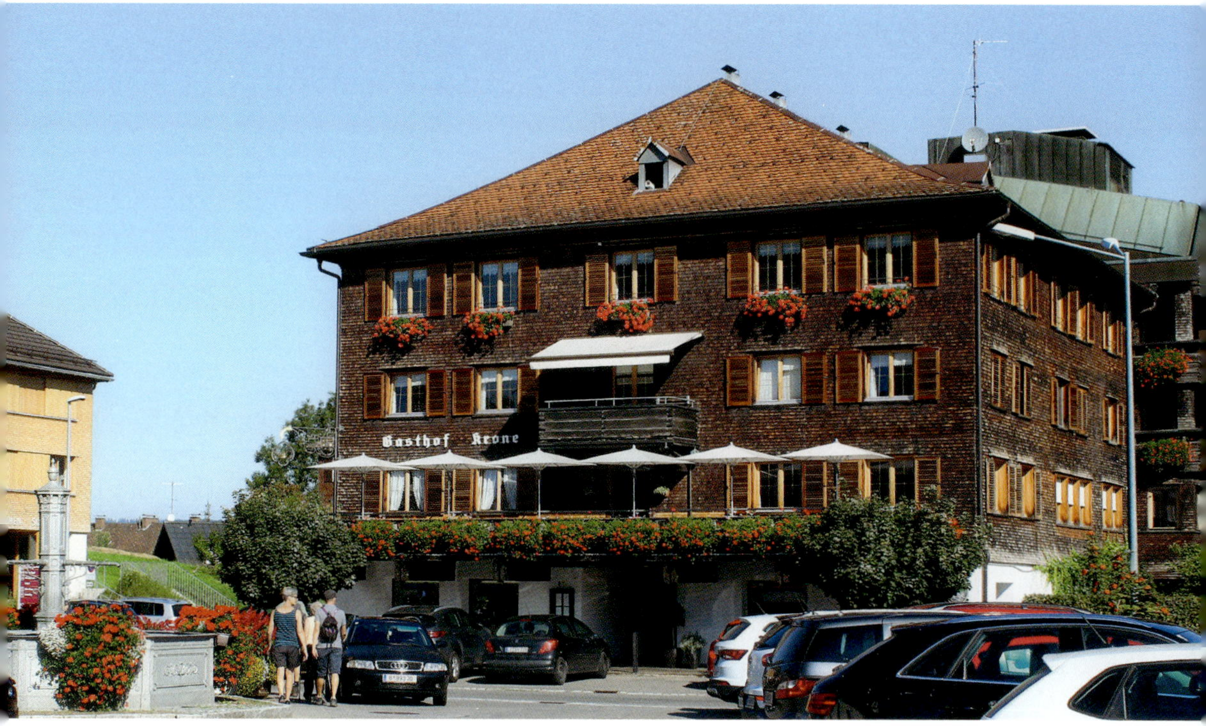

Das Zentrum von Hittisau ist geprägt von alten und neuen Bregenzerwald-Bauten.

das gesamte Gemeindegebiet. Hat Hittisau um den Dorfplatz herum einen fast kleinstädtischen Charakter mit Läden, Schule, Gemeindesaal, Busbahnhof, Polizeistation, Feuerwehr, Museen und Seniorenheim, so gehört es doch zugleich zu den Orten mit den meisten Alpen in ganz Österreich.

Im Auf und Ab zur Subersach Von der Kirche aus gehen wir in Richtung Frauenmuseum (s. Tour 11), hier rechts am Hang entlang im Bogen um das Schulgelände und dann an der Straße links hinunter ins Tal. Schon an der nächsten Abzweigung biegen wir rechts ab (nicht nach Steinpiss), gehen durch einen Hof und danach links hinunter. Hinter dem ersten Haus führt zwischen den Weiden nach rechts unser Weg als Pfad zum Wald.

Die tief eingeschnittene Subersach war jahrhundertelang ein schwer zu überwindendes Hindernis zwischen dem Vorderen und dem Mittleren und somit auch dem Hinteren Bregenzerwald. Wie mühsam der Weg durch das Tal des Gebirgsbachs war, können wir noch immer auf unserer Tour nachvollziehen: Kurz nach Eintritt in den Wald führt unser Pfad nicht auf dem breiteren

Weg um die Kurve, sondern auf den schmalen Trampelpfad, der gegenüber auf einer kleinen Anhöhe beginnt. Dieser führt eng und steil, mit viel kleinem Auf und Ab am Hang über der Subersach entlang und nur langsam zu ihr hinab.

Im Gschwendtobel Wir kommen auf eine Wiese, laufen an ihrem Rand bis zu einer Holzhütte und ab dieser auf dem bequemeren Forstweg langsam ans Ufer und nun an diesem weiter, bis wir schließlich zu Negrellibrücke kommen.

Die Brücke, benannt nach ihrem Erbauer (s. Tour 7), galt schon bei ihrer Errichtung 1835 als technische Meisterleistung; heute steht sie unter Denkmalschutz. Kaum zu glauben, dass sie noch bis 1982 den gesamten Verkehr vom Vorder- in den Hinterwald buchstäblich ertragen musste. Das übernimmt nun ihre große jüngere Schwester – der wir gleich begegnen werden –, und so ist es zum Glück hier im Gschwendtobel ruhig geworden. Auf der anderen Seite steigen wir links hoch und kommen so zu den ersten Häusern von Großdorf (Parzelle Gebatz). Hier gehen wir rechts bis zur Straße und sehen nun die erwähnte moderne Brücke, die sich hoch über das Tal spannt. Links auf dem Gehsteig kommen wir ins Ortszentrum von Großdorf (s. Tour 15).

Käse-Paradies

Im Jahr 2003 war er fertig: der Lingenauer Käsekeller. Die Sennereien des Bregenzerwalds hatten sich zu dem Großprojekt zusammengeschlossen, um dort einen Großteil ihrer Produkte lagern zu können – nicht weniger als über 32 000 Käselaibe reifen hier. Natürlich gibt es auch einen angeschlossenen Verkauf, und für Gruppen besteht die Möglichkeit zur Besichtigung mit anschließender Verkostung (www.kaesestrasse.at/erleben-und-entdecken/der-kaesekeller).

Ein abenteuerlicher Steg Für den kurzen Marsch an der Straße entlang werden wir sogleich entschädigt, wenn wir in der mit ihrer Barockkirche hübschen Ortsmitte gegenüber vom Spar-Markt links in die Straße Außerdorf einbiegen – weg vom Verkehr und zugleich mitten durch wunderschöne alte und neue Häuser spazierend, die einem die stilvolle Eleganz der Bregenzerwald-Bauten einmal mehr vor Augen führen. Wir gehen geradeaus, auch an der Kreuzung mit Bildstock auf die Wiese, dann in einer leichten Rechtskurve weiter bis zum roten Markierungsstab, wo wir links hinab biegen.

Es geht hinunter, an einer kleinen beschaulichen Raststation vorbei und noch etwas steiler bis zum legendären Drahtsteg. Auch er diente seit der Errichtung 1901 dazu, die Subersach und damit den getrennten Bregenzerwald zu überwinden. Das gewagte Hängebrückenkonstrukt, das nur einzeln betreten und nicht zum Schaukeln gebracht werden darf, schenkt uns ein bisschen Indiana-Jones-Gefühl beim wackligen Überqueren – und beim eindrucksvollen Blick in die hier sehr steinige, tief unter uns liegende Subersach.

Ganz unten: Bis hinunter in den tiefen Taleinschnitt der Subersach führt unser Weg.

Einmalig in Österreich: das Frauenmuseum Hittisau

Auf der anderen Seite geht es dann recht kräftig bergan, dafür aber mit schönen, vom Wasser bearbeiteten Felswänden. Oben angekommen, gehen wir rechts bis zu einem Bauernhof, wenden uns nach diesem wiederum rechts und biegen dann links an der Straße (mit Gehsteig) hinein ins Ortszentrum von Lingenau (s. Tour 12). Per Bus (Linie 25) kommt man von dort nach Hittisau zurück.

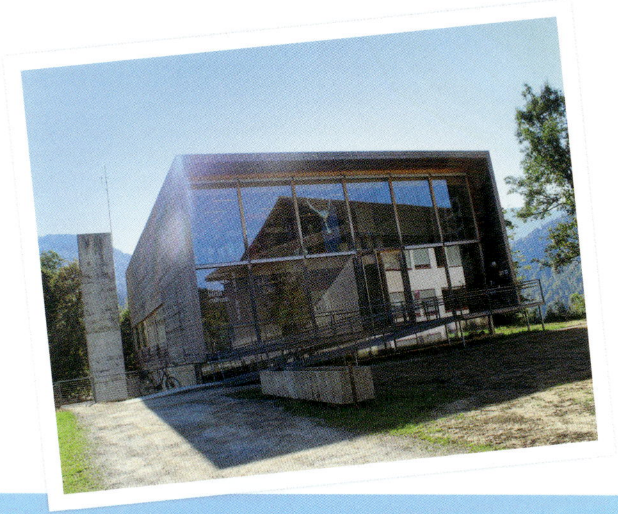

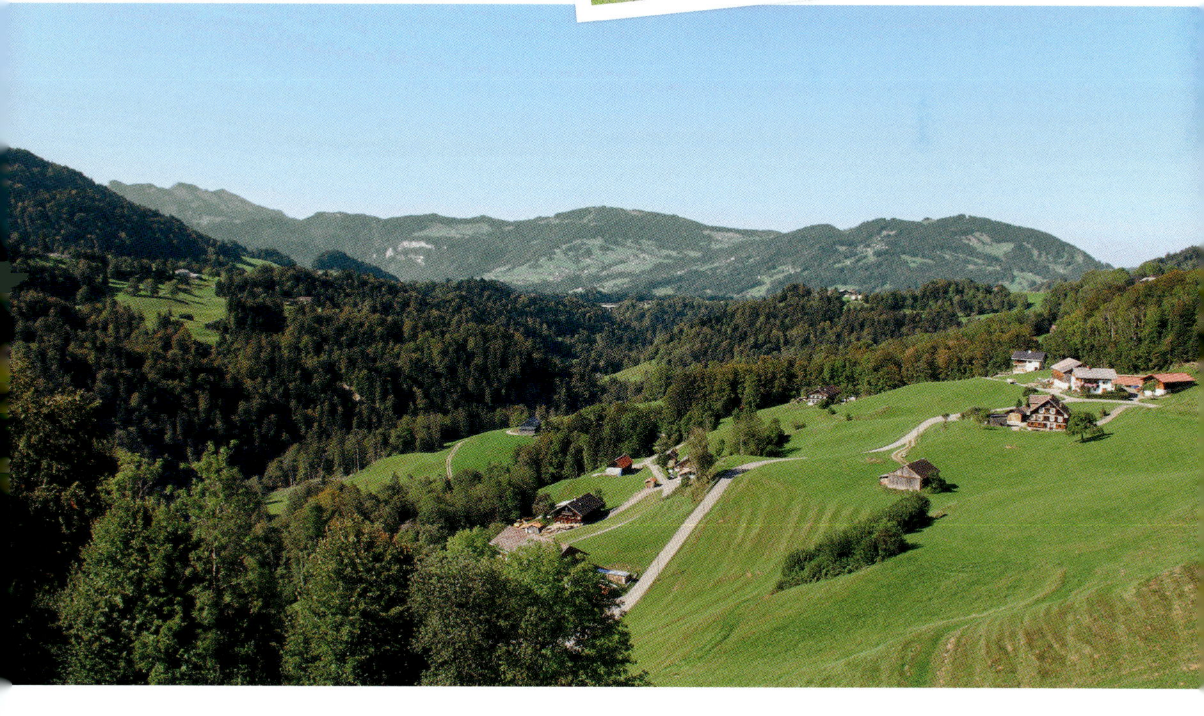

11

Am Hang des Hittisbergs

Von Hittisau nach Sibratsgfäll

Mittel | 8 km | ↑ 250 Hm ↓ 130 Hm | 2 Std.

Tourencharakter
Zweimal deutliche Anstiege, aber jeweils auf bequemen Wegen; zwischendurch gibt es auch immer wieder einmal kürzere Passagen auf Waldpfaden. Für Familien geeignet

Ausgangspunkt
Hittisau, Kirche.
GPS: 47.457478,9.959473

Endpunkt
Sibratsgfäll, Kirche

Anfahrt
Bahn & Bus: Bahnhof Bregenz, weiter mit Buslinie 25. Von Sibratsgfäll zurück mit Buslinie 41 (fährt über Hittisau weiter bis nach Dornbirn)
Auto: A 14 (Rheintalautobahn) bis Ausfahrt Dornbirn-Nord und weiter auf der L200 und der L205 bis Hittisau

Karte
Kümmerly + Frey 1:35 000, Nr. 1 Bregenzerwald

Einkehr
In Hittisau, Gasthof Ifenblick (beim Moorbad), in Waldrast und Sibratsgfäll

Information
www.sibra.at

Versteckt am Ende eines Seitentals liegt Sibratsgfäll, das jüngste selbstständige Dorf des Bregenzerwalds. Über die Hinterbergalpen und durch ein altes Hochmoor gelangen wir dorthin.

Zu den Hinterbergalpen Wir starten erneut an der großzügigen Hittisauer Kirche, dem »Dom des Bregenzerwalds« (s. Tour 10) und gehen anfangs an der Straße in Richtung Balderschwang entlang bis zum Gasthof Ochsen. Hier biegen wir rechts von der Straße weg ab und laufen nun geradeaus über die Parzelle Korlen in einigen ansteigenden Windungen hoch, auf den vor uns unübersehbar liegenden Hausberg Hittisaus, den Hittisberg, zu.

An der nächsten Kreuzung gehen wir links, weiter ansteigend, bis zum Wald am Fuß des Hittisbergs, an dessen Hang wir nun

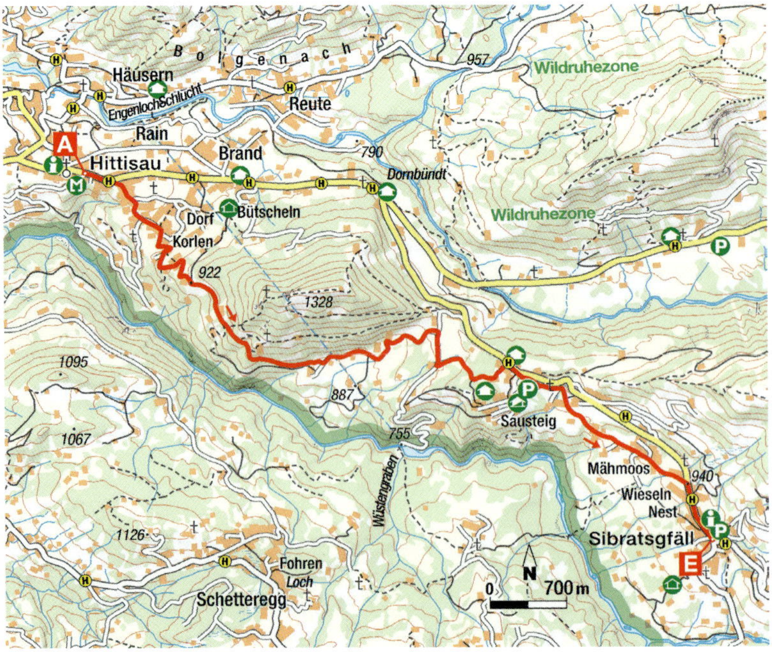

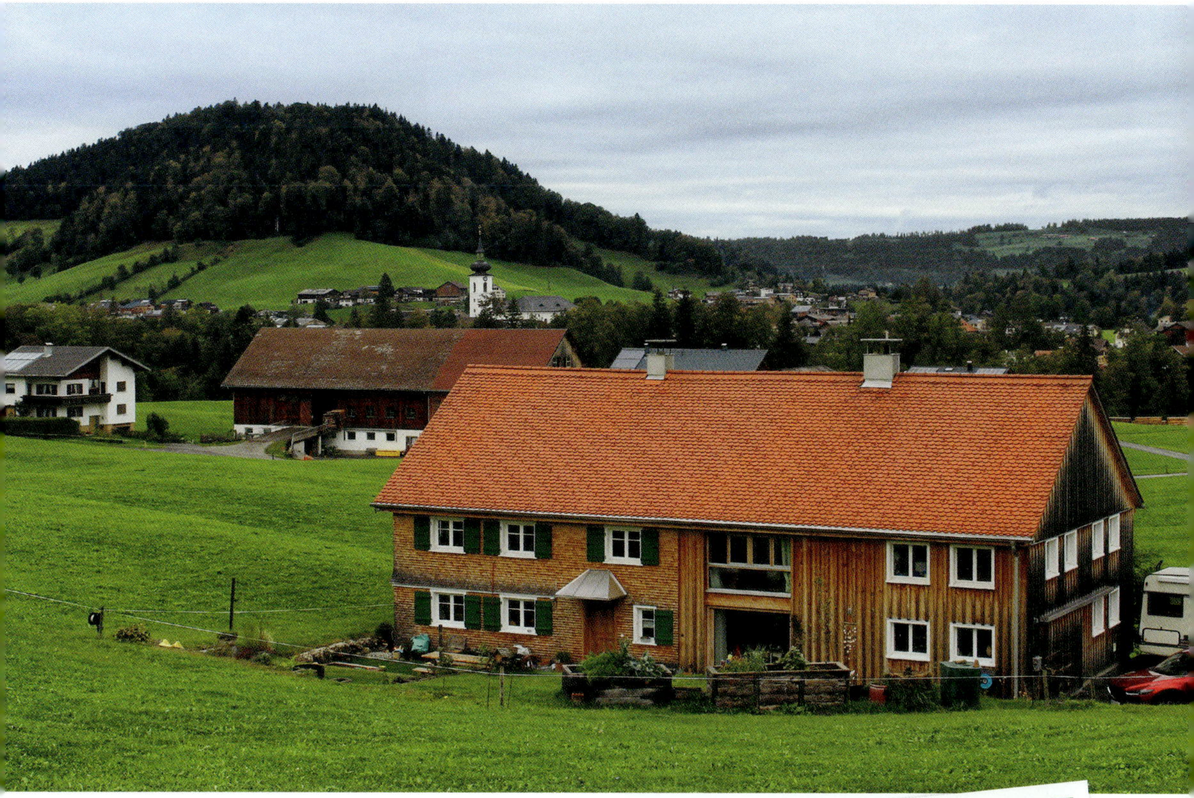

längere Zeit entlanglaufen. Wir kommen schließlich zu einer Abzweigung, wo ein steiler Weg hoch auf den Westgipfel (1328 m) des Hittisbergs führt, heben uns dies aber für einen anderen Tag auf. Wir bleiben also geradeaus auf dem nun erst langsam, dann etwas mehr absteigenden kleineren Pfad, der uns nach einiger Zeit aus dem Wald hinausbringt auf die Weiden der Hinterbergalpen. Wir gehen hier links in langen, nun wieder deutlich ansteigenden Serpentinen auf bequemem Weg von Hütte zu Hütte hoch bis knapp unter den Bergsattel.

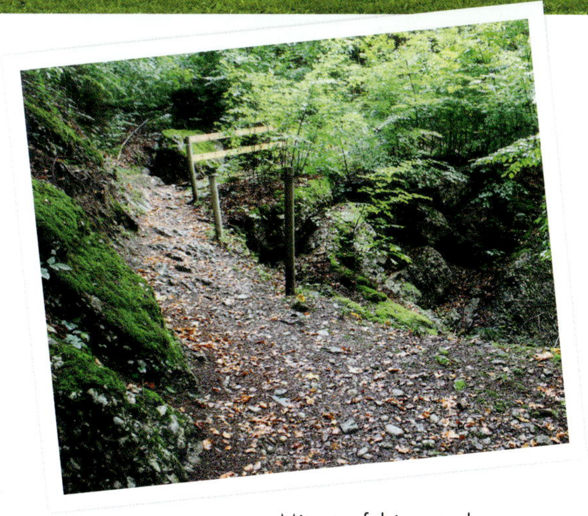

Mitunter felsig wandert man am Hittisberg entlang.

Ganz oben: Hittisau – weit verstreut in der Talmulde

Im Hochmoor Dort angekommen, wenden wir uns nach rechts. Es geht einige Meter bergab bis zu einem Weidetor, wo wir links vom Teerweg abbiegen und gleich wieder links den Pfad hoch in

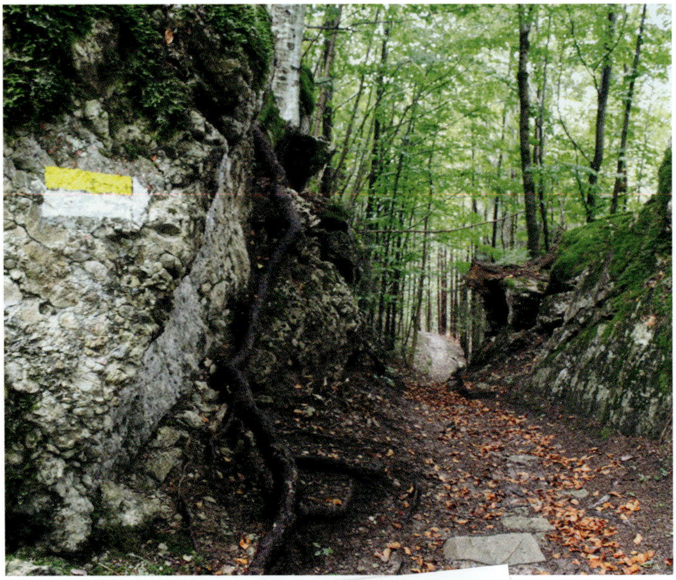

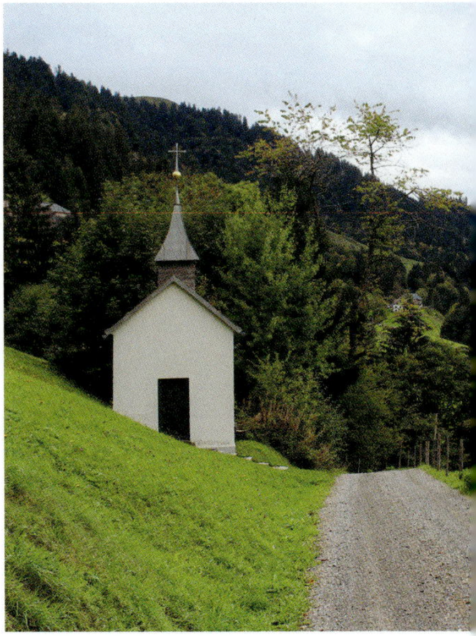

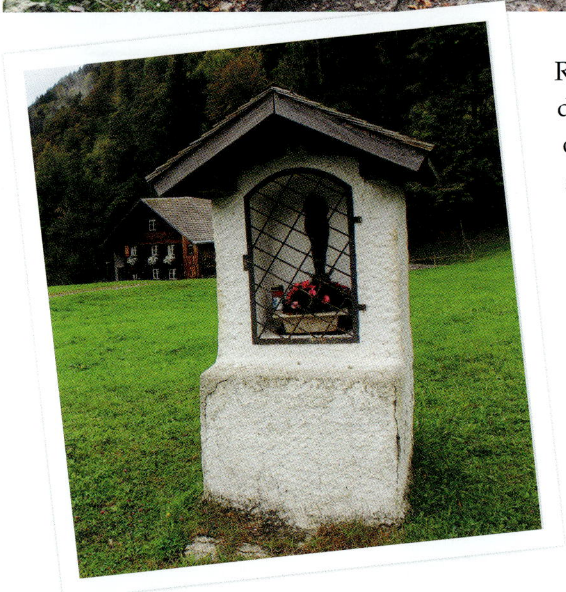

Richtung Sausteig nehmen. Der Name macht dem ansteigenden Wurzelpfad am Waldrand durchaus Ehre, doch bringt er uns zuverlässig in das Torfmoor. Am Wegweiser links abgebogen, bemerken wir bald, dass der Untergrund leicht nachgibt – es läuft sich geradezu wie auf einer sanften Luftmatratze.

Ziemlich gut versteckt stoßen wir dann im Wald auf das urige Moorbad, wo man in kleinen Becken ins gesunde Moorwasser eintauchen oder wassertreten kann; eine Umkleide und eine Dusche sind ebenfalls vorhanden. Durch das Bad hindurch, dann leicht rechts zu einer Hütte kommen wir alsdann links weiter bis zur Landstraße an der Waldrast. Hier gehen wir kurz rechts an der Straße entlang und biegen dann erneut rechts ab auf den Weg zur Parzelle Krinegg.

Eine typische Kombination: Bildstock mit Bregenzerwald-Hof

Ganz oben links: Durch den Fels am Hittisberg

Nach Sibratsgfäll Sanft fallend führt uns der Weg an der Josefskapelle vorbei auf das schon gut sichtbar vor uns liegende Sibratsgfäll zu, eingebettet in eine schöne Bergkulisse, die vom Hohen Ifen beherrscht wird. Durch die Häuser der Parzelle

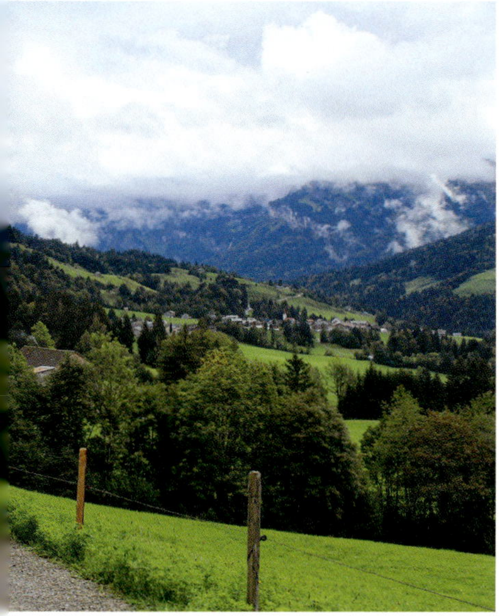

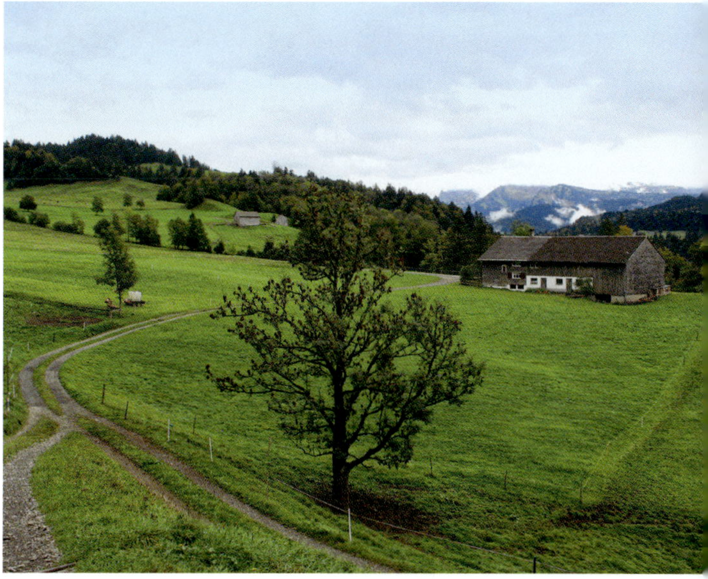

Bei den Hinterbergalpen

Links: An der Josefskapelle vorbei mit dem Ziel Sibratsgfäll im Blick

Mähmoos immer geradeaus kommen wir schließlich wieder zur Landstraße und gehen an ihr rechts entlang die restlichen Meter bis zum Ortskern von Sibratsgfäll um den sehr schön hergerichteten Dorfplatz vor der Kirche (von 1805).

Das Dorf, erstmals im 16. Jahrhundert erwähnt, wuchs im späten 18. Jahrhundert durch den Zuzug von Tiroler Holzfällern. Weiterhin abgelegen – die Straße endet hier noch immer –, blieb der Ort mit etwas über 400 Einwohnern überschaubar, hat sich dadurch aber viel von seinem Charme bewahrt und gehört mit anderen kleineren Ortschaften des Bregenzerwalds wie Schnepfau und Thal zu den besonders liebenswerten Dörfern. Es gibt Gasthöfe, Hofläden und einen Dorfladen zur Versorgung mit heimischen Produkten sowie gemütliche Ecken wie den erwähnten Dorfplatz, wo man die Stille eines Orts ohne Durchgangsstraße genießen kann. Die Buslinie 41 bringt uns wieder zurück nach Hittisau (bzw. weiter nach Dornbirn).

Innovatives Konzept

Architektonisch ist es schon eine Attraktion für sich, das im Jahr 2000 eröffnete Frauenmuseum in Hittisau, aber es ist auch sonst einzigartig in ganz Österreich. Auf eigene Initiative von Bregenzerwälder Frauen errichtet, widmet es sich in mehreren Sonderausstellungen pro Jahr diversen Themen, die von den Hittisauerinnen gemeinsam mit Experten konzipiert und dann den Besuchern gezeigt werden. Nicht nur das Gebäude, sondern vor allem auch das innovative Konzept gewannen zahlreiche Preise (www.frauenmuseum.at).

12 Keineswegs eine Rosskur

Von Lingenau nach Krumbach

Mittel | 9 km | ↑ 100 Hm ↓ 80 Hm | 2 Std.

Tourencharakter
Es werden mehrere Tobel auf gut gesicherten Pfaden durchquert, folglich gibt es einige Auf- und Abstiege, die in der Summe eine mittlere Streckenwertung ergeben. Trotzdem für wandererfahrene Familien gut geeignet

Ausgangspunkt
Lingenau, Dorfplatz.
GPS: 47.450421, 9.920209

Endpunkt
Krumbach, Pension Jägerheim

Anfahrt
Bahn & Bus: Bahnhof Bregenz, weiter mit Buslinie 25. Von Krumbach ebenfalls mit Buslinie 25 zurück nach Lingenau
Auto: A 14 (Rheintalautobahn) bis Ausfahrt Dornbirn-Nord und weiter auf der L200 bis Müselbach, dann auf der L205 bis Lingenau

Karte
Kümmerly + Frey 1:35 000, Nr. 1 Bregenzerwald

Einkehr
In Lingenau und Langenegg

Information
www.langenegg.at, www.lingenau.at

Drei Gemeinden des Vorderwalds verbindet unsere Streckenwanderung, auf der wir kleine Kultur- und Naturdenkmäler entdecken können.

Zum Dörnlesee »Älteste Gemeinde des Vorderen Bregenzerwalds«, so rühmt sich Lingenau, bekannt für seinen schönen Dorfplatz – unserem Startpunkt –, den modernen Käsekeller, die barocke Annakapelle auf dem Feld, die neugotische Kirche mit moderner Ausstattung und eine der größten Stahlbetonbogenbrücken der Welt (s. Tour 14).

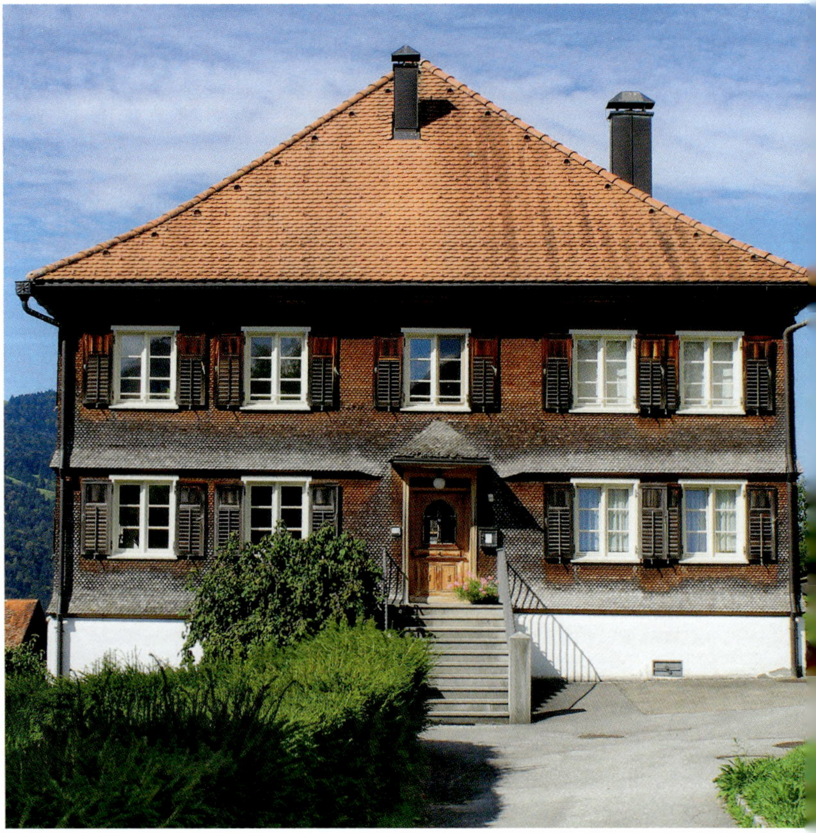

Klassisches Pfarrhaus des Bregenzerwalds in Lingenau

Vom Dorfplatz gehen wir auf die Kirche zu und in der Straße unterhalb am Friedhof entlang. Schon wartet das erste Highlight auf uns: Ein kindgerechter Lehrpfad mit viel Wissenswertem über die Pflanzen und Tiere des Nagelfluhgebirges begleitet uns mit zahlreichen Stationen zum Mitmachen bis zur Landstraße. Diese überqueren wir und gehen weiter bis zur Parzelle Fehren. Mit dem kleinen Dörnlesee begegnet uns hier bereits das nächste Naturdenkmal. Wir bleiben geradeaus bis zu den nächsten Häusern, biegen dort am Wegweiser vor dem Haus rechts auf die Wiese (Fehrenmühlweg) und dann auf den Waldpfad hinab in den Tobel. Auf der anderen Seite geht es wieder hinauf und erneut über eine Wiese bis zur Kirche von Langenegg.

Ganz unten: Großes Gehöft zwischen den beiden Langeneggs

Nicht nur für Lausbuben: der Weg zum Rossbad

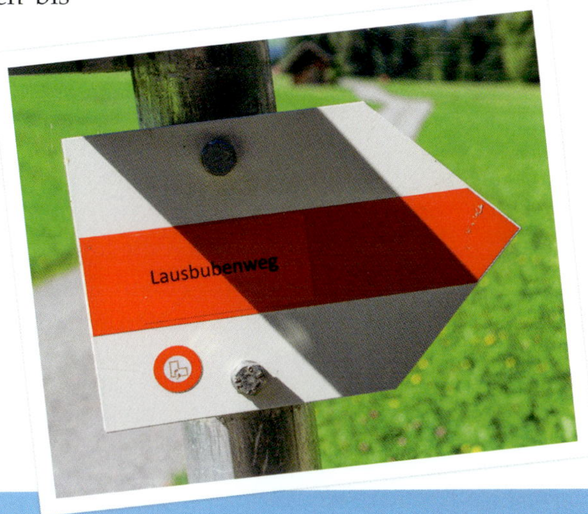

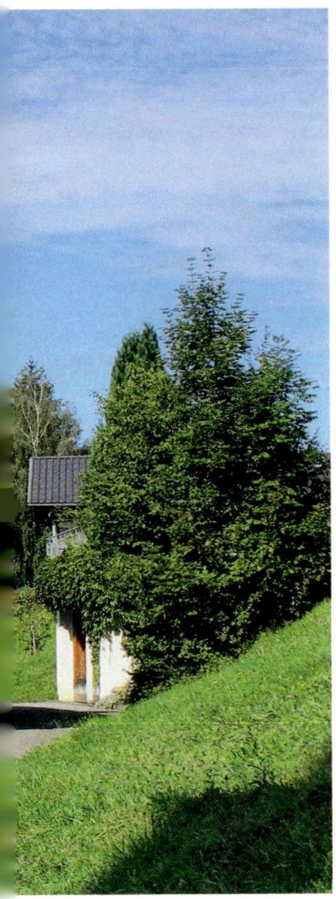

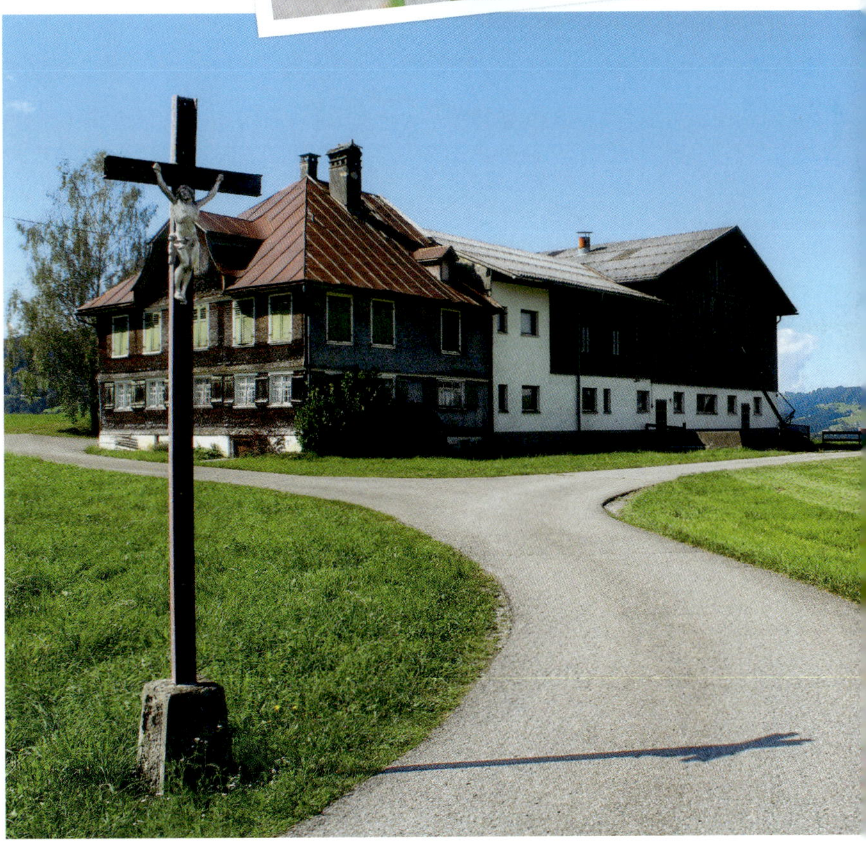

Schmuckes Langenegg Der für die Bregenzerwald-Gemeinden typische Ortskern mit Kirche und Gemeindeamt fehlt in Langenegg bzw. ist deutlich getrennt. Kein Wunder, über Jahrhunderte hinweg waren Unterlangenegg und Oberlangenegg, wo wir uns gerade befinden, selbstständige Ortschaften. Hier im Kirchdorf steht die prächtige Barockkirche von 1775 mit ihrer schönen Ausstattung, ein Schmuckstück unter den Wälder Gotteshäusern.

Vor ihr vorbei geradeaus gehend, verlassen wir leicht rechts die Straße und steigen hoch. Oben geht es dann links (Richtung Langenegg-Ortsmitte). Wir kommen zu einem Bildstock und nehmen die linke Abzweigung. Es geht ein paar Schritte bergab, dann erneut links auf dem Teerpfad hinunter zur Kapelle und hier wiederum links zur Dorfstraße. Dieser folgen wir rechts ins Dorfzentrum von Unterlangenegg, wo das Gemeindeamt und

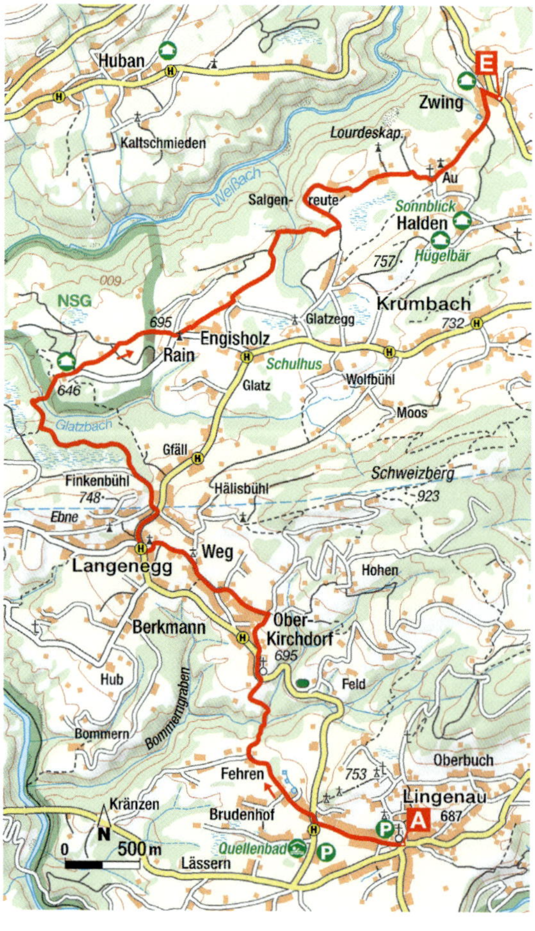

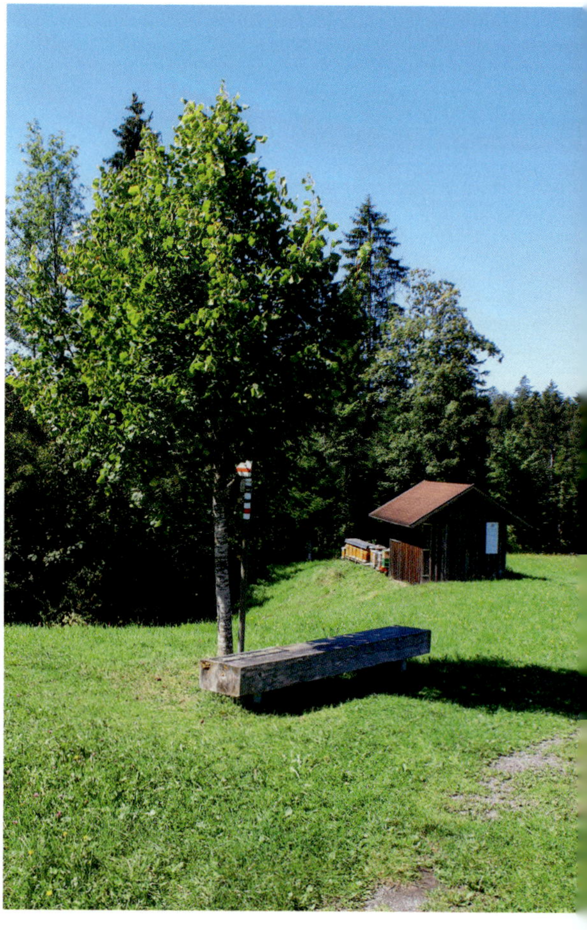

Ausruhen in der Ruhe des Rossbads

einige Geschäfte angesiedelt sind. An der Straße entlang geht es weiter bis zum Energieturm, hier links hinunter zu den Tennisplätzen und dann rechts an diesen vorbei in den Wald.

Das Bad im Wald Unterhalb des Aussichtshügels wandern wir rechts abwärts (Lausbubenweg) und folgen nun der roten Markierung Richtung Rossbad durch den Wald bis hinunter in den nächsten Tobel zum Glatzbach. Es geht auf Holztreppchen tief hinab und auf der anderen Seite schließlich wieder hinauf, vorbei an einer geheimnisvollen Ruine im Wald.

Ein altes Schild kündigt es schon an: Bei Verlassen des Waldes, nun bereits auf Krumbacher Gemarkung, treffen wir auf das Rossbad. Ein stattliches – inzwischen leerstehendes – großes Kurhotel kündigt noch vom ältesten bekannten Heilbad des Bregenzerwalds. Schon seit 1640 existierte es hier inmitten des Hochmoors, das zum Naturschutzgebiet erklärt wurde.

Preisgekrönte Moderne Wir begeben uns auf den verlassenen Parkplatz des Hotels und laufen dann geradeaus durch die Wiesen bis zur Parzelle Rain. Gegenüber der modernen Kapelle geht es links weiter auf den Wald zu, am Waldrand geradeaus (rote Markierung) und dann rechts hinunter in den nächsten Tobel mit Brückchen und Holztreppen.

Auf dem Salgenreuter Sträßchen kommen wir an und gehen hier links durch die Krumbacher Moorlandschaft weiter. Links, etwas abseits vom Weg, sehen wir kurz darauf die preisgekrönte Lourdeskapelle im modernen Bregenzerwald-Stil. Wir wandern die Rechtskurve entlang und dann links abwärts (an der Friedenskapelle vorbei) bis zur Parzelle Zwing. An der Pension Jägersheim geht es rechts zur Bushaltestelle, von wo uns die Linie 25 zurück nach Lingenau bringt.

Lingenauer Besonderheiten

Genannt seien noch einige Lingenauer Sehenswürdigkeiten, die nicht direkt an unserer Strecke liegen: Die Kapelle Sankt Anna im Feld (die wir sehen können) ist ein barocker Rundbau (1722–1728), und die Gschwendtobelbrücke von Alois Negrelli (1833–1836, s. Tour 10) hinter Großdorf ist aus Holz und wurde noch bis in die 1980er-Jahre hinein als Nadelöhr über die Subersach genutzt. An diesem Fluss liegt auch der Quelltuffpfad, der sich diesem seltenen Naturphänomen widmet, wo kalkhaltiges Wasser bizarre Gesteinsformationen bildet.

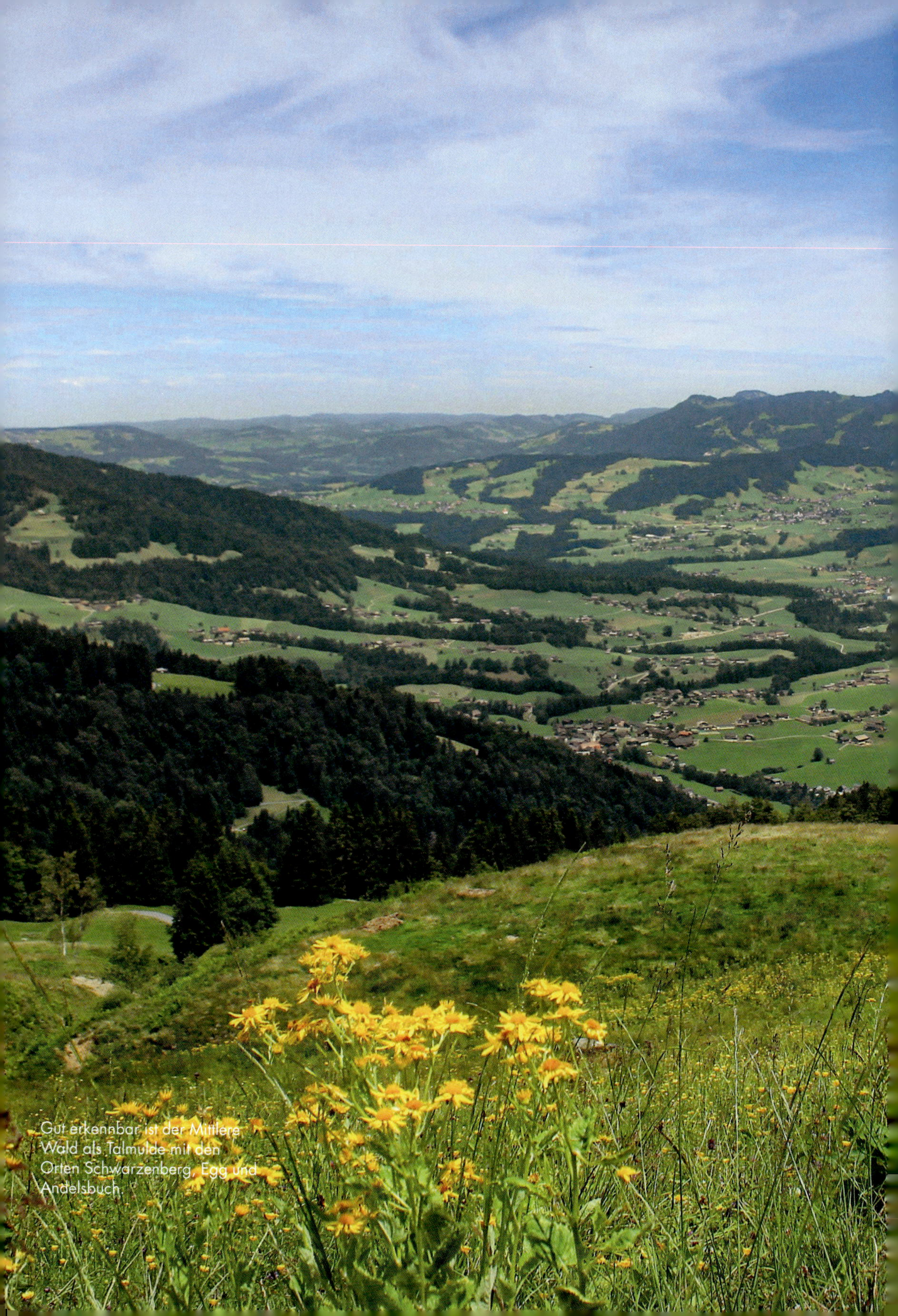

Gut erkennbar ist der Mittlere Wald als Talmulde mit den Orten Schwarzenberg, Egg und Andelsbuch.

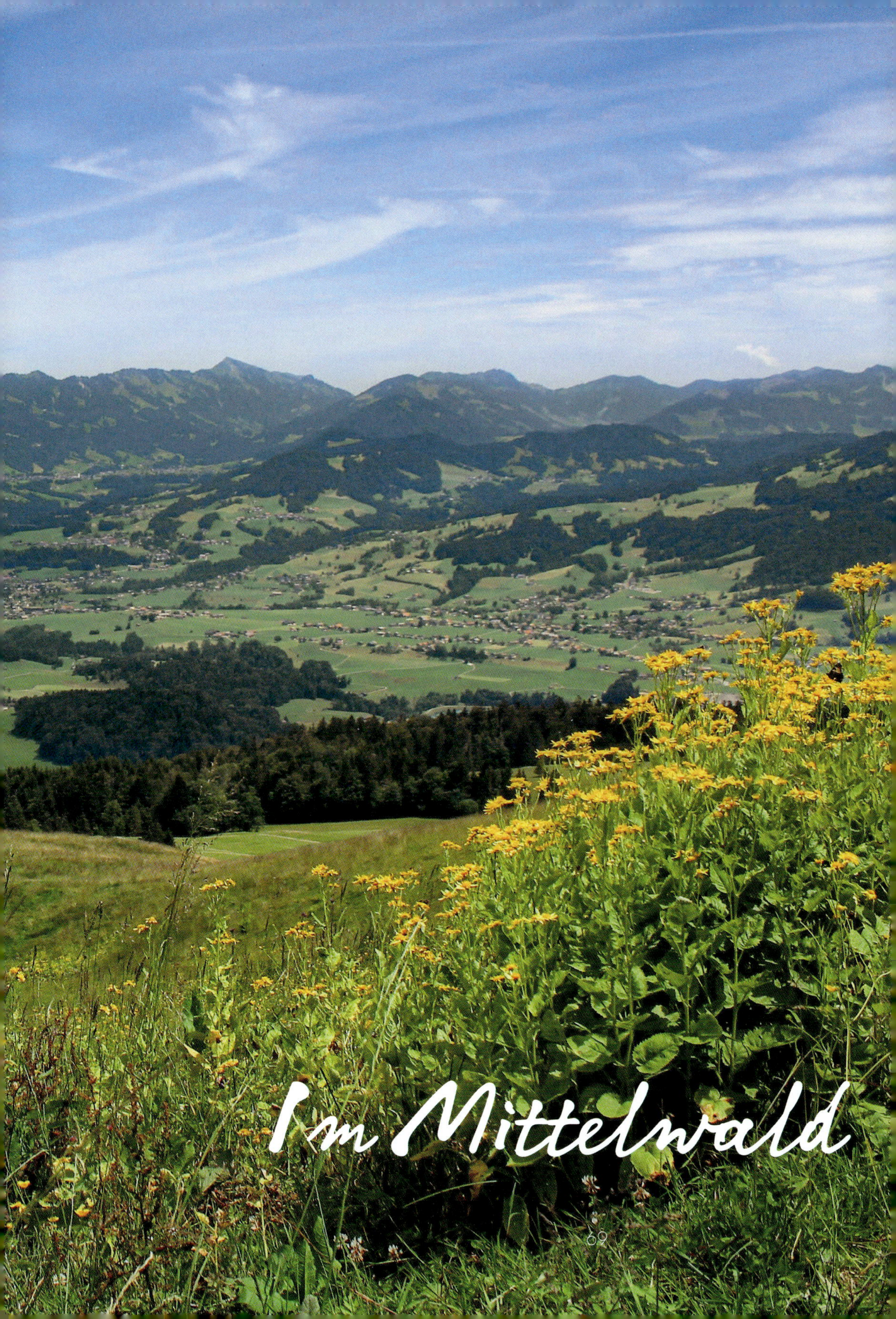

Im Mittelwald

13 Ein Höhenzug und viel Kultur

Von Alberschwende nach Schwarzenberg

Mittel | 9 km | ↑ 360 Hm ↓ 390 Hm | 2.30 Std.

Tourencharakter
Langer Anstieg auf bequemen Wegen bis Schwanteln, der Anstieg und Abstieg von der Vorsäß Berg sind etwas anspruchsvoller, ebenso der Weg durch den Beientobel – hier gibt es teils steile Passagen auf Pfaden oder Schotterwegen.

Ausgangspunkt
Alberschwende, Dorfplatz. GPS: 47.450766, 9.830957

Endpunkt
Schwarzenberg, Dorfplatz

Anfahrt
Bahn & Bus: Bahnhof Bregenz, weiter mit Buslinien 35, 37. Zurück mit Buslinie 35 nach Alberschwende
Auto: A 14 (Rheintalautobahn) bis Ausfahrt Dornbirn-Nord und weiter auf der L200

Karte
Kümmerly + Frey 1:35 000, Nr. 1 Bregenzerwald

Einkehr
In Alberschwende und Schwarzenberg

Information
www.schwarzenberg.at

Zwischen den beiden bedeutenden Orten Alberschwende und Schwarzenberg liegt der Höhenzug des Brüggelekopfs, ein klassisches Wanderziel, das wir heute besuchen werden. Anschließend geht es durch den Beientobel, ehe wir uns kulturellen Highlights widmen.

Ein Mönch macht Geschichte Alberschwende haben wir bereits vorgestellt (s. Tour 3), heute widmen wir uns einem seiner frühesten Einwohner, dem Mönch Merbod, der wie seine beiden Geschwister Ilga und Diedo wohl aus dem Geschlecht der Bregenzer Grafen stammte. Gemeinsam mit den beiden anderen brach er der Überlieferung nach um 1080 vom Gebhardsberg auf, um den Bregenzerwald zu missionieren. Während er in Alberschwende blieb, trennten sich Ilga und Diedo auf dem Lorenapass von ihm. Ilga werden wir noch heute begegnen, Diedo bei einer anderen Wanderung (s. Tour 17). Merbod blieb als Priester in Alberschwende und wurde dort, erschlagen von einem Einwohner, in der Wendelinskapelle begraben, die deshalb im Volksmund auch als Merbodkapelle bekannt ist. Dass die drei Geschwister sich auf dem Lorenapass trennten, war kein Zufall: Er war schließlich eine der wichtigsten Verbindungen in den Bregenzerwald, von Händlern, Bauern und anderen Reisenden genutzt. Heute dagegen ist es ruhig um diese historische Fährte geworden.

Über Maltach nach Berg Wir starten am Dorfplatz und gehen in die Straße Schwarzen. Gegenüber dem Friseurladen biegen wir links hoch und wandern, uns weiterhin links haltend und in Kurven ansteigend, an den Höfen vorbei. Wir bleiben auf dem Sträßchen, bis es in einem kleinen Waldstück, kurz nach einem Christusbrunnen, dann rechts weitergeht, immer noch auf einem Teerweg, der uns bis zur Parzelle Maltach bringt. Über dem Hof mit der Kapelle haben wir einen wunderbaren Blick hinunter auf den Bodensee.

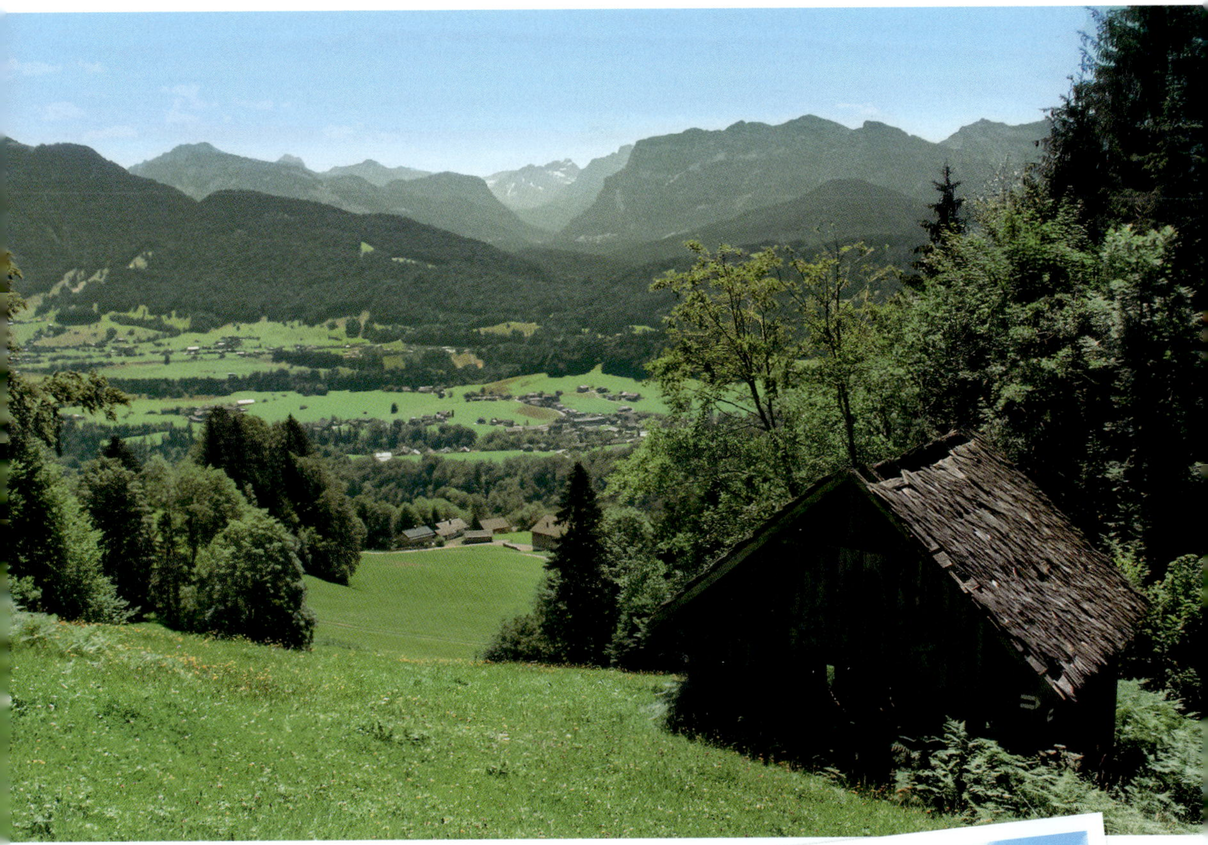

Nach der Kurve wandern wir, nun auf einem Kieselweg, immer weiter bergauf und durch ein kurzes Waldstück bis zu den Häusern von Schwanteln, wo es dann rechts hoch in Richtung Feldkreuz auf dem Wiesenpfad in den nächsten Wald geht. Auf der anderen Seite stoßen wir auf eine Wanderweg-Großkreuzung (auf der u. a. auch der Lorenapass angezeigt wird) und folgen hier der roten Markierung Richtung Beientobel. Dazu gehen wir schräg leicht rechts und kommen zur Vorsäß Berg auf gut 1080 Metern Höhe. Damit haben wir den höchsten Punkt dieser Tour erreicht – es geht nun rechts über den Pfad sehr schnell bergab vom Höhenzug des Alberschwender Hausbergs Brüggelekopf.

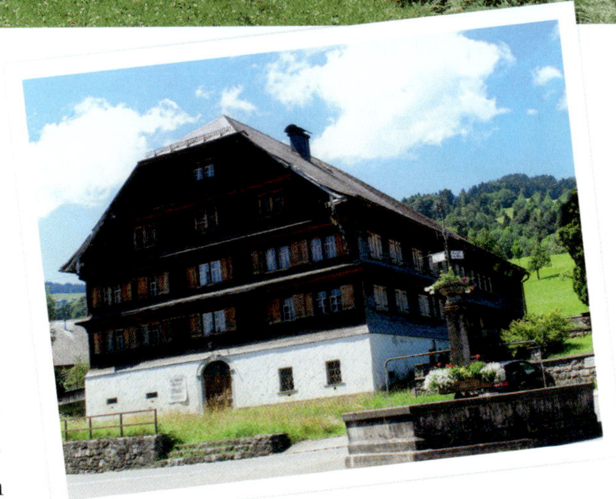

Ehemaliger Gasthof am Dorfplatz in Schwarzenberg

Ganz oben: Unterhalb der Parzelle Berg blickt man ins Tal hinab.

Unten: Oben bei Berg angelangt, geht es in schöner Lage langsam wieder bergab.

Durch den Beientobel Im Wald kommen wir rasch hinunter auf ein Sträßchen am Unteren Geisenkopf, hier gehen wir rechts. Am nächsten Bauernhaus biegen wir dann links ab, halten uns gleich wieder rechts und wandern steil hinab zu den Wiesen und über diese auf den Wald zu. Wir durchqueren erst ein paar kleinere Bachschluchten, dann den Beientobel; die Brücken und Stege haben schon bessere Tage gesehen, sind aber noch passierbar.

Internationale Landpartie

Der bekannte Opernsänger Hermann Prey hatte in Hohenems (s. Tour 5) ein Musikfestival zu Ehren Franz Schuberts etabliert. 1994 richtete Schwarzenberg erstmals eine »Landpartie« aus, und seitdem finden im Angelika-Kauffmann-Saal regelmäßig »Schubertiaden« mit international bekannten Größen und jungen Talenten aus der Musikwelt statt. Bis zu 30 000 Schubertianer pilgern dann im Sommer ins kleine Bregenzerwald-Dorf (www.schubertiade.at).

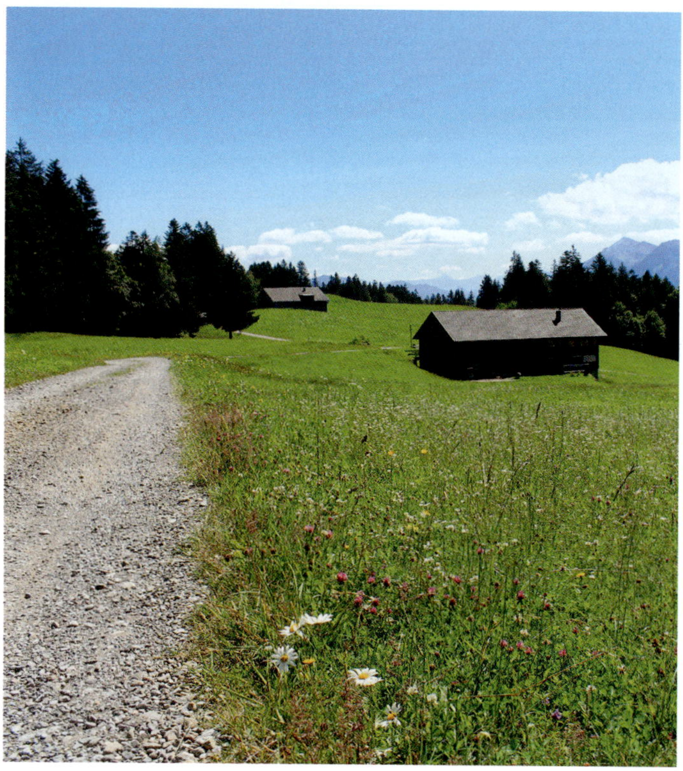

Wieder aus dem Tobel heraus, kommen wir zu einigen Häuschen und dann zur Schwarzenberger Parzelle Freien. Hier geht es an der Bushaltestelle links hinab entlang der Straße zur Ortsmitte, durch die sich ein Bummel auf jeden Fall lohnt. Mit der Buslinie 35 fahren wir anschließend nach Alberschwende zurück.

Kulturmetropole Schwarzenberg Man kann, ohne anderen Orten zu nahe zu treten, Schwarzenberg als das »kulturelle Zentrum des Bregenzerwalds« bezeichnen. Das Dorf, am Schnittpunkt der Handelswege über Lorena- und Losenpass (heute Bödele) gelegen, zählte stets zu den reichsten des Bregenzerwalds – was ihm heute noch anzusehen ist. Der 1755 nach einem Großbrand mit Kirche und den überaus stattlichen Gasthäusern wieder errichtete Dorfplatz gilt – zu Recht – als einer der schönsten in Österreich. Erhalten hat sich als Einziges im Bregenzerwald hier auch das Tanzhaus, eigentlich ein Gerichtsort – Verhandlungstage wurden jedoch einst mit Tänzen beendet.

International bekannt ist Schwarzenberg aber nicht nur wegen seiner baulichen Schönheit und ob des prächtigen Almabtriebs im Herbst, sondern wegen zweier kultureller Hochkaräter. Eine der bedeutendsten Malerinnen des deutschsprachigen Raumes, Angelika Kauffmann (1741–1807), ist eng mit dem Ort verbunden: Ihr Vater wurde hier geboren und arbeitete als Kirchenmaler – auch in Schwarzenberg, unterstützt von seiner erst 16-jährigen Tochter. Später, schon weltberühmt, stiftete sie das Hochaltarbild in der Kirche. Hier treffen wir übrigens wieder auf die Spuren von Ilga, die Schwester Merbods, die als Einsiedlerin im Ort verstarb und in diesem Gotteshaus begraben ist. Angelika Kauffmann sind im Ort ein Museum und der Musiksaal gewidmet, in dem die »Schubertiaden« stattfinden (s. Tippkasten). Er gilt als einer der schönsten Klangräume Österreichs mit hervorragender Akustik.

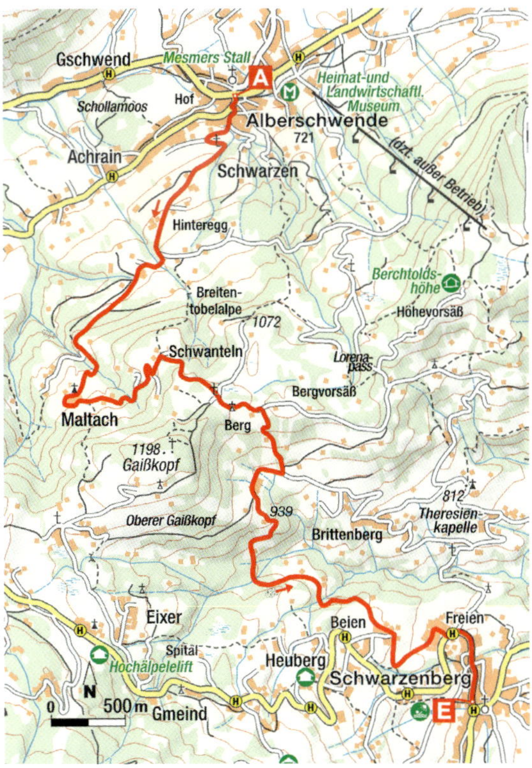

Wanderidyll: Feldkreuz, Rastbank, Wegweiser

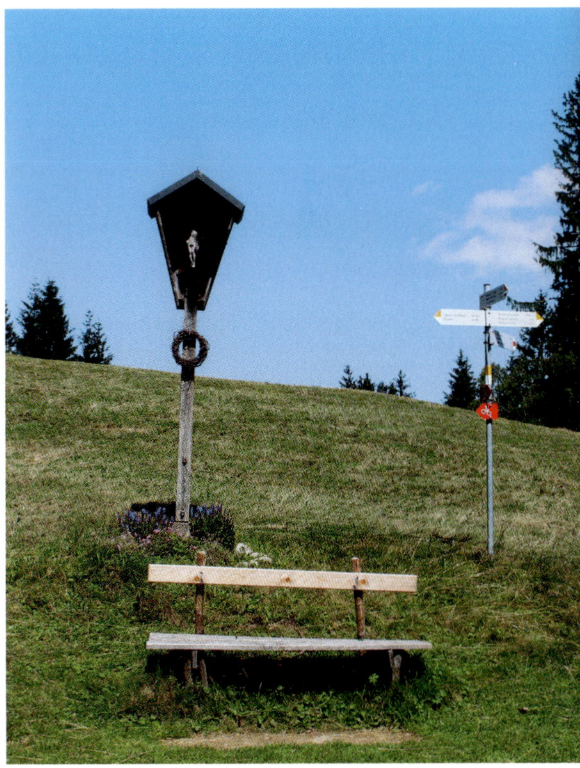

14 Auf der alten Bahnstrecke

Von Egg nach Müselbach

Leicht | 4 km | ↑ 80 Hm ↓ 50 Hm | 1.30 Std.

Tourencharakter
Breite, gut befestigte Wege, anfangs sogar leicht bergab. Zum Ende der Wanderung (mit Endpunkt Müselbach) kräftiger Anstieg. Ob die komplette Runde (8 km) wieder begangen werden kann, darüber sollte man sich im Tourismusbüro Egg erkundigen. Für Familien geeignet

Ausgangspunkt
Egg, Gemeindeamt.
GPS: 47.431382, 9.897371

Endpunkt
Bushaltestelle Müselbach/ Abzweigung

Anfahrt
Bahn & Bus: Bahnhof Bregenz, weiter mit Buslinien 25, 37. Zurück nach Egg ebenfalls mit Buslinie 37
Auto: A 14 (Rheintalautobahn) bis Ausfahrt Dornbirn-Nord und weiter auf der L 200 bis Egg

Karte
Kümmerly + Frey 1:35 000, Nr. 1 Bregenzerwald

Einkehr
Unterwegs keine; in Egg

Information
www.egg.at

Wir wandern einmal mehr an der Bregenzer Ach, und wie immer geht es hier im Tal recht einsam zu. Auch sind wir wieder auf den Spuren der alten Bregenzerwaldbahn unterwegs und können uns in ihre Geschichte vertiefen.

Wichtiges Zentrum Der Marktort Egg ist so etwas wie die Zentrale des Bregenzerwalds: Geografisch günstig gelegen und noch heute der Schnittpunkt von Ost-West- und Nord-Süd-Verbindungen, spielte er schon im Mittelalter als Gerichtsort – mitsamt dem üblichen Galgen – eine bedeutende Rolle in der Wälderrepublik. Heute ist Egg die flächenmäßig größte Gemeinde der Region, langgezogen reicht sie bis zur deutschen Grenze im Osten. Zugleich ist sie die bevölkerungsreichste – naturgemäß ein relativer Wert bei etwa 3600 Einwohnern.

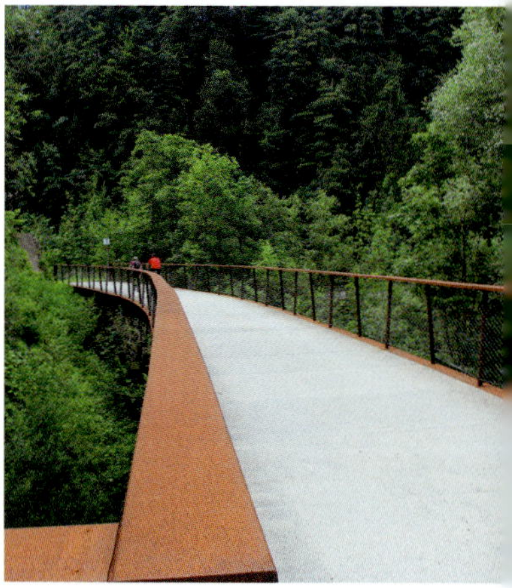

Aufgebessert: die alte Bahnbrücke kurz vor Egg

Als wichtiges Zentrum besitzt Egg in jedem Fall auch die Funktion eines Versorgungszentrums mit Einrichtungen vom Supermarkt bis zur Buchhandlung, ist Ort kultureller Veranstaltungen und hat einen hohen Freizeitwert sowohl im Sommer als auch im Winter (bekannt ist das Skigebiet Schetteregg). Geprägt wird der Markt außer von seiner neugotischen Pfarrkirche vor allem durch seine Lage an gleich mehreren Flüssen, darunter vor allem die Bregenzer Ach, die hier kurzzeitig einmal ihr enges Tal verlässt.

Zur alten Bahntrasse Zu ihr begeben wir uns auf dieser Tour – und damit auch zu einer alten Bekannten, der Bregenzerwaldbahn. Dazu gehen wir vom Gemeindeamt (davorstehend) rechts

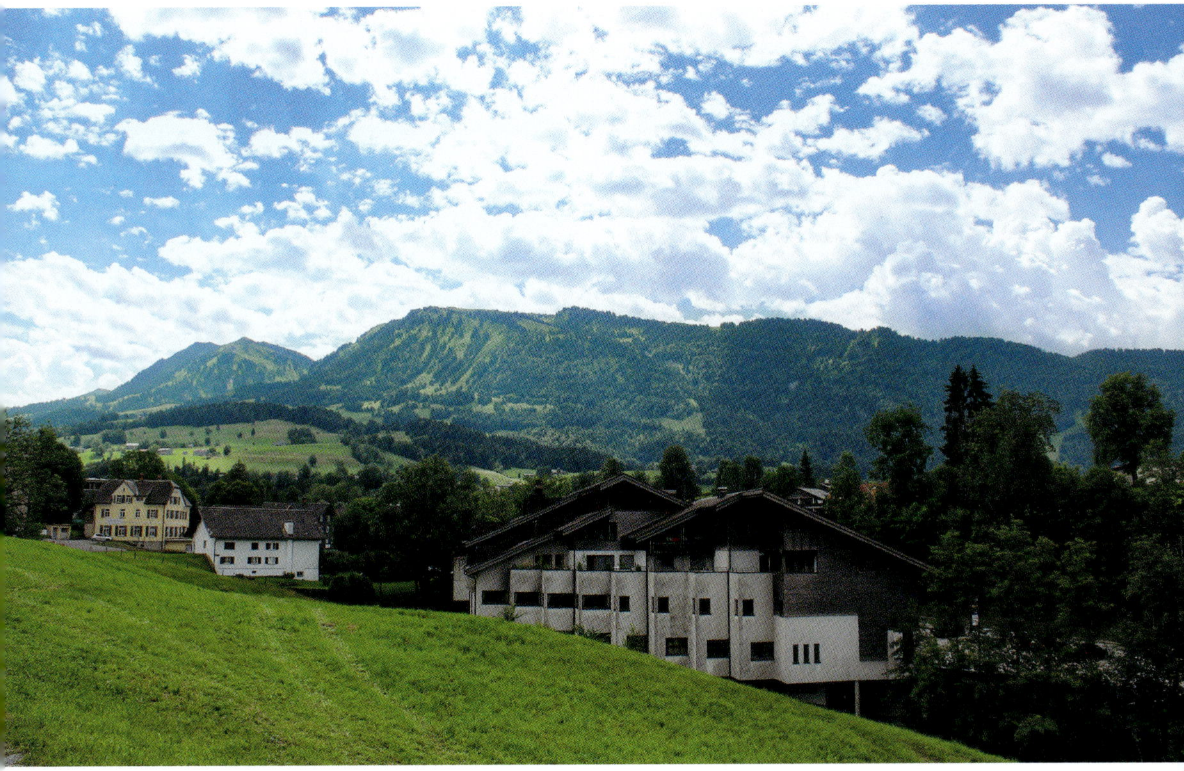

Blick von Egg auf die Niedere

vorbei am Tourismusbüro über den Schmiedelbach und vor der Apotheke links (Gerbe), dann halten wir uns leicht rechts hoch zum Ärztehaus. An diesem beginnt links ein Schotterweg, der uns auf der alten Bahntrasse zur Bregenzer Ach bringt.

Wir sind bereits ein Stück auf der alten Trasse gelaufen (s. Tour 2), allerdings in entgegengesetzter Richtung. Der Weg hier, erst vor wenigen Jahren gründlich aufgehübscht, besitzt aber ein gänzlich anderes, bequemeres Niveau – abgesehen davon, dass es in Fließrichtung der Ach leicht bergab geht. An der mit einem neuen Aufsatz versehenen alten Bahnbrücke können wir uns in Gedanken kurz der Geschichte des einst

Süffiges Handwerk

Seit mehr als über hundert Jahren wird in Egg Bier gebraut – es ist die kleinste Privatbrauerei Vorarlbergs, sie bietet jedoch eine nicht geringe Palette an Bierspezialitäten und Limonaden. Im Ortskern gelegen, kann der Betrieb auch besucht werden, Führungen mit Verköstigung sind bei Voranmeldung für Gruppen möglich. Mit »Craft Beer« braucht man hier nicht extra werben – die Egger Spezialitäten waren und sind schon immer echtes Handwerk (www.brauerei-egg.at).

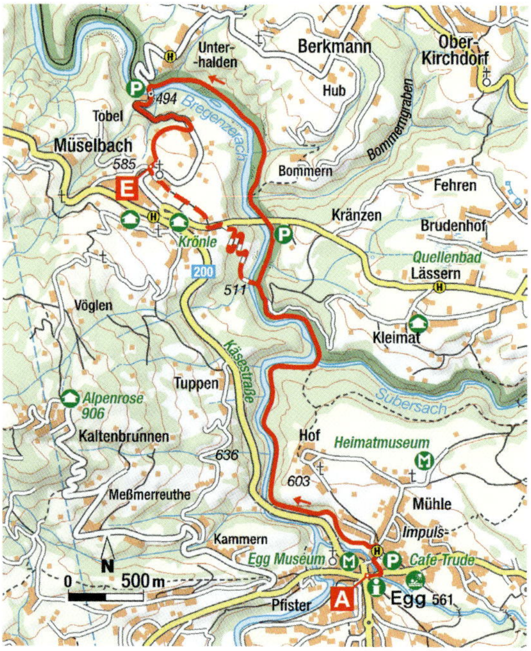

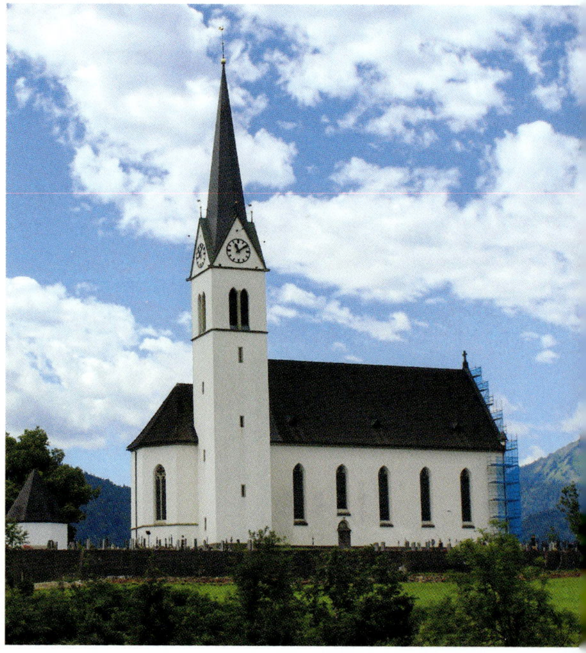

Die Pfarrkirche Egg in dominanter Lage

gewagten Vorhabens widmen, eine Bahn in den Bregenzerwald zu bauen.

Historische Bregenzerwaldbahn Erste Ideen hierzu gab es bereits Mitte des 19. Jahrhunderts, erhoffte man sich doch dadurch buchstäblich einen besseren Anschluss an die Außenwelt, dazu wirtschaftliche Vorteile und auch die Möglichkeiten des aufblühenden Sommerfrischlertums spielten bereits eine Rolle. Verwirklicht werden konnte das Projekt erst zur Jahrhundertwende, als einzig realistische Trassenführung blieb nur eine Schmalspurbahn durch das wilde Tal der Bregenzer Ach. Das würde noch einige Probleme mit sich bringen, aber immerhin, 1902 konnte die feierliche Eröffnung stattfinden. Startpunkt war Bregenz, Endbahnhof vorerst Bezau, eine Erweiterung bis Schoppernau war geplant, konnte aber nie umgesetzt werden. Zwar lief der Betrieb gut an, Waren, Post und Personen konnten nun vergleichsweise komfortabel transportiert werden, aber auch die Probleme zeigten sich schnell: Ständige Hangrutsche, Muren und Unterspülungen durch Hochwasser sorgten für häufige Unterbrechungen des Verkehrs, zudem lagen in dem menschenleeren Tal die Bahnhöfe einsam und oft kilometerweit von den Ortschaften entfernt, zugänglich nur über kleine Wege und Pfade. Nachdem man zwischenzeitlich als Attraktion sogar wieder auf Dampflokbetrieb umgestellt hatte, kam Anfang der 1980er-Jahre nach mehreren Zerstörungen durch Murenabgänge das endgütige Aus. Die Gleise wurden abgebaut und Teile der Strecke zum Wander- und Radweg.

Hoch nach Müselbach Und auf dem sind wir nun, immer geradeaus am Fluss entlang, der sich gewohnt brausend durch die Wälder schlängelt. Wir kommen zum einstigen Bahnhof von Lingenau, der erhalten und renoviert wurde, da sich hier die »Outdoor-Akademie« befindet, durch deren Gelände wir rechts am Haus vorbei weitergehen. Die Orientierung fällt weiter leicht: Es geht am Fluss entlang bis zur Kreuzung vor der Brücke (im Hintergrund hoch oben die moderne Straßenbrücke). Hier halten wir uns links (unter der Brücke hindurch), Richtung Alter Bahnhof Langenegg.

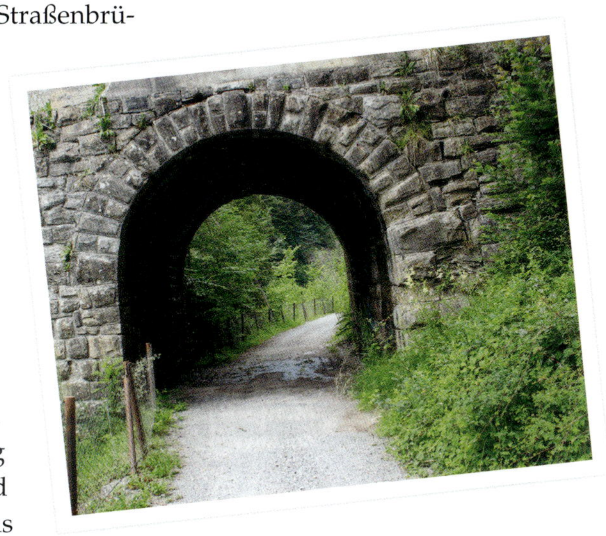

Ein Stück Bahnvergangenheit: kleiner Tunnel beim Bahnhof Langenegg

Die nächste Brücke verrät als kleiner Tunnelrest wieder etwas von der Bahntrassen-Vergangenheit, anders als der Bahnhof Langenegg, den man vergeblich suchen wird: von ihm blieb nur ein Parkplatz. Auf diesen biegen wir rechts ab, gehen hoch zur Brücke und wechseln rechts die Flussseite. Keine Wanderung im Bregenzerwald ohne Steigung – und so geht es über die Kurven des Sträßchens (das wegen eines Hangrutschs nicht befahrbar ist) bis zu den ersten Häusern von Müselbach, einem weit zerstreuten Dorf. Hier wenden wir uns gleich rechts auf den Weg, der sich an einzelnen Höfen vorbei bis zur Kirche hochzieht. An dem kleinen Gotteshaus vorbei geht es über den Schulhof und nach diesem rechts hoch zur Bushaltestelle Müselbach/Abzweigung, wo mehrere Linien abfahren. Mit der Buslinie 37 kommen wir wieder zurück nach Egg.

Hinweis: Sobald die Brücke über die Ach nahe des Bahnhofs Lingenau wieder repariert ist, kann man von Müselbach auch wieder die Schleife schließen, auf unseren alten Weg zurückgelangen und somit in schönem Rundkurs nach Egg wandern.

15 Am Klaratsberg

Von Großdorf nach Ittensberg

Mittel | 12 km | 430 Hm | 3.30 Std.

Tourencharakter
Zwischen Hennen- und Klaratsberg ist gute Orientierung mit Blick auf die Karte nötig. Der Abstieg nach Ittensberg ist kurz und knackig auf schmalen Pfaden, er erfordert gute Wandererfahrung. Ansonsten bequeme Wege mit sanften Anstiegen

Ausgangs-/Endpunkt
Großdorf, Kirche.
GPS: 47.433784, 9.915080

Anfahrt
Bahn & Bus: Bahnhof Bregenz, weiter mit Buslinie 25
Auto: A 14 (Rheintalautobahn) bis Ausfahrt Dornbirn-Nord, dann weiter auf der L200 bis Egg und über die L29 nach Großdorf

Karte
Kümmerly + Frey 1:35 000, Nr. 1 Bregenzerwald

Einkehr
Unterwegs keine; in Großdorf

Information
www.egg.at

Zwischen Subersach und Schmiedelbach steht der Klaratsberg. Auf dem Weg dorthin trifft man auf schöne Vorsäße mit Kapellen. Über die Lexenhöhe wandern wir alsdann nach Ittensberg und von dort zurück nach Großdorf.

Barocker Startpunkt Zugegeben, groß ist ein relativer Begriff, aber hier im Bregenzerwald darf Großdorf schon als stattliche Siedlung gelten, auch wenn der Ort nach Egg eingemeindet ist. Mittelpunkt ist die Barockkirche im Zentrum, sie wird oft als schönste ihrer Bauart in der Region bezeichnet – besonders im Inneren bestätigt sich dies. Ansonsten weist Großdorf einige sehr malerische Häuser um die Kirche auf, und auch versorgen kann man sich hier noch einmal gut vor der Wanderung.

Diese beginnen wir mit einem Marsch ortsauswärts in Richtung Lingenau; bei den letzten Häusern zweigen wir dann rechts von

Rechte Seite unten: Kapellen sind unsere Begleiter am heutigen Tag.

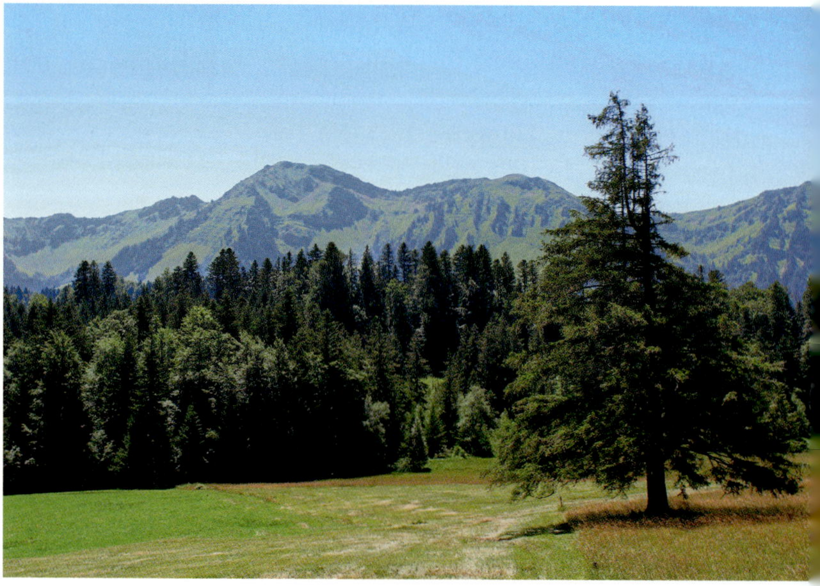

Im Süden liegt die schroffe Winterstaude.

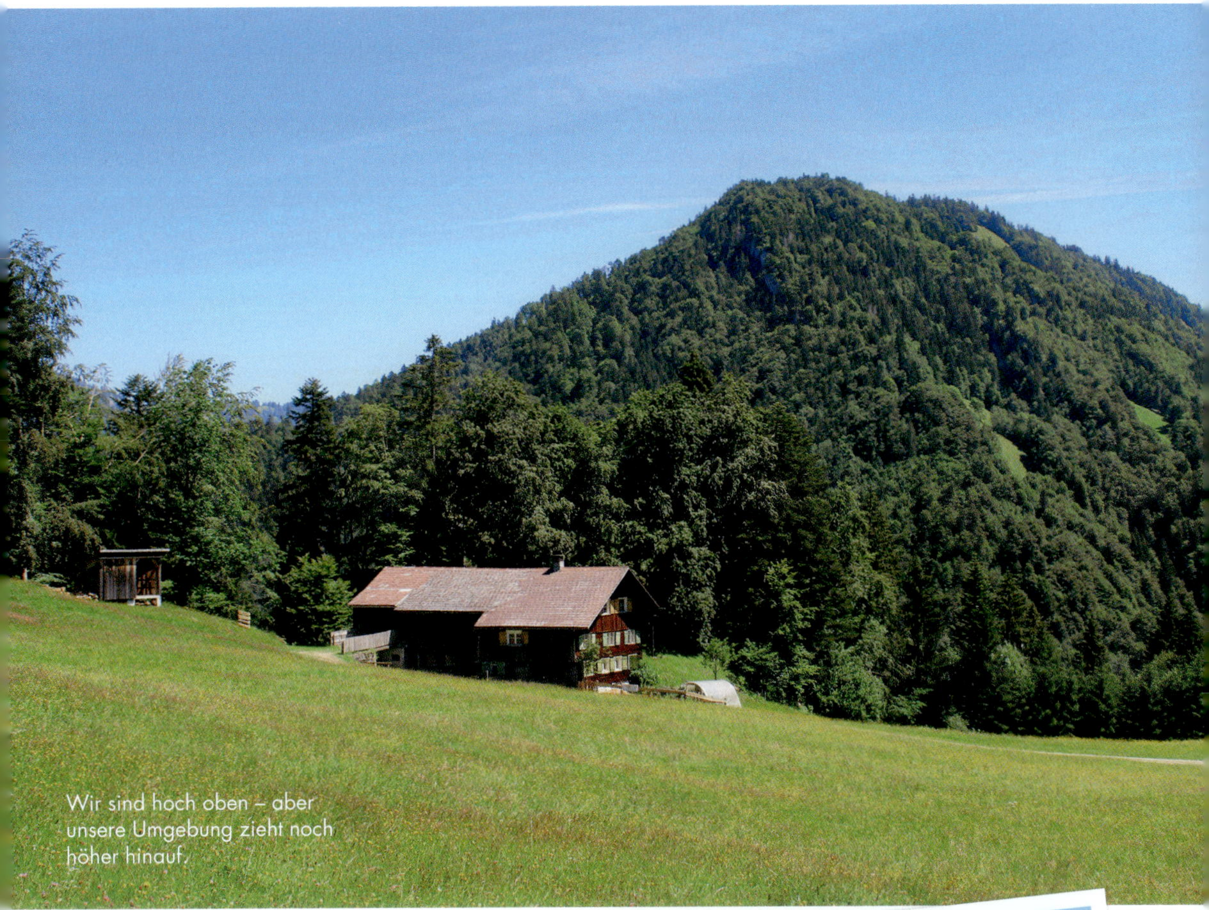

Wir sind hoch oben – aber unsere Umgebung zieht noch höher hinauf.

der Straße ab auf den Weg nach Stocker. In dem kleinen Weiler bleiben wir geradeaus (Markierung »Fallenbach Straße«) und kommen so nach Fallenbach, dem nächsten Weiler (mit Kapelle). Immer etwas ansteigend, aber noch dezent und bequem auf dem Teerweg kommen wir zu zwei Vorsäßen, erst Stangstatt – wieder mit Kapelle – und das schöne Ensemble von Stein mit der nächsten Kapelle. Noch ein Stück weiter treffen wir dann auf eine Kreuzung und gehen hier rechts hoch (rote Markierung), an den Vorsäßen Hennenberg vorbei (ohne Kapelle) und ab jetzt deutlich stärker bergan.

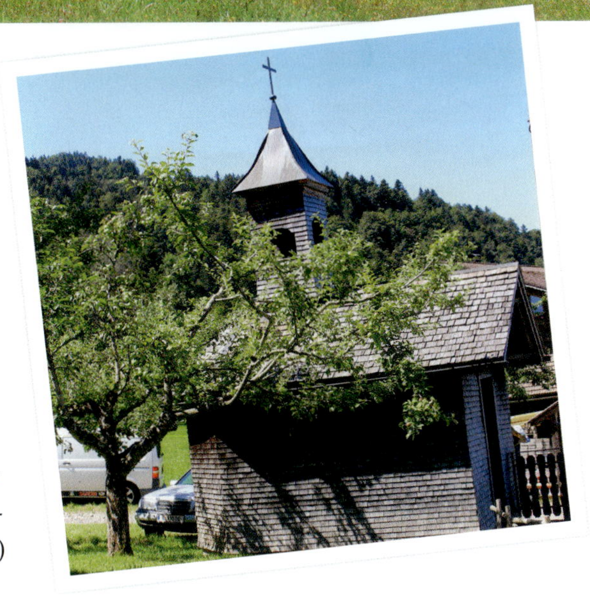

Klaratsberg und Lexenhöhe Nun gilt es, genau auf die Wegführung zu achten. Kurz hinter Hennenberg kommt eine Abzweigung, und wir gehen vor dem kleinen Bächlein rechts hoch. Hier steht eine Holzhütte, neben der wir weiter geradeaus und dann quer über die Wiese leicht rechts laufen – hier sind der Weg und die Markierungen nicht zu erkennen, wir orientieren uns im Zweifelsfall am Waldrand. Auch wenn es zwischenzeitlich

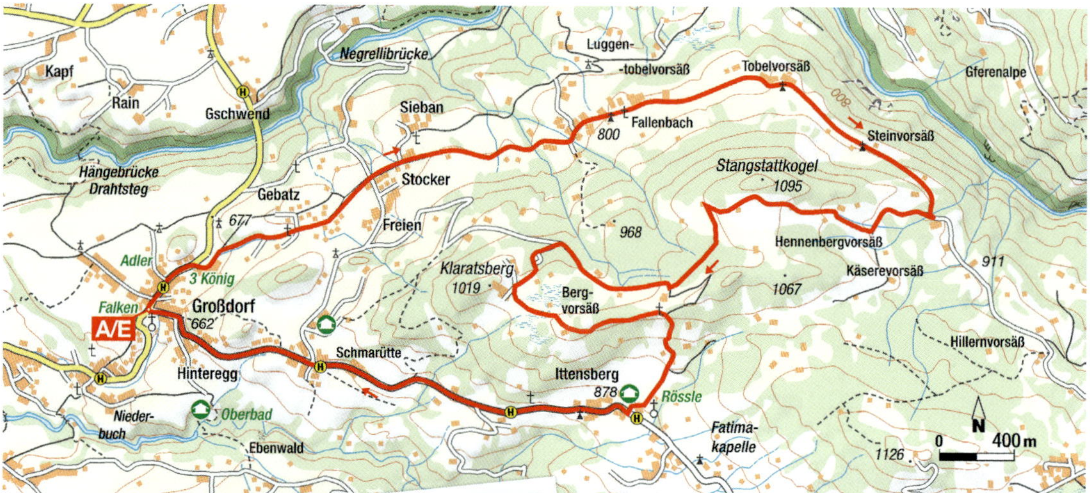

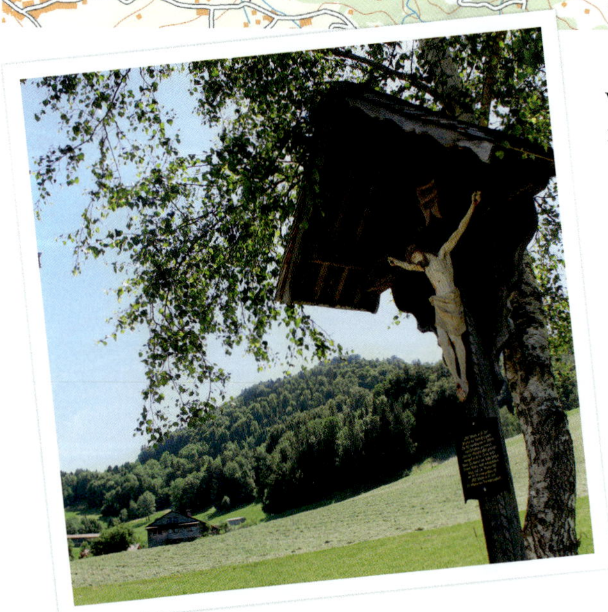

vielleicht gar nicht mehr so erscheinen mag – man ist noch richtig, wie man spätestens dann bemerken wird, wenn vor dem nächsten Einzelhof die Markierung plötzlich wieder auftaucht.

Vor dem Haus gehen wir links auf den Zufahrtsweg und biegen an der nächsten Kreuzung rechts ab, hinunter auf den Teerweg, der an dem kleinen Bachtal entlangführt. Wir treffen bald auf die nächste Kreuzung und gehen nun links wieder den Berg hoch. Nach Verlassen des Waldes sehen wir schon die Höfe unterhalb des Klaratsberges (1019 m). Wir gehen dann links und kommen am Feldkreuz vorbei auf einen Wurzelpfad durch ein Waldstück. Dahinter wird der Blick frei auf unseren

Feldkreuz mit unserem Ziel im Hintergrund

zurückgelegten Weg links und unser nächstes Ziel Ittensberg rechts unten. Wir sind auf der Lexenhöhe angelangt – die Niedere und die Winterstaude dominieren das Bild von der Aussicht auf dem kleinen Bergrücken.

Von Ittensberg zurück nach Großdorf Gleich hinter Kreuz und Ruhebank erwartet uns dann rechts ein schneller und somit steiler Abstieg nach Ittensberg. Dieser nur kurze Abschnitt ist das anspruchsvollste Stück dieser Wanderung: Auf einem sehr schmalen, aber vor allem – wie erwähnt – recht steilen Pfad geht es mal im Wald, mal über die Wiese in kleinen Serpentinen erstaunlich schnell bis hinunter in das Dörfchen Ittensberg.

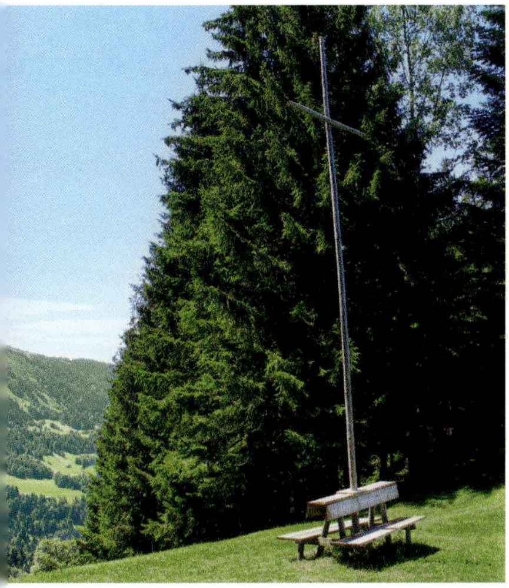

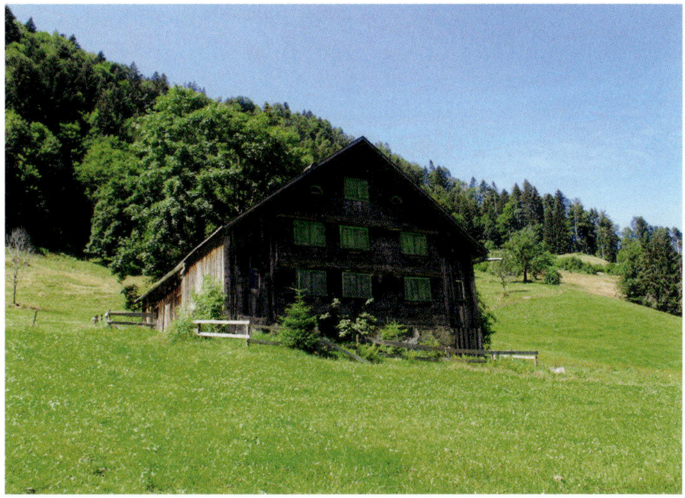

Links: Die Lexenhöhe

Die Parzelle Stein

Variantenreich

Statt Aufstieg zum Klaratsberg (vor Hennenberg nicht abbiegen, sondern im Tal weiter) oder später von Ittensberg aus (dort dann links weiter) kann man auch weiterwandern nach Schetteregg, einem beliebten Freizeit- und insbesondere Skigebiet mit zahlreichen Liftanlagen. Hier gibt es Einkehrmöglichkeiten. Mit dem Bus (Linie 32) kommt man nach Großdorf und Egg zurück.

Hier gibt es auch wieder eine Kapelle – die größte an unserem Weg und in modernem Baustil. Wenn wir auf die Straße nach Schetteregg treffen (an der Bushaltstelle), wenden wir uns rechts. Mit einigen Windungen geht es nun bergab und vorbei an Widin bis Schmarütte. Hier bleiben wir geradeaus und kommen so nach Großdorf und ins Ortszentrum zurück.

16 Zur Hochälpelealpe

Von Andelsbuch zur Lustenauer Hütte

Schwer | 17 km | 700 Hm | 4 Std.

Tourencharakter
Aufgrund des langen Anstiegs zur Hütte und zur Alpe schwer; der Aufstieg erfordert aber keinerlei Kletterkünste und ist sehr bequem, auch der Abstieg ist nur anfangs etwas anspruchsvoller. Hauptvoraussetzung ist eine gute Kondition.

Ausgangs-/Endpunkt
Andelsbuch, Gemeindeamt.
GPS: 47.411815, 9.893324

Anfahrt
Bahn & Bus: Bahnhof Bregenz, weiter mit Buslinie 37
Auto: A 14 (Rheintalautobahn) bis Ausfahrt Dornbirn-Nord und weiter auf der L200

Karte
Kümmerly + Frey 1:35 000, Nr. 1 Bregenzerwald

Einkehr
In Andelsbuch und Schwarzenberg, Haldenstüble, Lustenauer Hütte

Information
www.andelsbuch.at;
https://lustenauer-huette.at

Vom Kessel des Mittelwalds bis hoch zu Alpenhöfen geht es von Andelsbuch über Schwarzenberg zur beliebten Lustenauer Hütte mit ihrem schönen Ausblick. Am Rückweg genießen wir noch die idyllische Hochälpelealpe und können die Ilgakapelle besuchen.

Zum Stausee Ach Wie bei Tour 17 starten wir am Gemeindeamt in Andelsbuch, laufen aber in die andere Richtung, also links, um kurz darauf gegenüber der Kirche links zwischen den Häusern abzubiegen. Im Weiler Wirth nahe der Wendelinskapelle geht es geradeaus und bis zu den letzten Häusern, dann links langsam in einer großen Kurve hinab ins hier etwas weitere Tal der Bregenzer Ach.

Unten angekommen, halten wir uns leicht rechts über die Wiese zum Ufer, an dem wir nun entlanglaufen, vorbei an einem alten

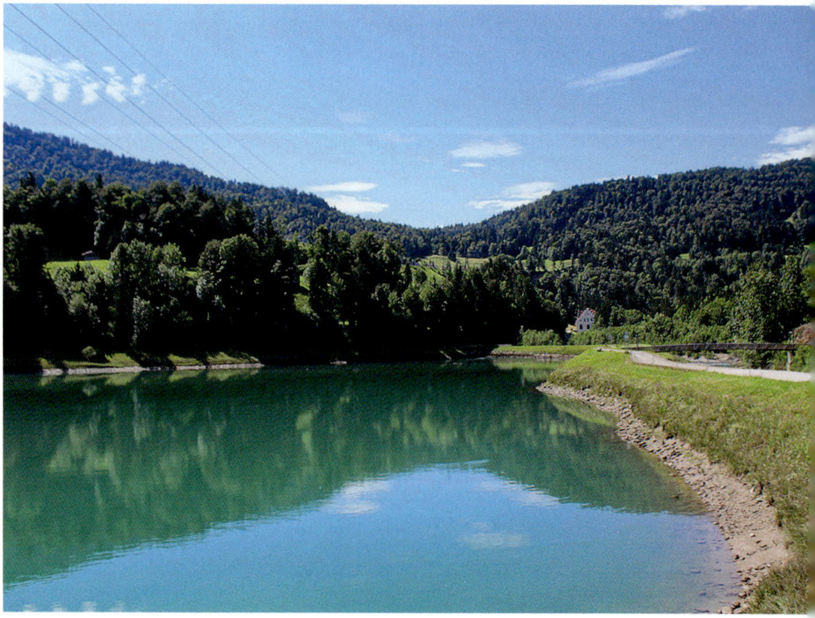

Der Stausee Ach mit dem Kraftwerk Andelsbuch im Hintergrund

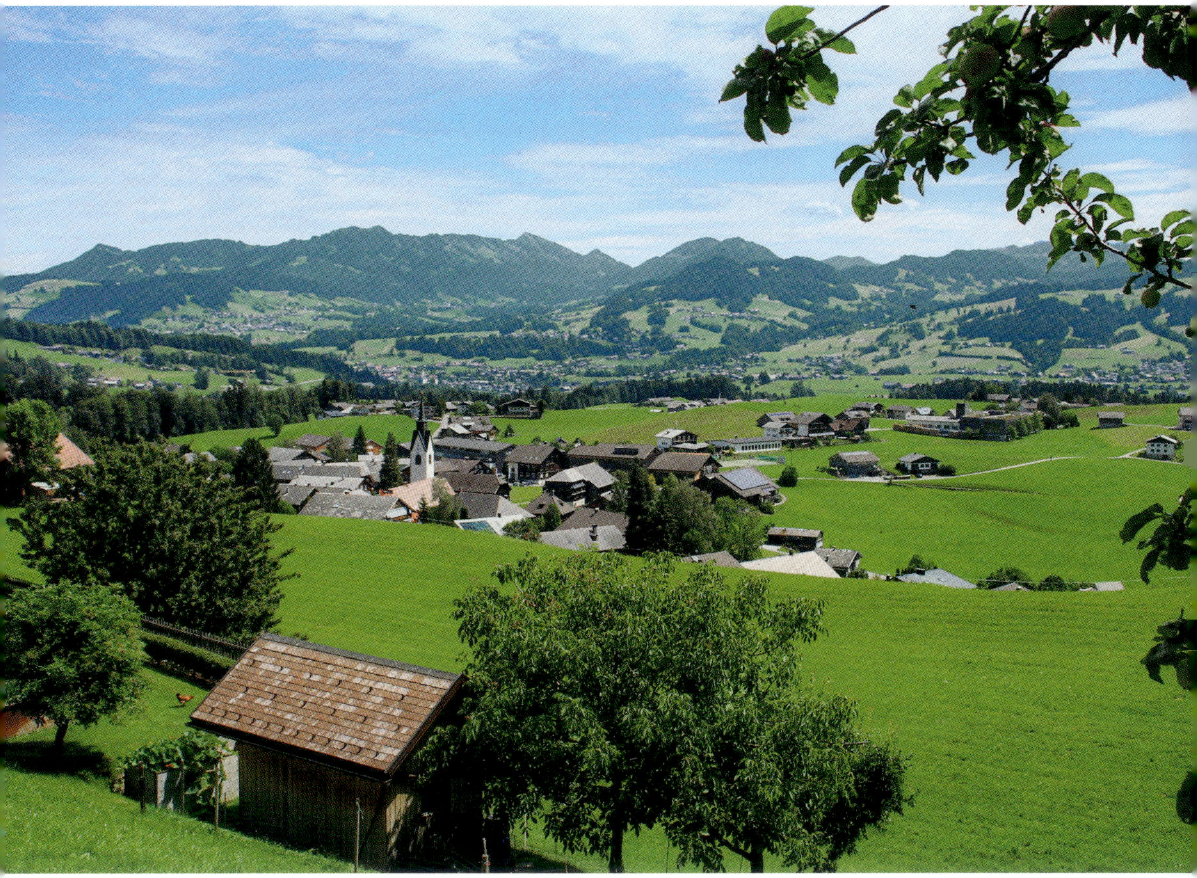

Schwarzenberg mit Blick Richtung Egg

Fährhaus mit interessanter Geschichte, über die ein Hinweisschild informiert. Da sie nicht mehr existiert, müssen wir noch ein Stück weiter geradeaus und kommen so schließlich zum kleinen Damm des Stausees Ach, dem Ausgleichsbecken für das Andelsbucher Kraftwerk (s. Tippkasten), dessen Stufengiebel wir im Hintergrund sehen, wenn wir die Treppe hochgestiegen sind.

Nach Schwarzenberg Wir gehen rechts am See bis zum Drahtsteg, der uns über die Ach auf Schwarzenberger Gebiet bringt. Links hoch wandern wir über den Weiler Au und kommen kurz darauf zu einer Abzweigung – der Wanderweg führt geradeaus weiter über Rain mit seinen schönen Bauernhäusern, der Teerweg rechts ist eine Abkürzung.

In Rain geht es dann geradeaus hoch über die Wiese und zurück auf erwähntem Teerweg, sodann am Ammannswäldchen links weiter zum Weiler Zur Egg. Hier halten wir uns links und laufen auf den schon sichtbaren Ortskern von Schwarzenberg zu. Vorbei am Kindergarten und über den Schulhof kommen wir im Unterdorf an. Mit dem nötigen Respekt können wir hier durch den Friedhof mit seinen berühmten schmiedeeisernen Kreuzen zum Dorfplatz gelangen – wie schon an anderer Stelle erwähnt einer der schönsten Österreichs (s. Tour 13).

Zur Lustenauer Hütte Wir überqueren den Platz, gehen am Tanzhaus vorbei und vor dem Gasthaus Ochsen erneut links, nun hoch. Ab jetzt beginnt der sehr lange Aufstieg sich erst richtig bemerkbar zu machen. Wir stehen vor der kleinen Meinradskapelle und wenden uns links, die Straße führt am Bad vorbei und lässt langsam die letzten Häuser von Schwarzenberg hinter sich.

Auf den nächsten Kilometern kann man nichts falsch machen: Wir bleiben auf dem bequemen Teerweg, der uns einiges an Kondition abverlangt. Sehr lange geht es mal sanfter, zumeist aber mittelschwer bergan, bis wir zur Vorsäß Klausberg mit ihren wie symmetrisch an den Hang platzierten Höfen kommen. Wir gehen auf die ersten Häuser zu, dann rechts den Berg hoch und halten uns an der nächsten Kreuzung erneut rechts. In der Ferne ist schon die Lustenauer Hütte zu sehen, zu der wir dann wiederum rechts abbiegen. Hier kann man sich erholen und während der Saison verpflegen und vor allem den Ausblick hinunter auf den Mittelwald und die gegenüberliegenden Berge genießen.

Stilvolles Industriedenkmal

Von 1906–1908 wurde das Kraftwerk Andelsbuch erbaut, im damals favorisierten Jugendstil, um die Bregenzer Ach zur Stromerzeugung zu nutzen. In jener Zeit zählte es zu den leistungsfähigsten in der gesamten Donaumonarchie. Heute ist es ein lebendiges Industriedenkmal, das noch immer genutzt wird. Gegen Anmeldung kann man es in kostenlosen Führungen besichtigen (www.illwerkevkw.at/kw-andelsbuch.htm).

Hochälpelealpe und Ilgakapelle Nun geht es an der Hütte vorbei und dahinter im Wald bergab durch einen Tobel und schließlich zur Hochälpelealpe, dem mit gut 1250 Metern höchsten Punkt unserer Tour. Ein morastiger Teich, das stattliche Gebäude der Alpe und die auf einer Weide gelegene Benediktkapelle fügen sich am Hang des Hochälpele (1463 m) wunderbar in die Landschaft ein.

An der Kreuzung beim Hof gehen wir rechts – sollte der Weg durch Beweidung abgesperrt sein, kommt man links am Brunnen vorbei. Kurz darauf zeigt ein Wegweiser (rote Markierung) rechts auf die Wiese. Wir folgen ihm, und über Bretter geht es in den Wald, hier nun immer weiter bergab, allerdings in gemäßigtem Tempo. Wir kommen schließlich bei Halden zu ei-

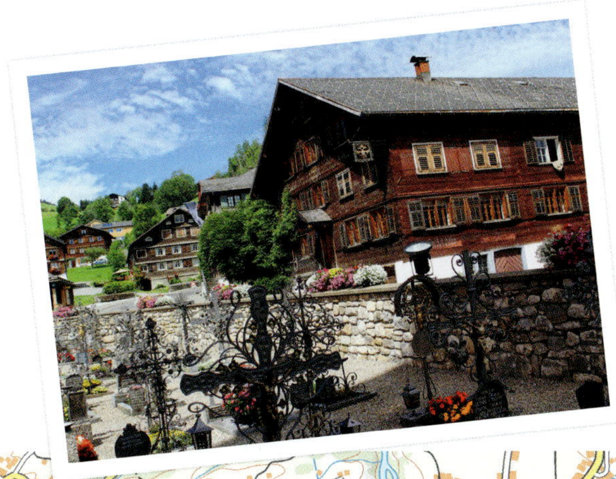

Friedhof und Gasthof in Schwarzenberg

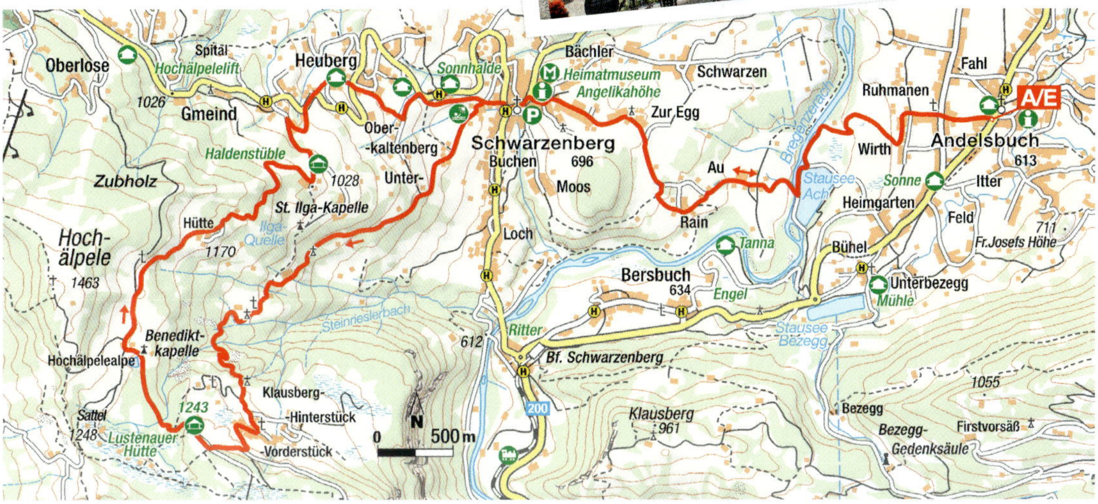

ner Gabelung, wo nach rechts eine Abzweigung zur bekannten Ilgakapelle führt – die 10 Minuten Abstecher lohnen sich (zu Ilga s. Tour 13).

Zurück nach Andelsbuch Links geht es weiter bergab zum Weiler Heuberg, hier rechts in der Kurve an den Häusern vorbei zur Straße hinunter und direkt über diese nach Oberkaltberg. Wir überqueren erneut die Straße und gehen weiter, bis wir einmal mehr auf die Straße treffen, der wir hier rechts wenige Meter folgen. Dann geht es leicht rechts vor dem Hof auf einen sehr schmalen Pfad, der uns am Hang über dem Bad zur Meinradkapelle und damit auf den uns bereits bekannten Weg zurückführt. Über das Dorfzentrum und den Stausee kommen wir wieder nach Andelsbuch zurück.

17 Am Hang von Sattel und Niedere

Von Andelsbuch nach Egg

Mittel | 9 km | ↑ 270 Hm ↓ 320 Hm | 2.30 Std.

Tourencharakter
Ab Moos (Bergbahnen) geht es lange stetig bergauf, jedoch auf gut befestigten Teerwegen. Der Abstieg ist ebenfalls unproblematisch. Je nach Wetterlage sind einige der Wiesen sehr feucht. Für Familien geeignet

Ausgangspunkt
Andelsbuch, Gemeindeamt. GPS: 47.411815, 9.893324

Endpunkt
Egg, Gemeindeamt

Anfahrt
Bahn & Bus: Bahnhof Bregenz, weiter mit Buslinie 37. Zurück von Egg nach Andelsbuch ebenfalls mit Buslinie 37
Auto: A 14 (Rheintalautobahn) bis Ausfahrt Dornbirn-Nord und weiter auf der L200 bis Andelsbuch

Karte
Kümmerly + Frey 1:35 000, Nr. 1 Bregenzerwald

Einkehr
Mooser Stüble (Talstation Bergbahnen), in Gams (Parzelle Rain), in Andelsbuch und in Egg

Information
www.andelsbuch.at

Eigentlich sind es nur gut zwei Kilometer von Andelsbuch nach Egg – auf direktem Weg. Wir aber wandern idyllisch über die Vorsäße am Hang der Niedere. Über die Franz-Josefs-Höhe erreichen wir Egg und fahren dann gemütlich mit dem Bus zurück.

Bedeutendes Andelsbuch Die Bregenzerwaldstraße durchfurcht heute den Ort und lässt ihn fast etwas unscheinbar wirken – dabei ist Andelsbuch eine der ältesten und wichtigsten Siedlungen der Region. Wer Geschichte erleben will, der sollte die Pfarrkirche aufsuchen, die mit einigen Details viel über die einstige Bedeutung verrät. Sofort fällt der Türgriff auf: Der romanische Löwenkopf ist das älteste erhaltene Kunsterzeugnis des Bregenzerwalds und natürlich zu wertvoll, um noch immer seine Funktion zu erfüllen – das Original ist im Bregenzer Landesmuseum

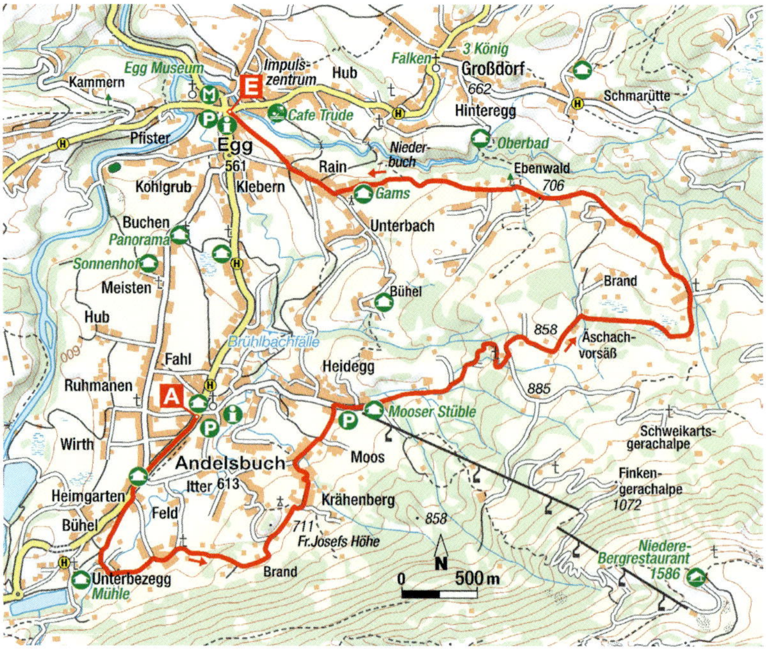

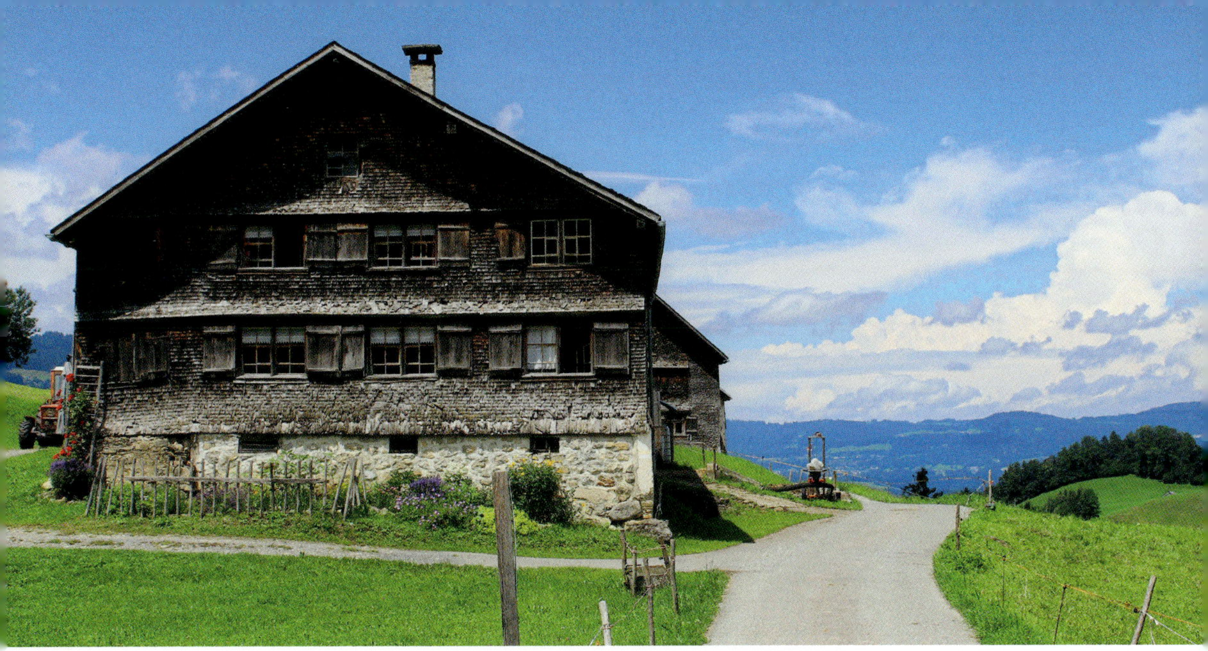

Wunderschöner alter Bregenzerwald-Hof hoch über Egg (Parzelle Ebenwald)

zu bewundern. Im Innern des Gotteshauses, bescheiden vor dem Altar, liegt der selige Diedo begraben, ein Einsiedler, der hier um 1080 ein Kloster gründete, das jedoch kurz darauf an den Bodensee verlegt wurde (hieraus entstand die Abtei Mehrerau), da Andelsbuch damals noch eine zu raue Waldgegend war. Damit war der Ort gleichwohl als älteste Pfarrei des Mittleren und Hinteren Bregenzerwalds etabliert. Die schlichte Barockkirche erbaute dann im 18. Jahrhundert ein Mitglied der bedeutenden Baumeisterfamilie Beer aus Au. Als Wahlort des Landammans der Wälderrepublik blieb Andelsbuch einer der Hauptorte der Region (dazu s. Tour 18).

Gemütlich auf die Niedere

Wir kommen direkt an ihnen vorbei, und wer eine längere Pause einlegen oder gar an einem anderen Tag zurückkehren möchte, kann mit den Andelsbucher Bergbahnen auf die Niedere hochfahren. In zwei Abschnitten geht es auf die Vordere Niederalpe (1586 m); von hier aus kann man weiterwandern, den Ausblick auf den Bregenzerwald, die Schweizer Alpen oder den Bodensee genießen oder auch einfach rasten. Sowohl auf der Höhe als auch an der Talstation gibt es Gasthäuser (www.bergbahnen-andelsbuch.at).

Moderne und Werkraum Allerdings ist das Dorf mehr als nur seine Geschichte, wie wir bald feststellen, wenn wir von der Kirche (vielleicht mit einem Abstecher in das Käsehaus nebenan) zum Gemeindeamt, unserem Ausgangspunkt zurückkehren. Es ist ein modernes Gebäude im zeitgenössischen Bregenzerwald-Stil. Wir wechseln die Straßenseite und gehen auf dem Fuß- und Radweg gen Süden ortsauswärts am alten

Bahnhof vorbei auf den nicht zu übersehenden Bau des berühmten Architekten Peter Zumthor zu, dem »Werkraum Bregenzerwald«, wo sich Handwerker der Region präsentieren. Wir laufen noch etwas an der Straße entlang, bis wir kurz nach dem Beton-Ei auf einen Pfad leicht links über die Wiesen in die Mulde nach Unterbezegg hinabsteigen.

Auf die Vorsäßen Durch die Häuser geht es zur nächsten Abzweigung und wieder links über die Wiesen bis zu den nächsten Häusern. Hier halten wir uns leicht rechts und wandern

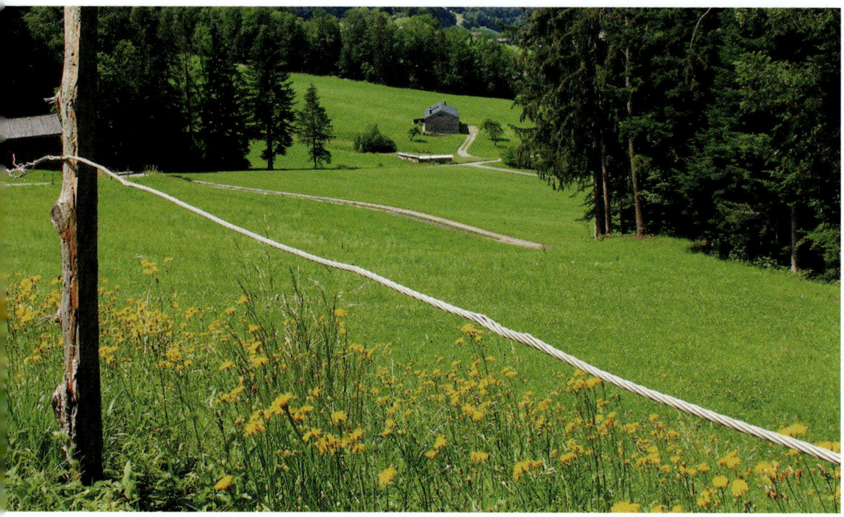

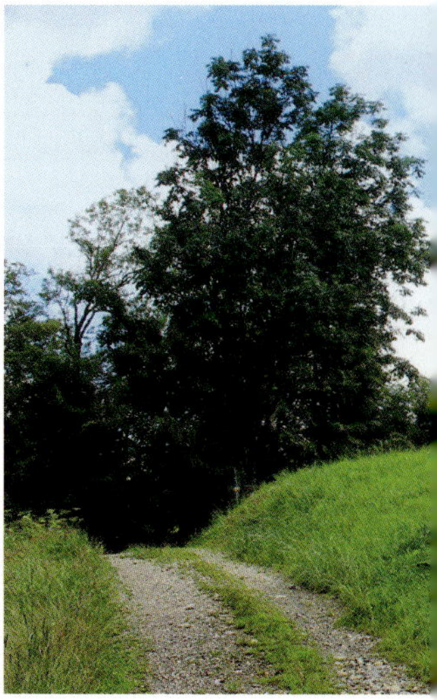

Links: Serpentinenreiche Wanderung, aber belohnt mit blühender Natur …

Rechts: … und Vorsäßen mit klassischen Bregenzerwald-Bauten.

bergan, ignorieren den ersten Wegweiser und biegen erst nach dem Bächlein links ein. Rechts an diesem entlang geht es hoch bis zu einem Hof. Durch diesen laufen wir bis zur Kreuzung und biegen hier rechts ab in Richtung Krähenberg. Wir laufen in dem Weiler links hinab, dann an der Kreuzung rechts nach Moos und wieder rechts hoch auf die Talstation der Bergbahnen Andelsbuch zu.

Es folgt der kräftige Anstieg am Nordhang der Niedere, dem Andelsbucher Hausberg, wobei das Teersträßchen, auf dem wir hochlaufen, immerhin keine Kletterkünste erfordert – aber Kondition. Mit einigen Windungen kommen wir zum nächsten Wegweiser, gehen hier links weiter hoch und bleiben auf dem Hauptweg. Knapp unter 900 Metern Höhe sind wir auf der Vorsäß Äschach, und der Blick schweift hinauf zur Niedere (1711 m).

Bei einem Wegweiser in einer kleinen Parkbucht halten wir uns rechts auf den Waldpfad am Bächlein entlang, dann geht es über die Wiesen geradeaus (am Waldstück gegenüber ist das gut sichtbare gelbe Markierungsschild als hilfreiche Orientierung erkennbar), und wir kommen so zu dem alten Bauernhaus der Vorsäß Heg an der Kreuzung.

Abstieg nach Egg Von nun an geht es auf dem breiten Kieselsteinweg bergab, der sich kurz darauf in ein Teersträßchen verwandelt. Recht flott wandern wir in einigen Kurven immer wie-

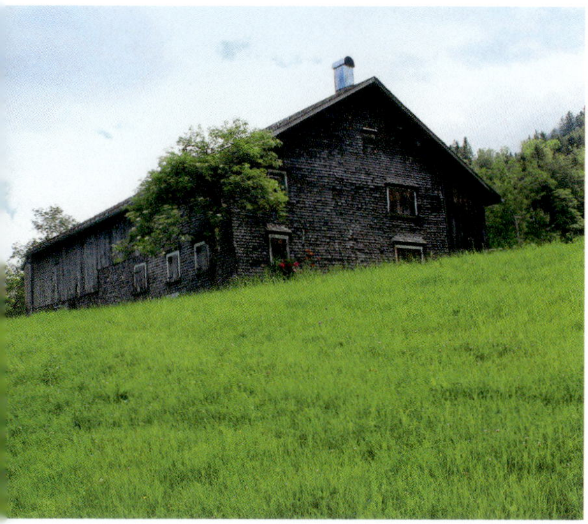

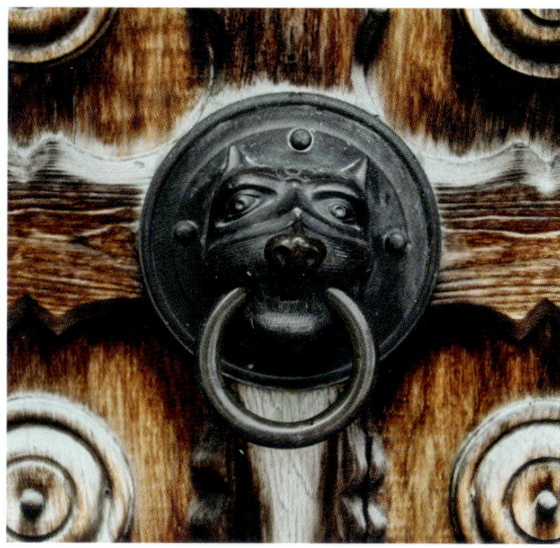

der vorbei an einzelnen Höfen – Abzweigungen lassen wir dabei links und rechts liegen und bleiben immer auf dem Hauptweg mit Blickrichtung hinunter nach Egg.

Der romanische Türklopfer von Andelsbuch, ältestes Zeugnis der Bregenzerwälder Kunst

Nach dem Gasthaus Gams geht es leicht rechts bis zur nächsten »Großkreuzung«, wo wir den schönsten Pfad wählen: den über die Franz-Josefs-Höhe, links an der Hecke vorbei. Über ihn gelangen wir direkt ins Ortszentrum von Egg (s. Tour 14), wo wir die Wanderung gemütlich ausklingen lassen können. Mit der Buslinie 37 kommt man wieder nach Andelsbuch zurück.

Wer noch Lust und Kraft in den Füßen hat, kann auch über die alte Bahnstrecke die restlichen Kilometer nach Andelsbuch zurücklaufen: hierzu an der »Großkreuzung« nicht zur Franz-Josefs-Höhe, sondern links abbiegen.

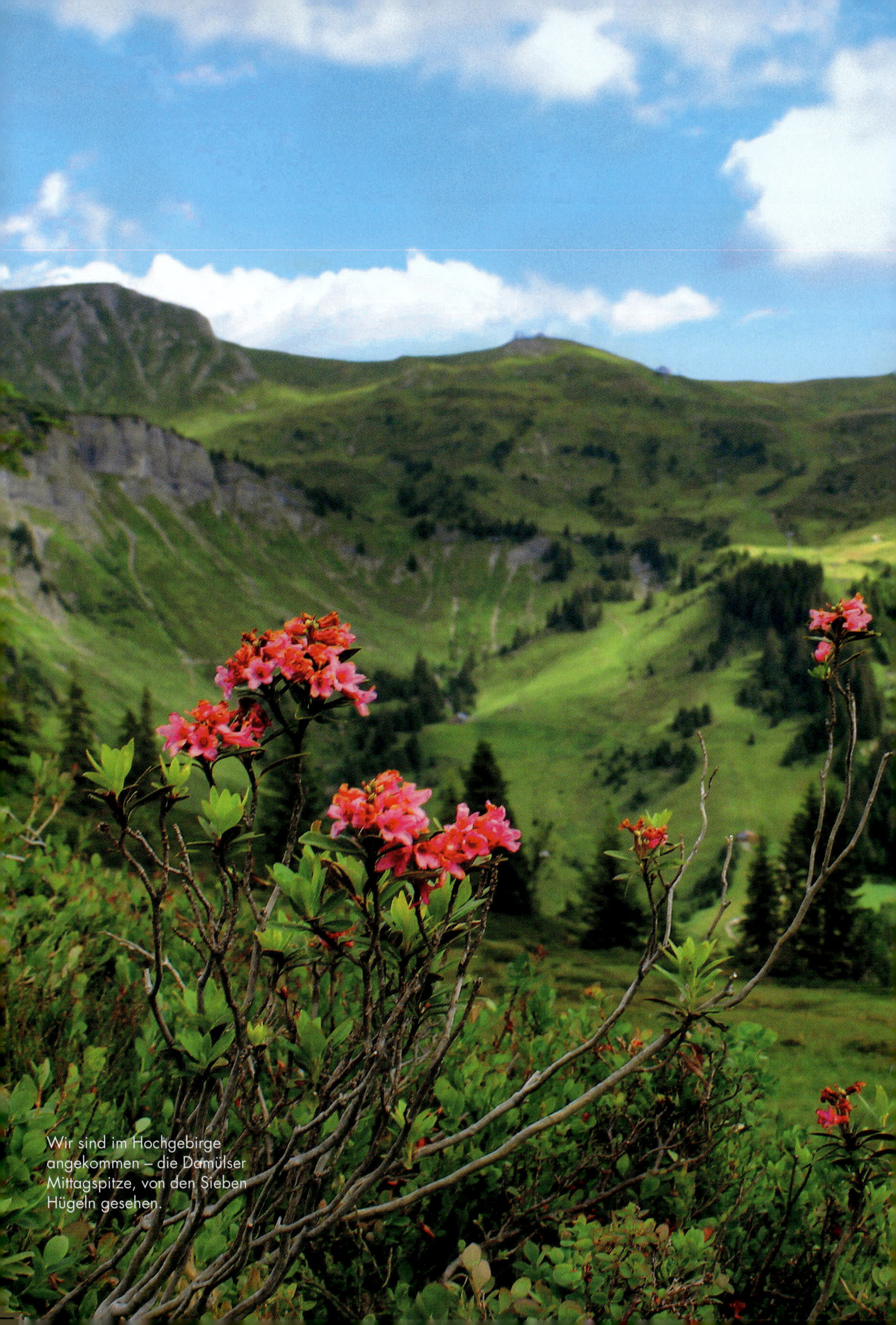
Wir sind im Hochgebirge angekommen – die Damülser Mittagspitze, von den Sieben Hügeln gesehen.

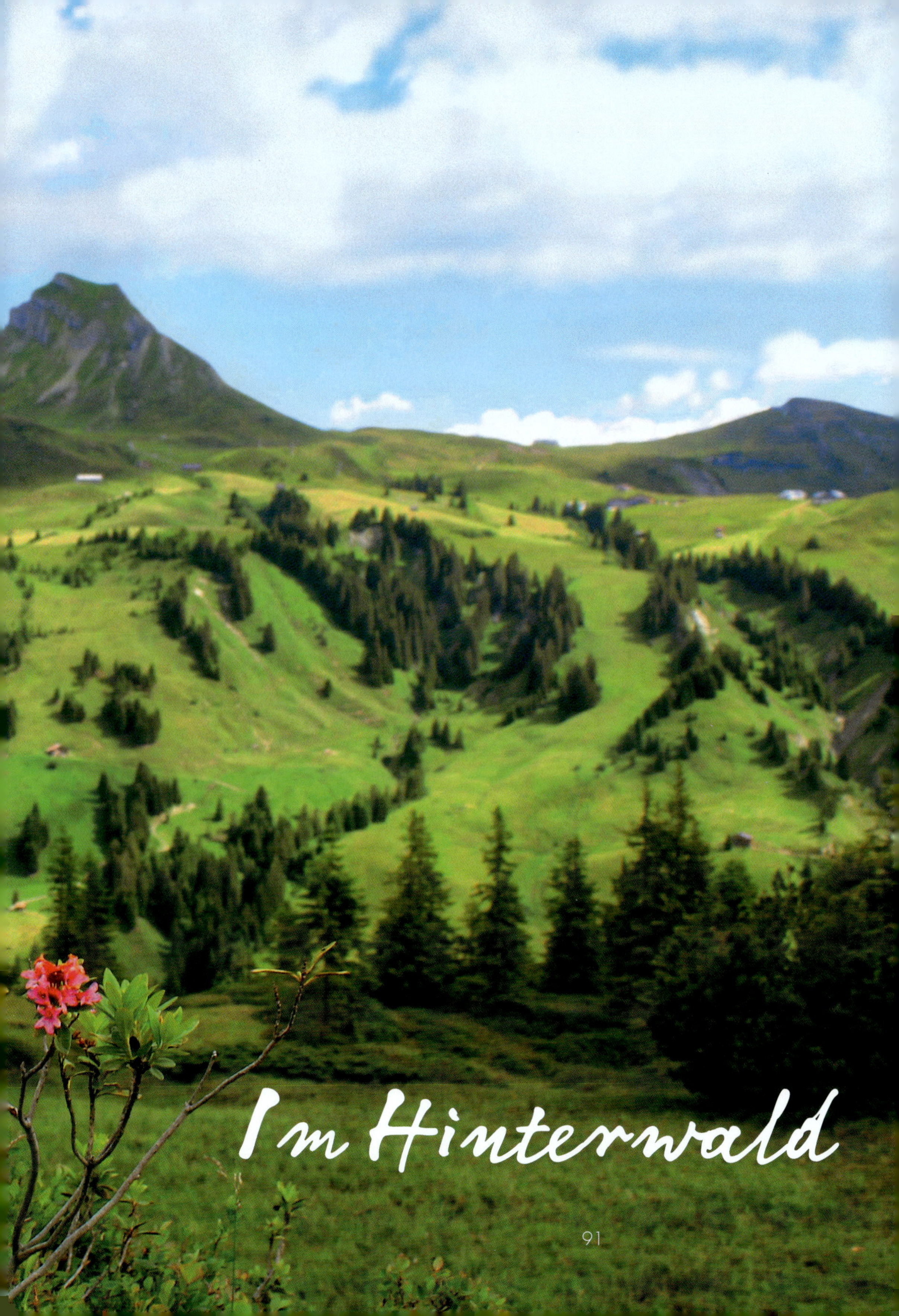

Im Hinterwald

18 Zum Mittelpunkt des Bregenzerwalds

Von Bezau zur Sattelalpe

Mittel | 10 km | 470 Hm | 3 Std.

Tourencharakter
Der Aufstieg durch den Höhlenpark ist etwas schwieriger, danach langer, aber zumeist bequemer Anstieg bis zur Sattelalpe. Der Abstieg ist unproblematisch. Für Familien mit guter Wandererfahrung geeignet

Ausgangs-/Endpunkt
Bezau, Gemeindeamt.
GPS: 47.385094, 9.901114

Anfahrt
Bahn & Bus: Bahnhof Bregenz und weiter mit Buslinie 37 oder Bahnhof Dornbirn und weiter mit Buslinie 40 jeweils bis Bezau
Auto: A 14 (Rheintalautobahn) bis Ausfahrt Dornbirn-Nord und auf der L200 bis Bezau

Karte
Kümmerly + Frey 1:35 000, Nr. 1 Bregenzerwald

Einkehr
Unterwegs keine; in Bezau

Information
www.bezau.at

Bezau gilt als das Herz des Bregenzerwalds. Grund dafür sind seine geografische Lage und seine historische Bedeutung, die bis in die Gegenwart reicht. Über Klausstein und Sattelalpe kommen wir zu einem historischen Höhepunkt: der Bezeggsul.

Markant und zentral Die zentrale Lage und Rolle des Ortes, der 1962 zum Markt erhoben wurde, spiegelt sich in einer ganzen Reihe von sichtbaren Merkmalen wider, von denen auf den ersten Blick sicher die markante neubarocke Kirche im Unterdorf als Erstes auffällt. Sie ist das größte Gotteshaus im Bregenzerwald. Als einziger Ort der Region besitzt Bezau zudem ein kleines Kloster und das Bezirksgericht (dazu unten mehr). Hinzu kommen wichtige Schulen, ein Busbahnhof, ein Heimatmuseum, eine »Einkaufsmeile« und, nicht zu vergessen, der End-

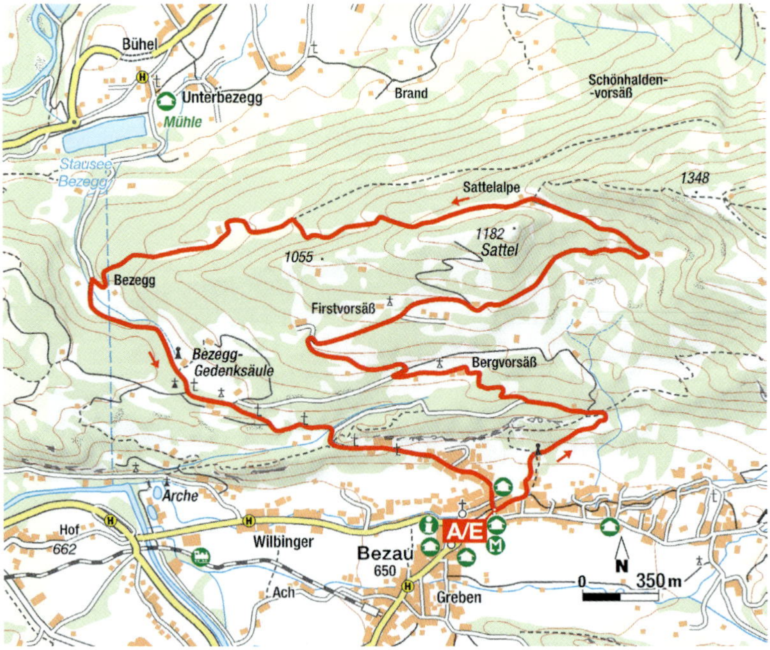

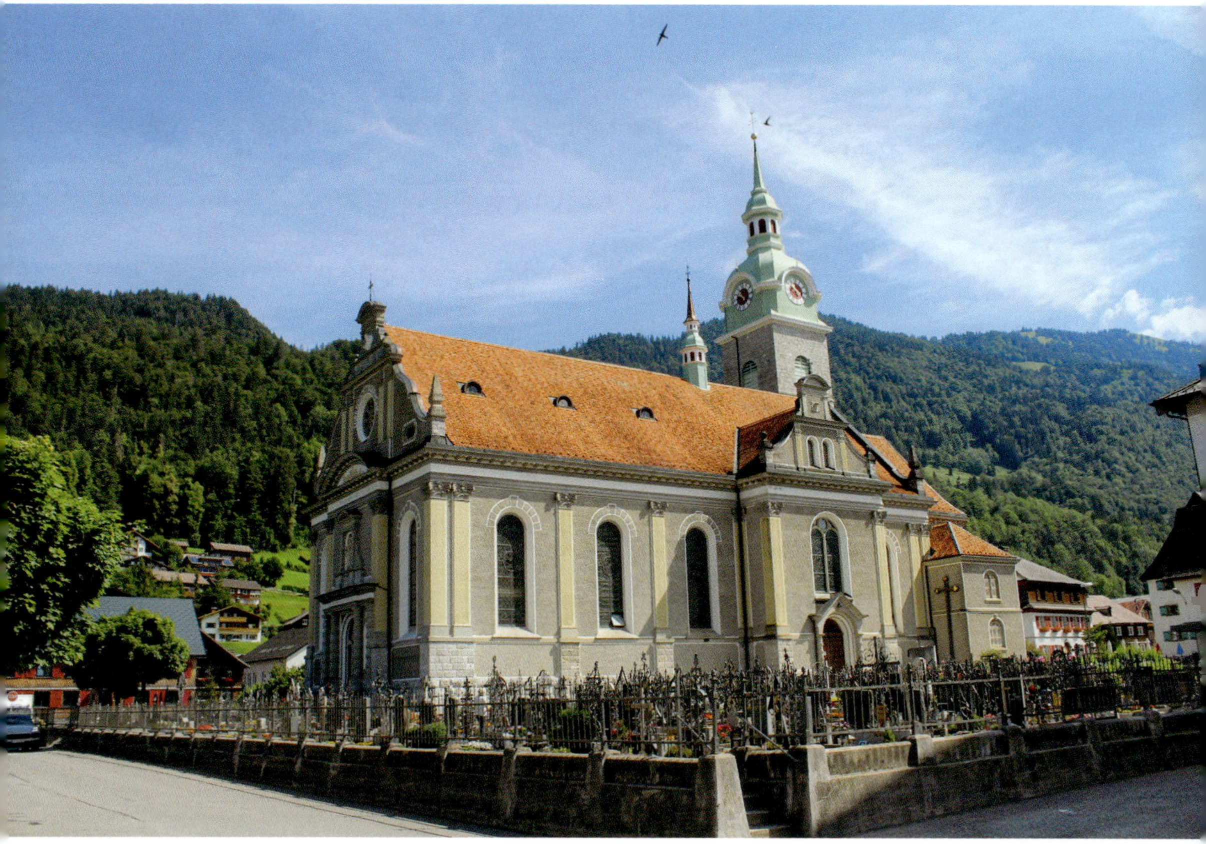

Herz des Bregenzerwalds: Bezau mit seiner beeindruckenden neubarocken Kirche

bahnhof der Bregenzerwaldbahn. Das »Wälderbähnle« fährt hier noch (s. Tippkasten).

Die L 200 führt – wie auch die Bregenzer Ach – nahe am Ort vorbei und nicht hindurch, was der Gemeinde ein angenehm ruhiges Innenleben verschafft. Wenn wir unsere Wanderung am Gemeindeamt mit Tourismusbüro bei der Kirche starten, können wir auch die typische Mischung von klassischer und moderner Bregenzerwald-Architektur erleben.

Höhlenpark und Klausstein Vom Tourismusbüro laufen wir auf die Kirche zu und dann rechts am Bach entlang. Bald zweigt leicht nach links ein Pfad von der Straße ab, dem wir erst einmal am Gewässer entlang folgen, bis ein Wegweiser links hoch zum »Höhlenpark Klausstein« und zu einer Infotafel führt. Hier geht es ganz kurz rechts, dann schließlich am Drehkreuz links hoch.

Der Höhlenpark Klausstein entstand vor gut 500 Jahren durch einen gewaltigen Felsabbruch. Die teils riesigen Trümmer lagerten und verkeilten sich so am Hang, dass daraus eine bizarre Höhlenlandschaft entstand, die nun als hübsches kleines Wandergebiet und zur Aufklärung über die Natur- und Pflanzenwelt genutzt wird. Den Klausstein, einen liegen gebliebenen Felsblock, kann man über einen Eisensteg betreten und von dort auf Bezau und das dahinterliegende Panorama heruntersehen.

Auf die Sattelalpe Vom Klausstein folgen wir der roten Markierung den Berg hinauf, wenden uns vor der nächsten Felswand dann nach rechts und laufen auf dem Pfad weiter bis zur Beerhalde. Am Wegweiser halten wir uns links in Richtung Bergvorsäß, und im Wald geht es dann nach rechts (rote Markierung »Bergvorsäß«) zur mehrfach erwähnten Vorsäß Berg und in die Rechtskurve. Nach den Höfen wandern wir im spitzen Winkel rechts hoch und dann links weiter auf dem Teerweg.

Nun geht es in langen, daher sanfteren Serpentinen hinauf bis zur Sattelalpe, unserem heutigen Scheitelpunkt auf 1120 Metern Höhe. Wir wandern an der Alpe vorbei und danach sofort wieder erst leicht, dann teils stärker bergab über die Weiden und kleinere Pfade, halten uns in einer Linkskurve auf einen Schotterweg und kommen ins Tal.

An der Bezeggsul Nach dem längeren Abstieg erreichen wir einen Bach und einzelne Vorsäßen, wo wir links auf dem Weg weitergehen. Nach dieser Lichtung kommen wir kurz durch ein Waldstück und dann wieder auf eine Lichtung von großer historischer Bedeutung. Hier sehen wir die Bezeggsul, die 1871 vom damaligen Wiener Dombaumeister Friedrich von Schmidt entworfen wurde. Sie erinnert an das Rathaus der »Wälderrepublik«, das an diesem Ort stand – und zwar auf vier mächtigen Säulen. Oben in dem Holzhaus beriet sich der Land-

Für Bähnle-Liebhaber

Die Bregenzerwaldbahn kennen wir bereits von den Touren 2 und 14. Auf dem kurzen Teilstück von Bersbuch (Bhf. Schwarzenberg) nach Bezau zur Endstation aber verkehrt das Bähnle noch immer – zumindest im Sommer. In historischen Wagen, gezogen von einer Diesel- oder sogar Dampflok, fährt das von einem Liebhaberverein betriebene Wälderbähnle mit Verpflegungswagen die verbliebenen 5 km ab (Infos und Fahrplan: https://waelderbaehnle.at).

ammann des Bregenzerwalds mit seinen Räten. Sie durften das Gebäude erst wieder verlassen, wenn sie ihre Beschlüsse gefasst hatten – vorher blieb die Leiter unter dem einzigen Eingang im Boden abgezogen. Nachgewiesen ist die erste Ratssitzung 1522, die Institution bestand aber wohl schon länger und bis zur bayerischen Besatzung 1807. Die Bayern zerstörten das Gebäude und mit ihm die demokratisch-republikanischen Elemente, die sich die Wälder unter der habsburgischen Herrschaft über Jahrhunderte bewahren konnten. Das Gericht mitsamt der Fronfeste wurde nach Bezau verlegt. Beides besteht noch, und inzwischen hat sich die anfängliche Empörung, die auch zu Aufständen führte, gelegt. An die alte gemeinschaftliche Regierung auf der Lichtung aber erinnert weiterhin die Bezeggsul.

Oben: Innen so schön …

Unten: … wie außen: Eine Nostalgiefahrt mit der Wälderbahn ist einfach Pflicht.

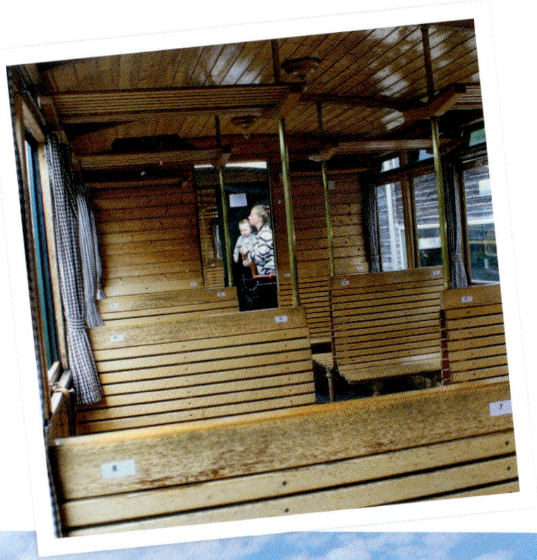

Wir laufen bis zur gemeinsamen Kapelle der Vorsäßen, biegen hier links ab und laufen an dem Mäuerchen entlang. Am Brunnen halten wir uns dann rechts, verbleiben auf dem Hauptweg und kommen so zurück nach Bezau.

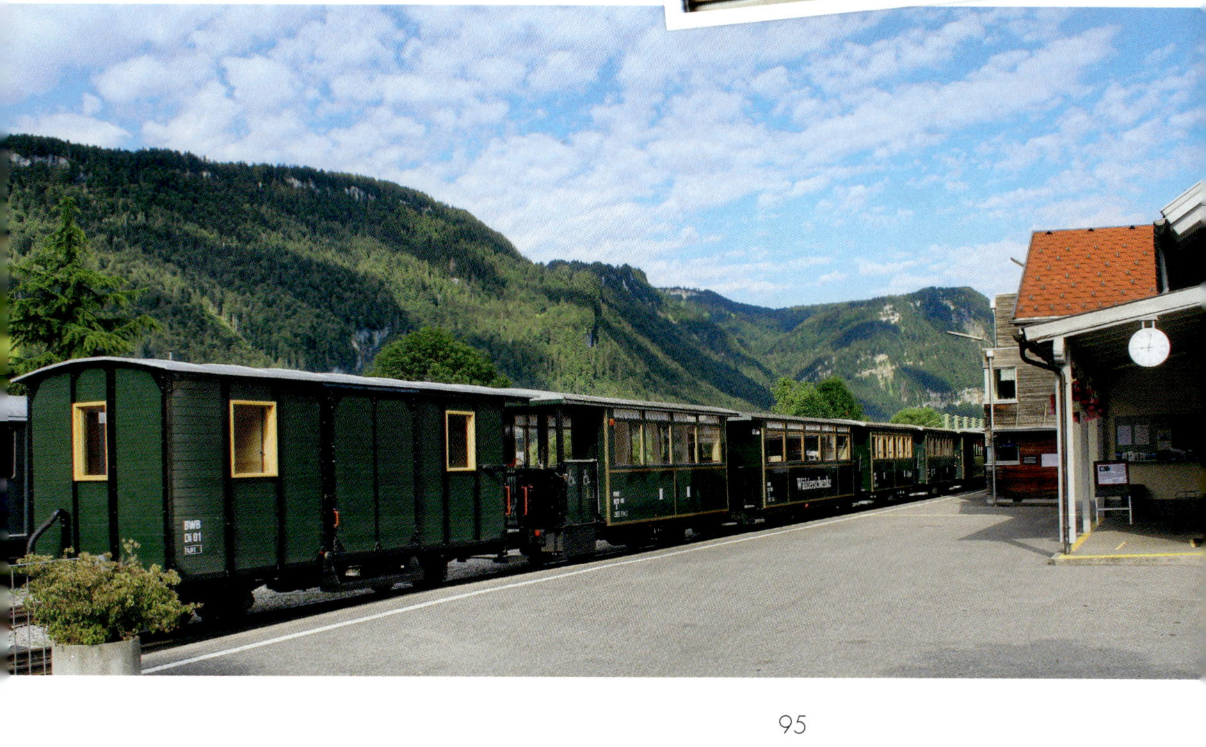

19 Die Vier-Dörfer-Tour

Von Bezau nach Schnepfau

Mittel | 10 km | ↑ 320 Hm ↓ 235 Hm | 2.30 Std.

Tourencharakter
Bis zur Schnepfegg einfache und flache Strecke auf bequemen Wegen. Der Aufstieg zur Wendelinkapelle erfordert dagegen Kondition und mittlere Kletterkünste, auch der Abstieg ist anspruchsvoll. Familien können diesen letzten Teil aber weglassen und stattdessen den Barfußweg nach Bizau zurückgehen.

Ausgangspunkt
Bezau, Gemeindeamt.
GPS: 47.385094, 9.901114

Endpunkt
Schnepfau, Gemeindeamt

Anfahrt
Bahn & Bus: Bahnhof Bregenz und weiter mit Buslinie 35 oder 37 oder Bahnhof Dornbirn und weiter mit Buslinie 40 jeweils bis Bezau. Zurück mit Buslinie 40
Auto: A 14 (Rheintalautobahn) bis Ausfahrt Dornbirn-Nord und weiter auf der L200 bis Bezau

Karte
Kümmerly + Frey 1:35 000, Nr. 1 Bregenzerwald

Einkehr
In Bezau, Reuthe und Bizau, Berghaus Kanisfluh

Information
www.schnepfau.at

Vier beschauliche Bregenzerwald-Gemeinden durchqueren wir bei unserer heutigen Wanderung, die im Schatten der Kanisfluh endet, wo auch die berühmte Wendelinkapelle zu bewundern ist. Im lieblichen Schnepfau endet dann unsere aussichtsreiche Tour.

Von Bezau nach Reuthe Wie in Tour 18 starten wir am Bezauer Gemeindeamt, gehen aber dieses Mal in die andere Richtung an der »Hauptstraße« entlang, dem »Platz«, und biegen am Kloster von dieser gleich leicht links wieder ab. An der Schule vorbei geht es geradeaus bis zum Holzwegweiser, hier rechts, dann weiter links in die Parzelle Ellenbogen und hier wieder links. Wir kommen am Heimatmuseum Bezau vorbei und dann zwischen der Kapelle St. Leonhard und schönen Bauernhäusern hindurch. An der Mühle biegen wir leicht links ab und gelangen zu dem

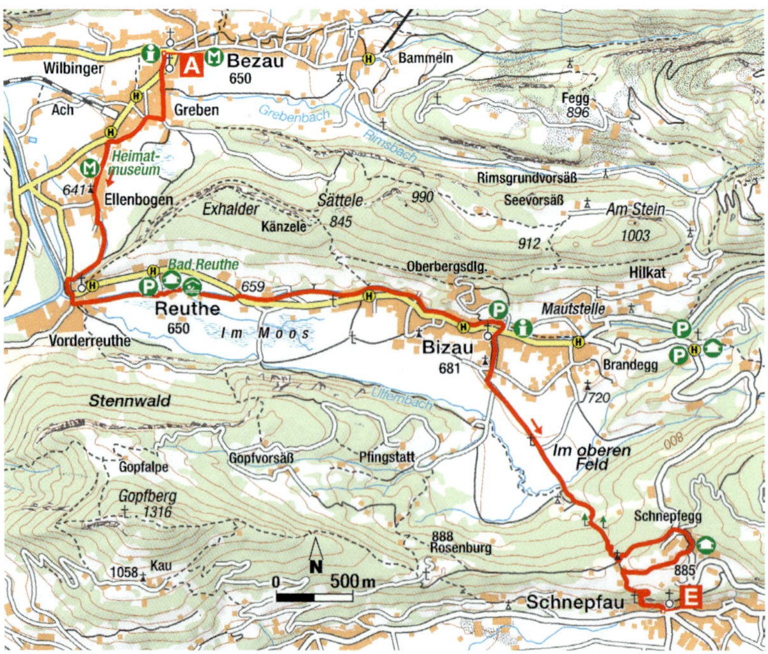

kleinen Mühlbach, an dem wir nun entlanglaufen. Wir treffen auf eine Kneippanlage und dann auf ein Gemüse- und Pflanzenlabyrinth. Hier sehen wir auch bereits den charakteristischen Turm der Pfarrkirche Reuthe. Zu ihr steigen wir links hoch.

Von freien Bauern errichtet Sie ist typisch und untypisch zugleich. Untypisch ist der erwähnte Turm – eine solche achteckige Dachkonstruktion gibt es in ganz Vorarlberg kein zweites Mal. Typisch dagegen ist die Entstehung aus dem Freiheitswillen der Bregenzerwälder, denn die Kirche wurde einst von den freien Bauern selbst errichtet. Normalerweise tat dies ein adeliger Grundherr, hier aber richteten die Bewohner selbst die Kirche ein und sorgten für einen Pfarrer. Reuthe wurde so die älteste Pfarrei des Hinteren Bregenzerwalds. Im Kern stammt die Kirche aus dem frühen 15. Jahrhundert, im Inneren

Mit den Füßen fühlen

Das Moor erleben kann man im Tal des Bizauer Bachs entweder in mondäner Tradition im Bad Reuthe, einst ein viel besuchter Kurort im Österreich des 19. Jh. und nun wiederbelebt als moderne Heil- und Badeanstalt mit Wellnesshotel, Spa und Therme – oder ganz naturnah und kostenfrei am Barfußweg Bizau. Auf bloßen Füßen kann man hier durch das Moor laufen und es buchstäblich erfühlen, dazu gibt's viele Informationen zur Natur am Wegesrand (www.bizau-bregenzerwald.com).

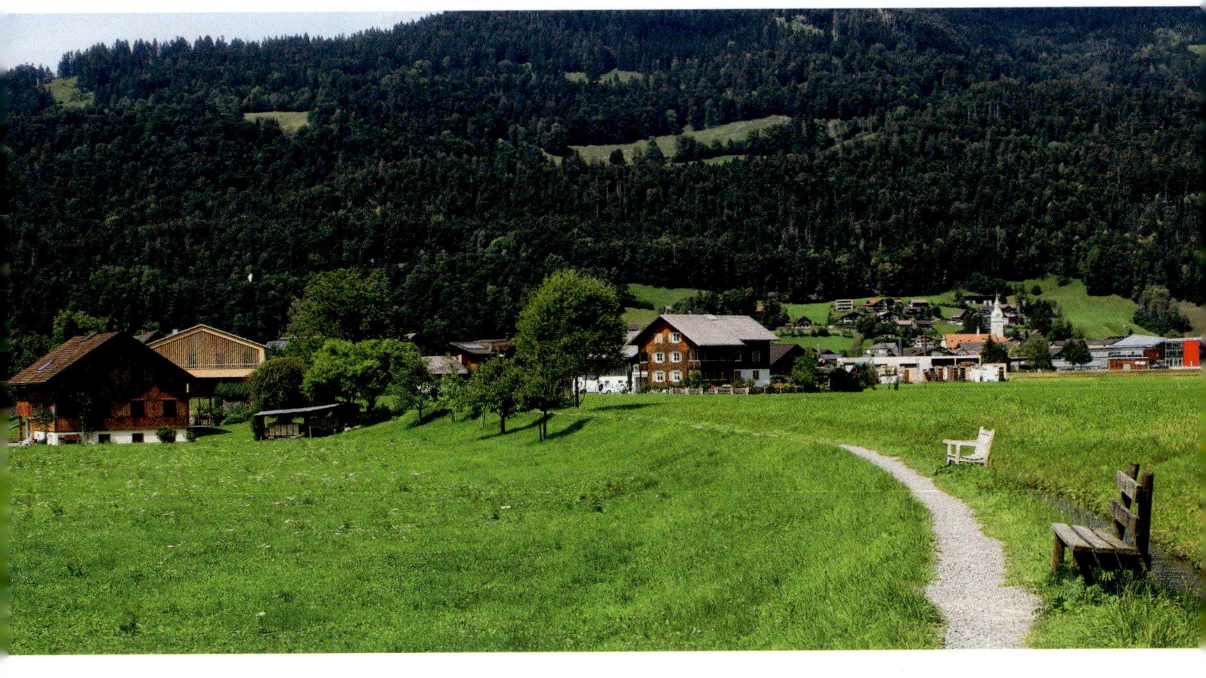

Unten: Am kleinen Mühlbächlein (mit Bezau im Hintergrund)

wurden aus jener Zeit Ende des 19. Jahrhunderts wertvolle Fresken entdeckt. Der Ort Reuthe selbst ist eine der kleinsten Bregenzerwald-Gemeinden, er war – und ist wieder – berühmt für sein Moorbad (s. Tippkasten). Zu ihm gelangen wir, indem wir von der Kirche zur Straße hinuntersteigen, diese queren und über die Brücke auf die andere Seite des Bachs wechseln, an dem wir links weiterlaufen.

Die Wallfahrtskapelle auf der Schnepfegg

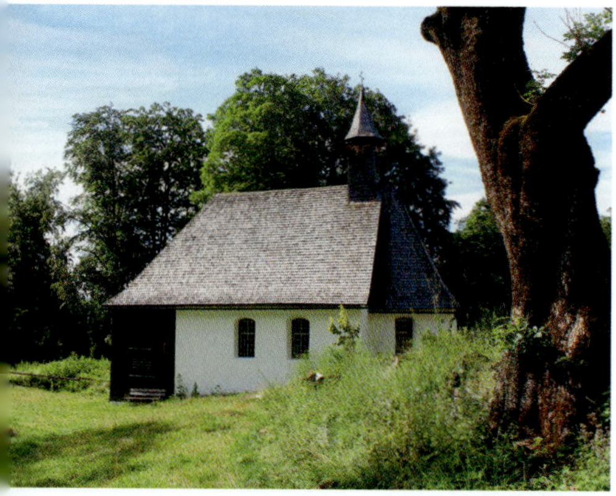

Von Bizau zur Schnepfegg Am Bizauer Bach treffen wir dann bald auf das erwähnte Moorbad in seiner modernen Form. Im Tal gehen wir stets am Bach entlang, überqueren einmal die Straße und folgen dem Verlauf nun auf einem Pfad weiter bis nach Bizau. An der Kirche steigen wir ins Dorfzentrum hinab.

Bizau erweist sich dank seiner Lage im Tal des Bizauer Bachs als ruhiges, gut erhaltenes Dörfchen mit vielen schönen Bregenzerwald-Häusern. Die Kirche hat eine sehenswerte Barockausstattung. An ihrer Fassade gehen wir vorbei, ebenso an der Schule, und weiter geradeaus. Wir orientieren uns dann an den Wegweisern links in Richtung Schnepfau/Schnepfegg.

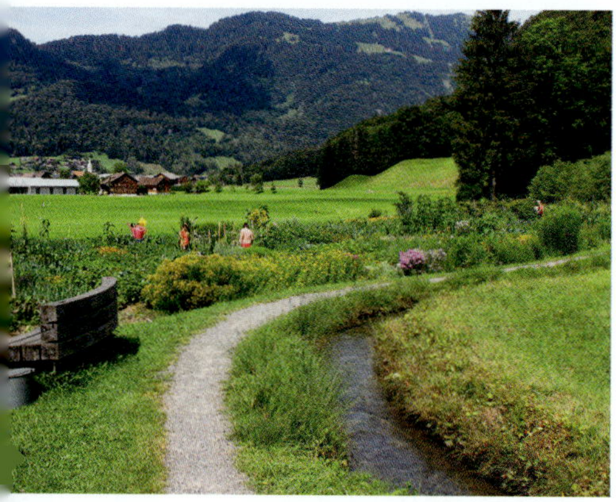

Das Pflanzenlabyrinth zwischen Bezau und Reuthe am Mühlbächlein

Der Weg führt an einem schönen alten Weidezaun entlang und vorbei am Roten Kreuz, mit dem eine unheimliche Sage verbunden ist, die man dort nachlesen kann. Wir kommen zum Beginn (oder Ende) des Barfußwegs (s. Tippkasten), biegen hier jedoch links ab auf den steinigen und steilen Weg hoch zur Wendelinkapelle. Stark ansteigend geht es im Zickzack hinauf, begleitet von Kreuzwegstationen, die uns den Weg zur Kapelle weisen.

Von Schnepfegg nach Schnepfau Oben angekommen, werden wir mehrfach belohnt. Die Wallfahrtskapelle zum heiligen Wendelin steht auf einem kleinen Plateau (971 m). Schon im 15. Jahrhundert erwähnt – und damit zu den ältesten Sakralbauten des Hinterwalds zählend –, wird das kleine Gotteshaus noch immer regelmäßig zu Wallfahrten aufgesucht. Sozusagen über uns aber steht die mächtige Wand der Kanisfluh, des mystisch-magischen

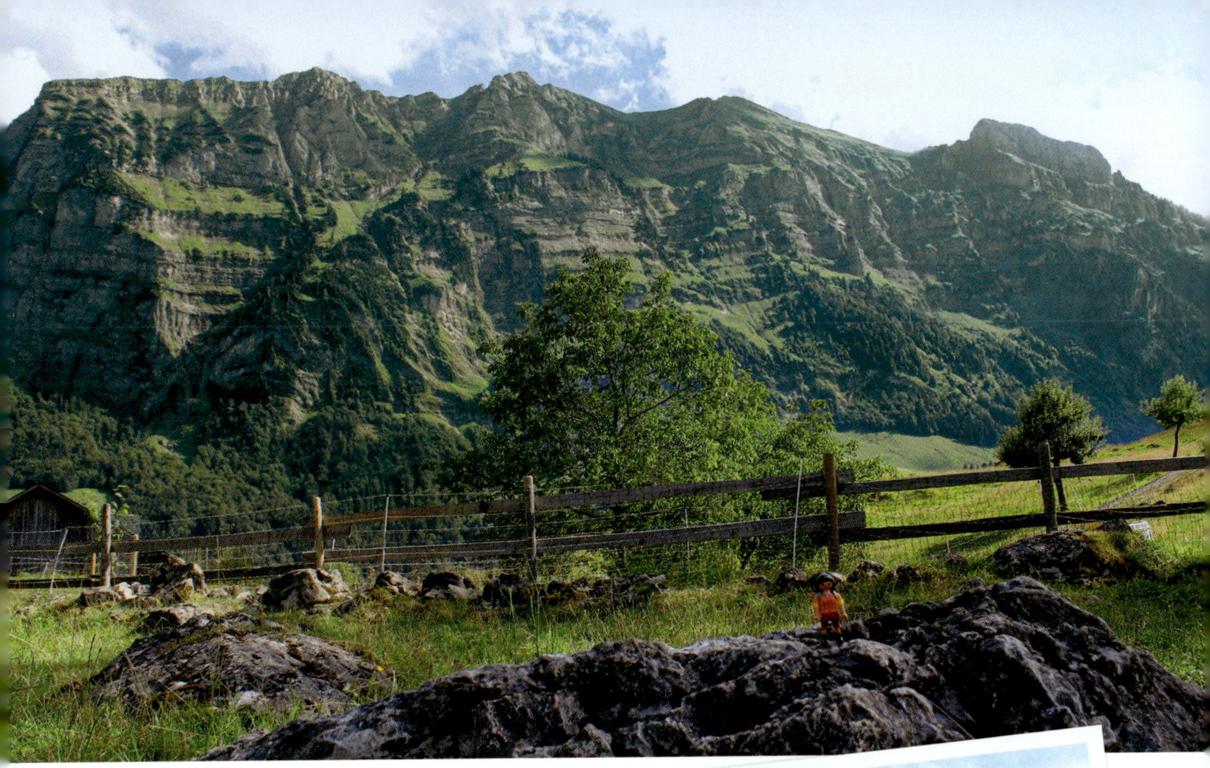

Hauptbergs des Bregenzerwalds, drohend und faszinierend zugleich. Sie wird uns noch des Öfteren begegnen.

Wir umrunden die Kapelle in einem Bogen, um links über einen Waldpfad zum Alpenvereinshaus und dann rechts an der Straße zum Berghaus Kanisfluh, einem Ausflugslokal, zu kommen. Noch ein paar Schritte auf der Straße, dann geht es rechts ab bis zum nächsten Haus und vor diesem links abwärts, erst noch über die Wiese, dann im Wald und am Hang recht rasant bis hinunter nach Schnepfau.

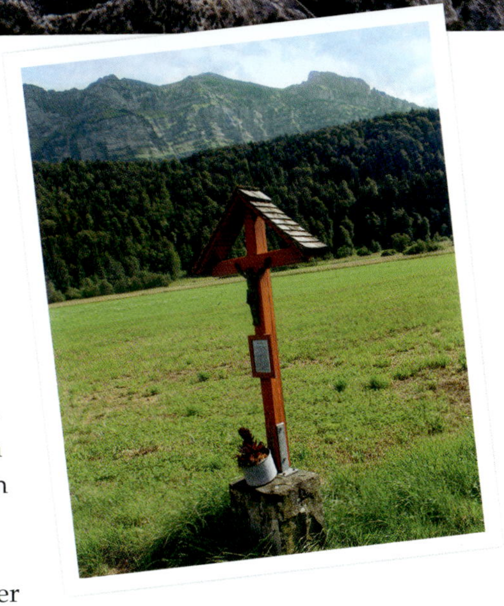

Dieses letzte, ebenfalls sehr kleine Dorf auf unserer Tour hat einen sehr schönen Dorfplatz um Kirche, Gemeindeamt (der alte Pfarrhof), die neue Schule und in der Mitte die geschützte Linde und den Brunnen. Ebenfalls abseits der Bregenzerwaldstraße und an den Hang gelehnt, um dem Schatten der Kanisfluh wenigstens für ein paar Monate im Jahr auszuweichen, ist Schnepfau ebenso ruhig wie beschaulich und sicher eines der besterhaltenen und lieblichsten Bregenzerwald-Dörfchen. Zurück nach Bezau fahren wir mit der Buslinie 40.

Das Rote Kreuz bei Bizau ist ein unheimlicher Ort.

Ganz oben: Die majestätisch-mystische Kanisfluh, von der Schnepfegg gesehen

20 Am Ende des Tals

Von Bizau nach Schönenbach

Mittel | 8 km | ↑ 340 Hm ↓ 80 Hm | 2 Std.

Tourencharakter
Gleich zu Beginn anstrengender Aufstieg auf bequemen Wegen, danach teils kleinere Pfade. Auf der Schönenbachstraße ist auf den Verkehr zu achten, wandererfahrene Familien können die Tour aber trotzdem in Angriff nehmen.

Ausgangspunkt
Bizau, Gemeindeamt.
GPS: 47.369386, 9.929366

Endpunkt
Vorsäß Schönenbach

Anfahrt
Bahn & Bus: Bahnhof Bregenz und weiter mit Buslinie 35 oder 37 oder Bahnhof Dornbirn und weiter mit Buslinie 40 jeweils bis Bezau, dort umsteigen in Buslinie 35 oder 36. Zurück mit Buslinie 36 bis Bizau bzw. weiter über Bezau bis Bregenz
Auto: A 14 (Rheintalautobahn) bis Ausfahrt Dornbirn-Nord, weiter auf der L200 bis Bezau und von dort nach Reuthe/Bizau

Karte
Kümmerly + Frey 1:35 000, Nr. 1 Bregenzerwald

Einkehr
In Bizau, Alpe Rüschere, Gasthof Egender in Schönenbach

Information
www.bizau.at

Sie ist eines der beliebtesten Ausflugsziele des Bregenzerwalds: die Vorsäß Schönenbach. Natürlich zu Recht, liegt sie doch sehr idyllisch, und auch unsere Wanderung dorthin durch mehrere Vorsäßen ist nicht nur fordernd, sondern auch reizvoll.

Kräftiger Anstieg zu Beginn Wir starten in Bizau (s. Tour 19) in der Ortsmitte am Gemeindeamt und gehen von diesem aus gen Westen die leicht ansteigende Straße ins Oberdorf hoch. Die Vorsäß Schönenbach zählt, wie erwähnt, insbesondere in den Sommermonaten zu den beliebtesten Reisezielen des Bregenzerwalds, weshalb der übliche Weg dorthin – trotz Mautpflicht – für ein Landsträßchen, das noch dazu als Sackgasse endet, stark von Auto- und Motorradverkehr geprägt ist. Ganz vermeiden können wir sie nicht, aber gleichwohl wollen wir für den

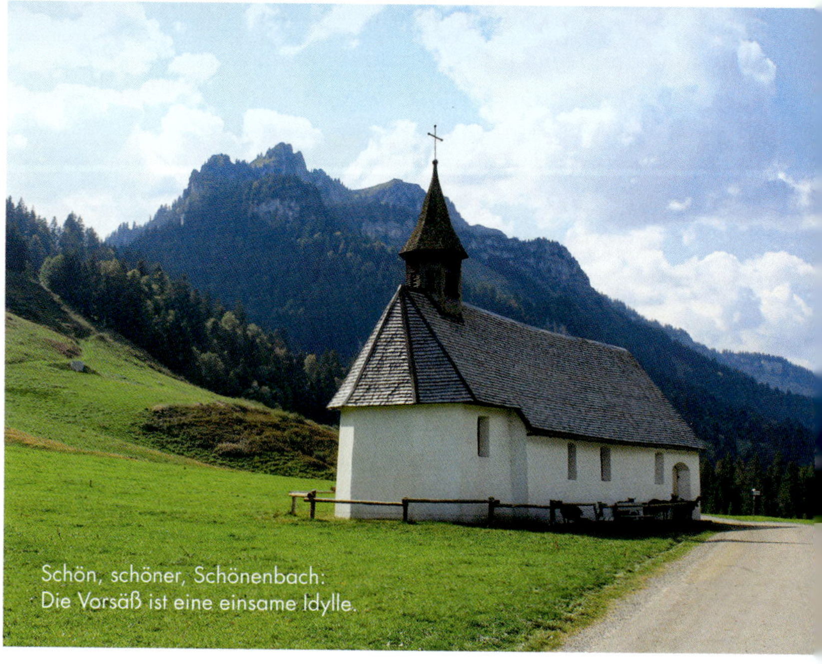

Schön, schöner, Schönenbach: Die Vorsäß ist eine einsame Idylle.

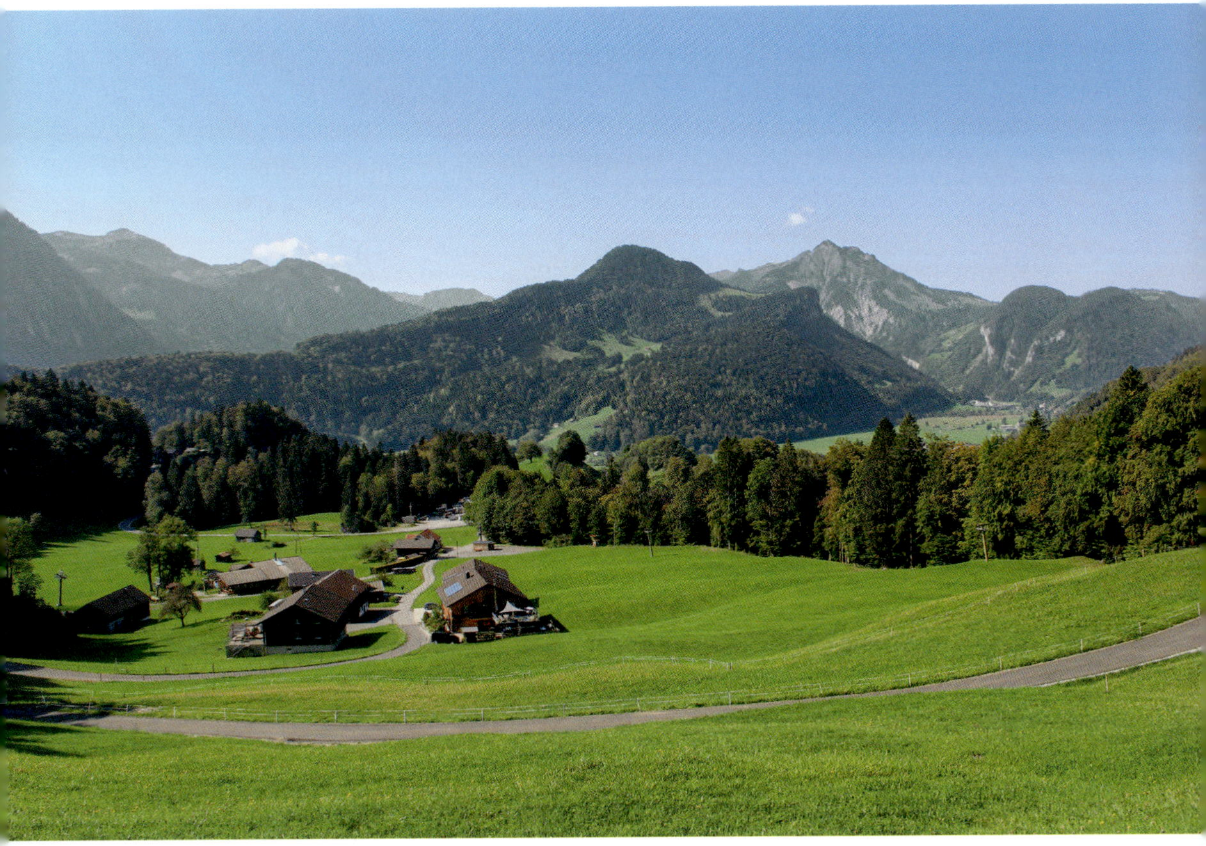

Weit schweift der Blick durchs Bizaubachtal bis nach Reuthe (rechts, ganz klein am Horizont).

Beginn deshalb eine wesentlich schönere und stillere, aber auch anspruchsvollere Alternative wählen, um nach Schönenbach zu kommen. Wenn die Straße aufzweigt, wenden wir uns deshalb leicht rechts (als Orientierung dient der Wegweiser Richtung Mellenstockvorsäß), bleiben vorerst also auf der Straße nach Schnepfau. Bereits hier wird der Anstieg steiler – und so wird es auch die nächste Zeit bleiben.

Mellenstock, Rüschere, Löffelau

In ersten Serpentinen geht es für uns weiter an der Straße, bis wir am Waldrand auf eine Abzweigung nach links in Richtung des ehemaligen Skilifts treffen. Auf diesem Teerweg kommen wir durch die Parzelle mit dem

Brotzeit vom Feinsten

In Schönenbach kann man im (allerdings oft stark frequentierten) Gasthof Egender einkehren. Gemütlich ist aber auch eine selbst mitgebrachte Brotzeit – versorgen kann man sich damit direkt am Weg in Bizau, an der Alpe Rüschere, im Käsehäusle der Alpe Kretzboden oder in Schönenbach selbst, wo leckere Käse- und Wurstsorten direkt vom Erzeuger zum Verzehr oder zur Mitnahme locken.

sprechenden Namen Hütten, der Anstieg bleibt kräftig. Vor einem kurzen Waldstück mit Tobel und Ruhebänken halten wir uns links.

Hinter dem Waldstück wartet schon die Mellenstockvorsäß auf uns, die mit ihrer Kapelle aus dem 17. Jahrhundert idyllisch am Hang liegt. Spätestens ab hier bekommt der Weg einen rustikalen Charakter, und auch die Einsamkeit des Tals mit seiner dünnen Besiedelung wird deutlicher spürbar. Wir gehen immer geradeaus auf dem mal breiteren, mal engeren Weg durch so manches Bachbett, wobei wir den geografischen Höhepunkt unserer Tour überschreiten.

Links oben: Blick zurück nach Bizau

Rechts oben: Die Alpe Kretzboden

Unten: Haben hier Vorfahrt: die Kühe der Vorsäß Schönenbach

Erst langsam, dann bald auf bequemerem Weg, aber schneller wieder abwärts, kommen wir letztlich nach Löffelau, wo unser Weg nach einer Brücke in die Schönenbachstraße einmündet.

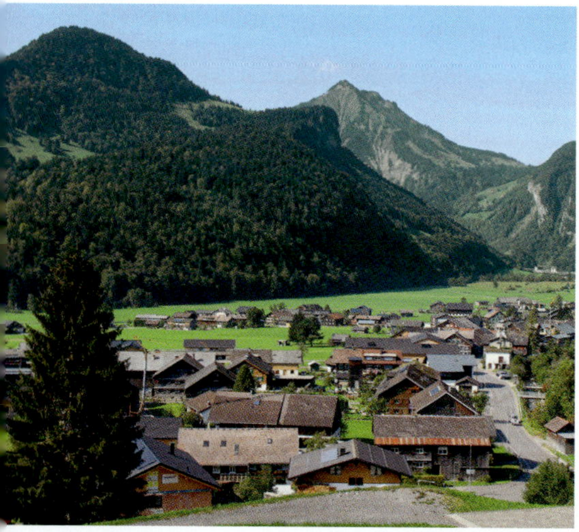

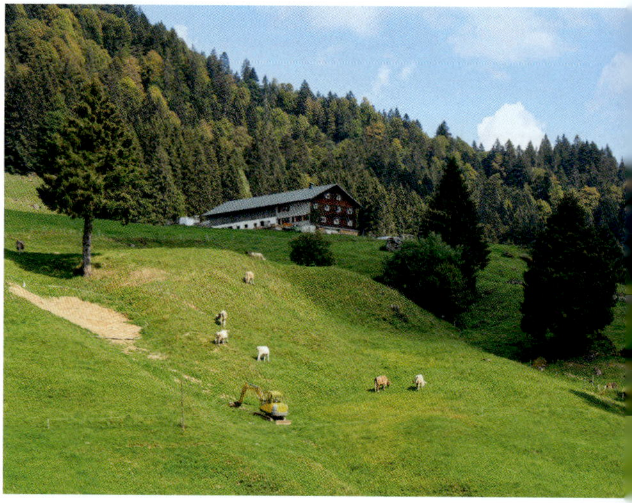

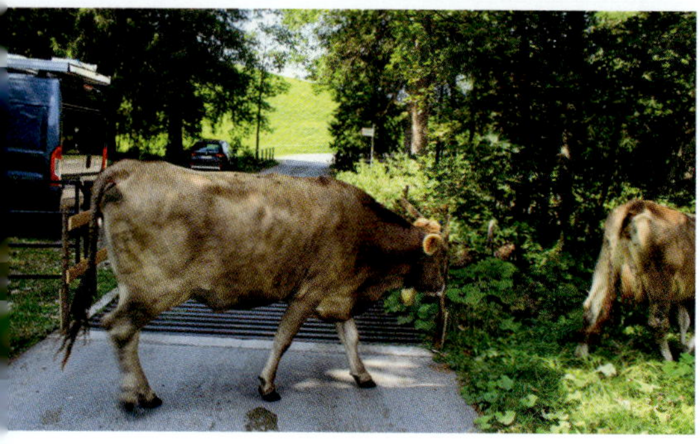

Ab diesem Punkt heißt es also öfter mal Autos oder Motorradfahrern auszuweichen. Das Tal ist hier vergleichsweise eng, weitet sich aber nach einiger Zeit, wenn wir uns der Alpe Rüschere nähern.

Idyllische Vorsäß Schönenbach An einer Kurve steht dann das Käsehäusle der Alpe Kretzboden; hier wenden wir uns nach rechts hinab zum ersten Wanderparkplatz, und schon sehen wir vor uns die Vorsäß Schönenbach. Sie gilt, gut 25 Hütten umfassend, darunter ein Gasthof und ein Erholungsheim, als die größte des Bregenzerwalds. Es ist einerseits die Lage auf einer Art großen Tallichtung mit den Hochalpen im Hintergrund, aber auch das Idyll mit frei laufenden Tieren und der schönen großzügigen Kapelle aus dem 17. Jahrhundert, das die nachvollziehbare Attraktion dieser Vorsäß (die übrigens zu Bezau, nicht zu Bizau gehört) ausmacht.

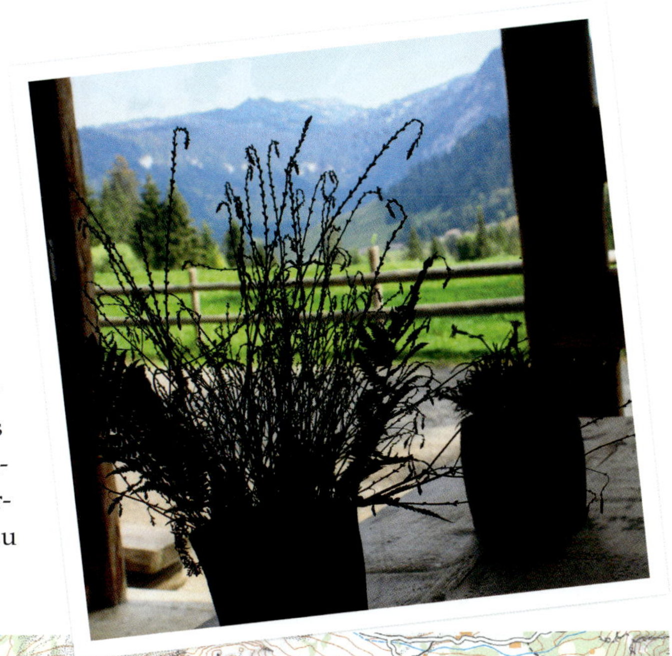

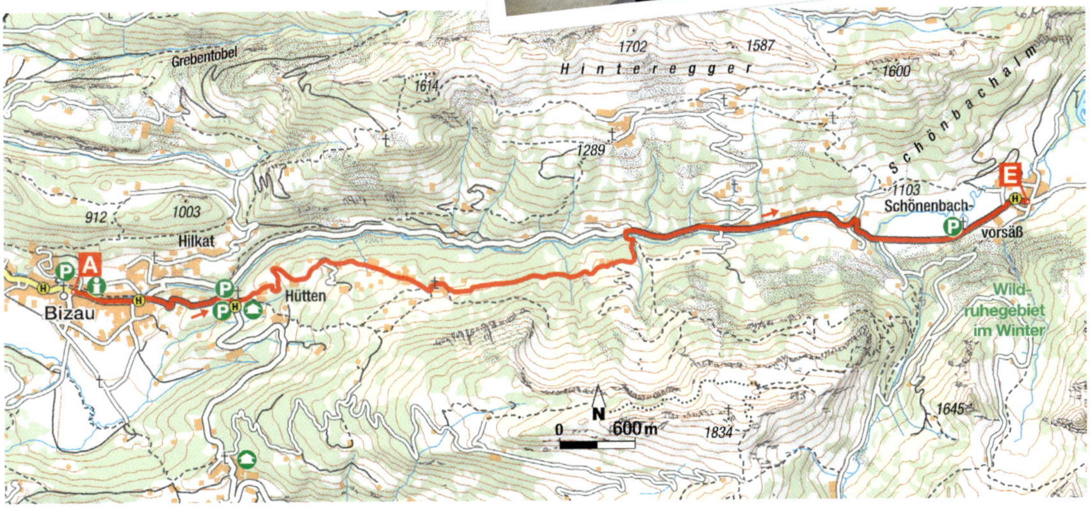

Es lohnt sich, eine Runde durch das Gelände zu drehen, ehe man sich überlegt, wie es zurückgehen soll. Im Sommer fährt in unregelmäßigen Abständen ein Bus (Linie 36) bis Bizau bzw. weiter über Bezau bis Bregenz. Man kann natürlich auch zu Fuß zurück – als Variation etwa über die Alpe Kretzboden, dann die Straße entlang, was aufgrund des daneben fließenden Bachs sehr reizvoll ist (wenn man den Verkehr ignoriert), oder naturgemäß auf derselben Strecke. Wer die Tour verlängern möchte, kann statt in Bizau auch in Bezau starten (s. Tour 19).

Oben: Im Käsehäusle der Alpe Kretzboden

21 Hindernislauf zur Schnellvorsäß

Von Mellau-Klaus nach Bezau

Schwer | 11 km | ↑ 580 Hm ↓ 610 Hm | 3 Std.

Tourencharakter
Der beschriebene Aufstieg zwischen Klaus und den Wasserfällen ist mit der anspruchsvollste in diesem Buch – hier sind mindestens rudimentäre Kletterkünste, Trittsicherheit und Schwindelfreiheit Pflicht. Auch für den Abstieg von der Schnellvorsäß sind letztere Voraussetzung. Bei und nach Niederschlag absolut tabu!

Ausgangspunkt
Parzelle Klaus, Mellau.
GPS: 47.362222, 9.878278

Endpunkt
Bezau, Gemeindeamt

Anfahrt
Bahn & Bus: Bregenz Bahnhof und weiter mit Buslinie 37 oder Bahnhof Dornbirn und weiter mit Buslinie 40. Zurück mit Buslinie 37 oder 40
Auto: A 14 (Rheintalautobahn) bis Ausfahrt Dornbirn-Nord und weiter auf der L 200

Karte
Kümmerly + Frey 1:35 000, Nr. 1 Bregenzerwald

Einkehr
Unterwegs keine; in Bezau

Information
www.mellau.at

Wo sich die Bregenzer Ach einen Weg von Mellau nach Reuthe durchbricht, steigen wir auf anspruchsvollen Wegen bergan, um auf gleich drei Täler hinunterzusehen. Auch bergab werden wir gefordert, genießen dafür aber auch eindrucksvolle Ausblicke.

Start in Klaus Gegenüber der jüngsten der historischen Holzbrücken, der Klausbrücke von 1914, die heute nur noch für Fußgänger und Radfahrer verwendet wird, beginnt unser Aufstieg in der Mellauer Parzelle Klaus. Er gestaltet sich, seien Sie gewarnt, besonders am Anfang sehr schwierig und ist nur etwas für Profis. Alternativ kann man auch noch etwas an der Bregenzerwaldstraße entlanglaufen in Richtung Bezau und dann links hochsteigen, um später rechts auf den Weg zur Schnellvorsäß einzubiegen – ein kleiner, aber wesentlich bequemerer Umweg.

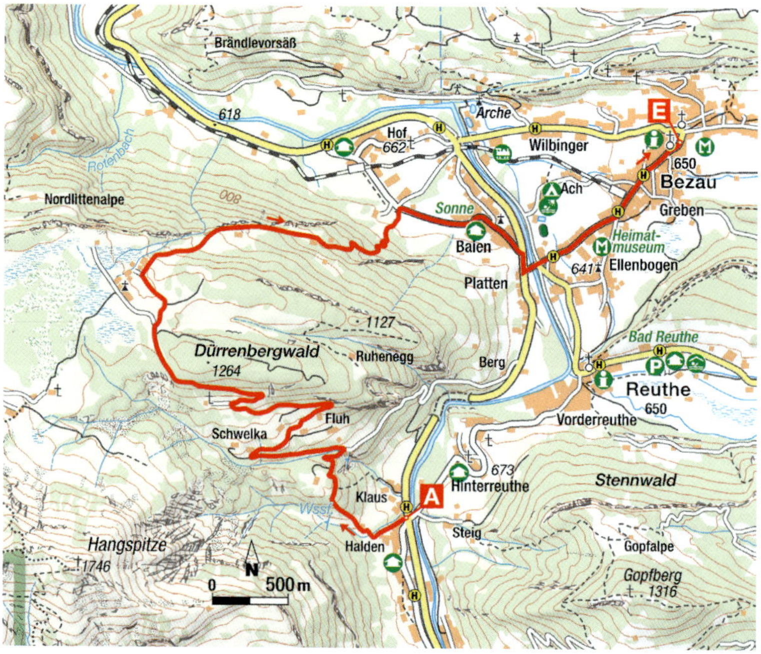

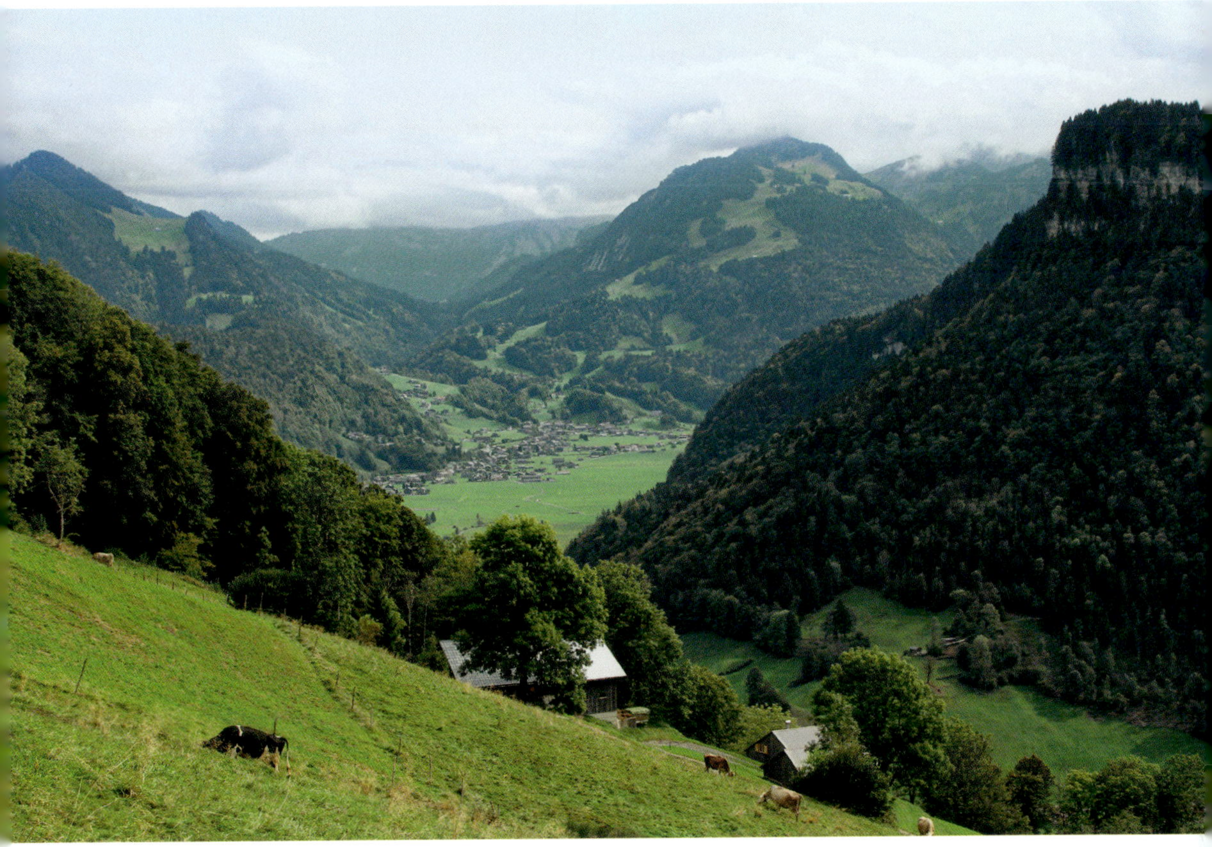

Im Tal unterhalb steiler Hänge geht der Blick bis ins ferne Bizau.

Unsere Originalroute führt jedoch gegenüber der Brücke hoch zum Hof, durch diesen hindurch und dann leicht rechts über die Weiden auf die kleine Brücke zu. Hindernis Nr. 1 sind hier mögliche Weidezäune, die aber – wir sind auf einem offiziellen Wanderweg – überstiegen werden dürfen. Hindernis Nr. 2 ist der nur schwer erkennbare Wegverlauf bei Bewuchs am folgenden kleinen Hang: Wir gehen hoch bis zu der Holzhütte und nach dieser weiter auf dem Pfad, indem wir uns – wie im Folgenden auch – gut an den roten Markierungen (auf Stäben, Bäumen und Steinen) orientieren.

Zu den Klauser Wasserfällen Nun im Wald angekommen, begegnet uns Hindernis N. 3: ein sehr enger, felsiger und vor allem steiler Pfad den Berg hoch in oft nur sehr kurzen Serpentinen. Teilweise hangelt man sich dabei an einem Seil entlang, das man auch unbedingt benutzen sollte, denn es geht links sehr tief ins Bachtal hinab! Trittsicherheit und Schwindelfreiheit, die wir auch später noch brauchen werden, sind hier unbedingte Voraussetzungen, ebenso wie trockenes Wetter.

Haben wir die kurvenreichen engen Windungen den Hang hoch bewältigt, machen wir oben noch einen großen Rechtsbogen und kommen dadurch auf einen breiten Zufahrtsweg. Hier geht es kurz rechts abwärts und nach der Brücke über die Klauser Wasserfälle – je nach Jahreszeit durchaus beeindruckend – dann links auf den Güterweg zu den Vorsäßen. Vorteile: Er ist breit und bequem, und man kann sich nicht verlaufen. Nachteil: Es geht die nächsten Kilometer beständig bergan, allerdings bestenfalls mittelsteil.

Durchs Hochmoor zur Schnellvorsäß In zahlreichen Kurven wandern wir also bergauf, oft mit schönen Blicken belohnt, z. B. nach links hinüber auf die Hangspitze (1746 m) oder auf Höhe der Vorsäß Fluh ins hintere Tal der Bregenzer Ach mit Mellau zu unseren Füßen oder, links davon, ins Tal um Bizau. Wie gesagt, verlaufen kann man sich nicht, es geht einfach den Hauptweg immer bergan.

Schließlich kommen wir auf einer Hochfläche an, die, typisch für die Region, von einem Hochmoor geprägt ist. Hier sehen wir schon die Schnellvorsäß mit ihren hübsch in der Landschaft verteilten Häusern. Am Wegweiser mit Ruhebank wenden wir uns nach rechts, laufen dadurch auf eine der Vorsäßhütten zu und gehen dort dann rechts auf dem – wie das Schild zurecht warnt – steilen Wanderweg bergab. Zwar ist dieser Weg nicht so eng wie der Aufstieg von Klaus und er führt auch nicht so nahe am Hang entlang, dennoch fordert er viel Trittsicherheit.

Marktfreuden

In der Sommersaison (Mai–Okt.) findet jeden Freitag auf dem Bezauer Dorfplatz der Wochenmarkt statt. Von 9–12 Uhr präsentieren vor allem Lebensmittelhändler ihre Produkte aus der Region. Dazu gehören natürlich der unvergleichliche Heumilch-Käse und Wurstwaren von den Alpen, aber auch Fisch aus örtlichen Teichen, Obst vom nahen Bodensee und spezielle Backwaren. Als besondere Attraktionen gibt es immer einen »Überraschungsstand« und alle paar Wochen ein übergeordnetes Thema für den Markt.

Abwärts nach Bezau Haben wir dann das erste Stück über die Weiden hinter uns, führt der Weg links in den Wald hinein – dieses Wegstück ist nicht unbedingt für Menschen mit Höhen-

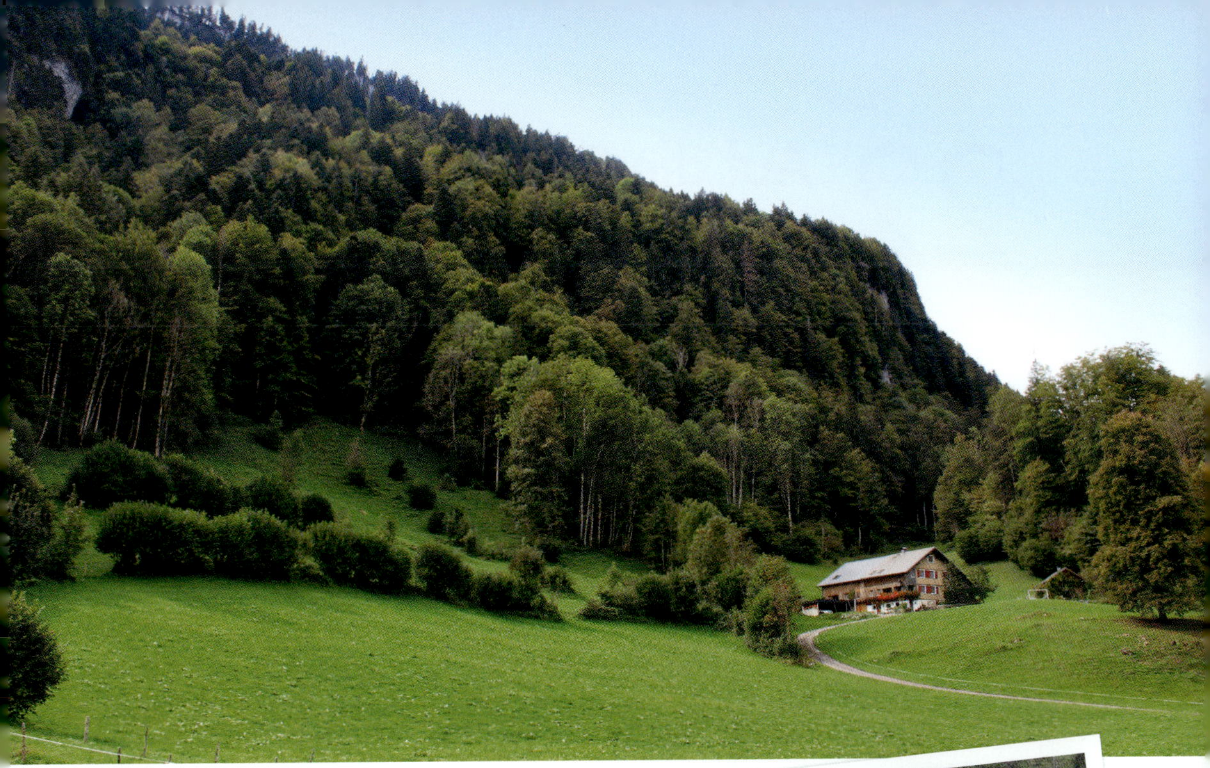

angst geeignet. Zwar ist der Weg hier vergleichsweise breit, doch kann man links über die Abbruchkante ins Tal sehen – es geht senkrecht mehrere Hundert Meter hinab. Wer also unsicher ist, sollte den Blick hinunter vermeiden und sich äußerst rechts halten.

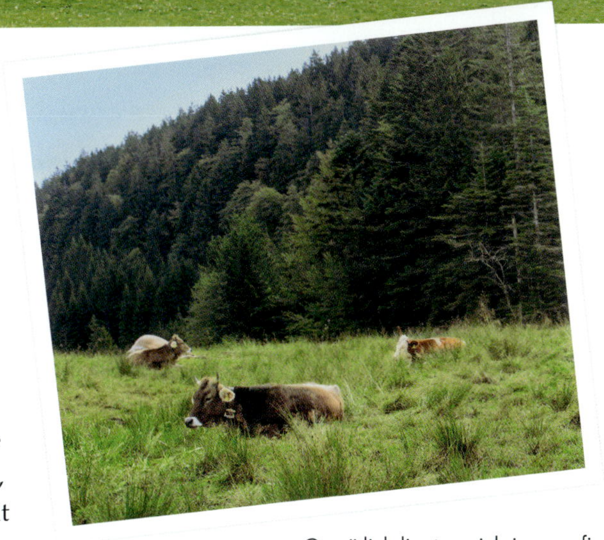

Gemütlich liegt es sich in sumpfigen Hochmoorwiesen.

Ganz oben: Diesen Berg sind wir soeben in die Parzelle Baien herabgestiegen.

Wiederum sehr lange geht es nun im Wald mal steil, mal bequemer auf Wurzel- und Felspfaden abwärts; durch die Bäume sehen wir des Öfteren Bezau, unser Ziel, noch gut entfernt und weit unten liegend im Tal vor uns. Nach den letzten Windungen kommen wir aus dem Wald auf eine Straße in der Reuther Parzelle Baien und wenden uns hier nach rechts. Ein Blick zurück auf die Felswand, an der entlang wir soeben noch herabgestiegen sind, bestätigt unsere heutige Leistung. Wir kommen an der Kapelle und dem Feuerwehrhaus vorbei zur Bregenzerwaldstraße, gehen hier rechts über den Zebrastreifen und sind somit in Bezau. An der Straße entlang kommen wir bis ins Ortszentrum, von wo wir mit der Buslinie 37 oder 40 zurück nach Klaus fahren.

22 Auf die Sünser Spitze

Von Damüls nach Mellau

Schwer | 22 km | ↑ 630 Hm ↓ 1370 Hm | 6 Std.

Tourencharakter
Zwar gibt es schon vorher einige Bergpfade, schwer wird die Strecke aber erst ab dem Sünser Joch (Abkürzung: s. Tipp). Auf- und Abstieg von der Sünser Spitze sind sehr anspruchsvoll. Nach einigen steileren Abschnitten ist der Weg ab der Hintermellenalpe dann sehr bequem. Nur für Profis mit Erfahrung, Trittsicherheit und absoluter Schwindelfreiheit

Ausgangspunkt
Damüls, Tourismusbüro.
GPS: 47.280148, 9.890879

Endpunkt
Mellau, Gemeindeamt

Anfahrt
Bahn & Bus: Bahnhof Dornbirn, weiter mit Buslinie 40 bis Au und von dort mit Buslinie 43 bis Damüls. Zurück mit Buslinien 40a und 43.
Auto: A 14 (Rheintalautobahn) bis Ausfahrt Dornbirn-Nord, weiter auf L 200 bis Au und von dort auf der L 193 nach Damüls

Karte
Kümmerly + Frey 1:35 000, Nr. 1 Bregenzerwald

Einkehr
Sünsalpe (im Hochsommer), in Damüls und Mellau

Information
www.damuels.at

Es ist die Königsetappe in diesem Buch: Sehr lang und weit hinauf geht es von Damüls aus über das Hochgebirge mit Sünser Spitze, See und Alpe und an der Hintermellenalpe vorbei wieder hinab ins naturbelassene Mellental.

Ort der Superlative Das kleine Walserdorf mit dem eigentümlichen Namen Damüls, im 13. Jahrhundert gegründet, ist nicht nur wegen seiner Höhenlage auf 1430 Metern ein Ort der Superlative. Ungefähr in der geografischen Mitte Vorarlbergs gelegen, gehört es gemeinsam mit Faschina und dem seit Neuestem durch Liftverbindungen angeschlossenen Mellau auf der anderen Seite der Mittagspitze (2095 m) zu den größten Skigebieten Österreichs. Dazu passt, dass es vor einigen Jahren die Auszeichnung »Schneereichstes Dorf der Welt« erhalten hat – bei Schneehöhen von bis zu zehn Metern sicher redlich verdient.

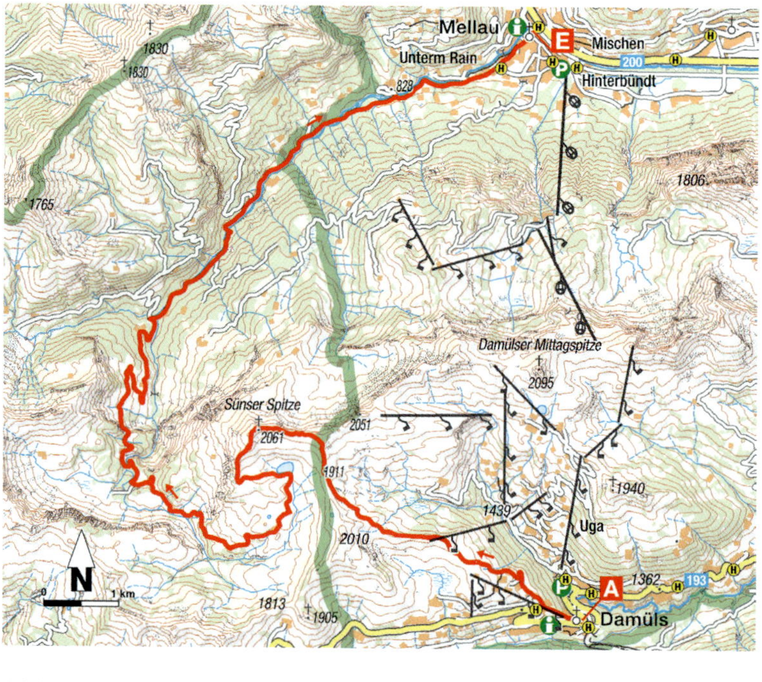

Zugleich ist Damüls aber natürlich auch ein Paradies für Wanderfreudige, die gern etwas höher hinauswollen. Was den früheren Bewohnern wohl einige Beschwerlichkeiten verursachte, nämlich die Lage zwischen verschiedenen Berggruppen, sodass nur über hochgelegene Pässe Zugang zur Außenwelt bestand, erweist sich heute für Liebhaber von Bergwanderungen als verführerische Aussicht – mit Aussicht.

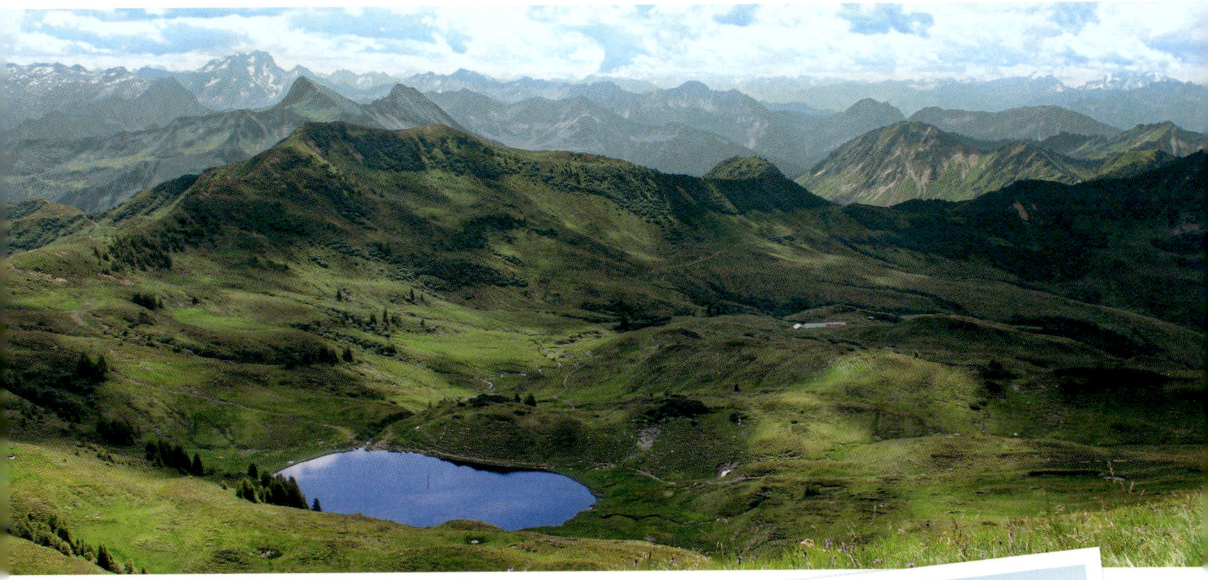

Der Sünser See vor beeindruckender Bergkulisse

Ins Hochgebirge Vom Tourismusbüro steigen wir rechts die Metalltreppe hinauf zum Skimuseum und gehen von dort links zur Kirche. Das spätgotische Gotteshaus ist eine Schatzkiste an Kunstwerken – von der Bebilderung der Wände mit Fresken (15. Jh.) über das Pestkreuz bis zum frühbarocken Hochaltar, der an die Vergangenheit als Wallfahrtsziel erinnert. Nicht nur aufgrund seiner weithin sichtbaren Lage über dem Dorf darf die Damülser Kirche als eine der schönsten des Bregenzerwalds gelten.

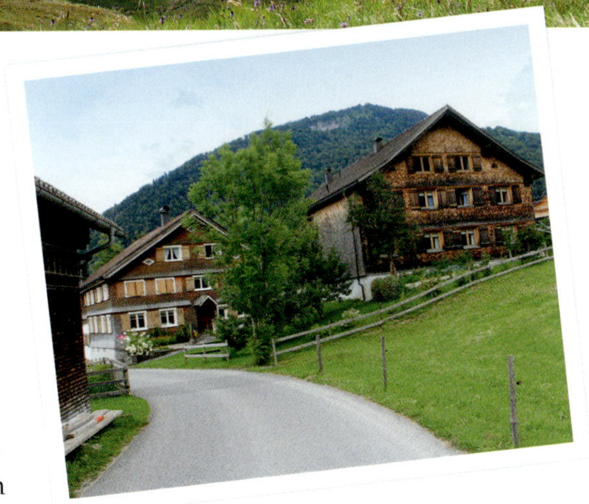

Fast am Ziel – die ersten Häuser von Mellau

Wir gehen neben ihr hoch auf den Pfad und zweigen dann nach links ab (nicht den breiten Weg nehmen), geradeaus auf die Hotelbauten zu. Hier rechts abbiegend, halten wir uns weiterhin rechts (rote Markierung »Sünser Joch«) und laufen einmal um die Kurve mit der Mistgrube. Dann geht es im spitzen Winkel rechts, an der nächsten Gabelung links und anschließend wieder rechts auf einen Bergpfad. Jetzt sind wir im Hochgebirge angekommen, und lange werden wir nun auf keine menschliche Behausung mehr treffen (bis auf eine Liftstation).

Über die Sieben Hügel zur Sünser Spitze Auf schönen, nur langsam ansteigenden Bergpfaden geht es durch viel Natur über die Sieben Hügel, mit herrlichen Ausblicken auf die Umgebung der Mittagspitze einerseits und das Furkajoch auf der anderen Seite. Vor uns liegt das Portlahorn (2010 m), auf das wir uns zubewegen. Auf einem Schotterweg angekommen, gehen wir rechts hoch bis zur erwähnten Liftstation Sunnegg und hier weiter auf dem Bergpfad nach rechts bis zur Abzweigung Portlahorn. Wiederum rechts haltend, geht es auf den hier leicht abschüssigen Pfad, der uns über Weidenflächen führend alsbald wieder ansteigend zum Sünser Joch (1900 m) führt.

Schwindelfreie Variante

Wenn man nicht schwindelfrei ist, sollte man den Abschnitt zwischen Sünser Kopf und Spitze unbedingt vermeiden! Das ist keine Schande, denn auch manch Höhenerfahrenem wird dort oben auf dem schmalen Grat mulmig zumute. Stattdessen kann man abkürzen, indem man am Sünser Joch geradeaus zum Sünser See hinabsteigt, wo man dann wieder auf den Weg Richtung Mellental trifft. Eine Rast an dem sagenumwobenen Gewässer oder auf der Sünsalpe empfiehlt sich.

Hier am Großwegweiser geht es nun steil rechts hinauf zum Sünser Kopf (2032 m). Dann folgt der schwierigste Teil der Tour: Von dort oben wandern wir links auf dem schmalen Hochgrat und dem steinig schmalen Weg bis zum letzten noch etwas steileren Anstieg, mittels dem wir die Sünser Spitze (2061 m) erreichen – geschafft! Der Blick schweift hier oben von der Mittagspitze bis zum am Horizont im Tal erkennbaren Bezau, zum Hohen Freschen und zum beeindruckenden Alpenpanorama im Süden.

Sünser See und Hintermellenalpe Der Gipfel ist recht eng, allzu viele Wanderer nimmt er nicht auf, weshalb man den Aufenthalt bei aller Naturschönheit nicht zu lange ausdehnen sollte. Über den linken der westlichen Abstiege geht es nun wieder steinig

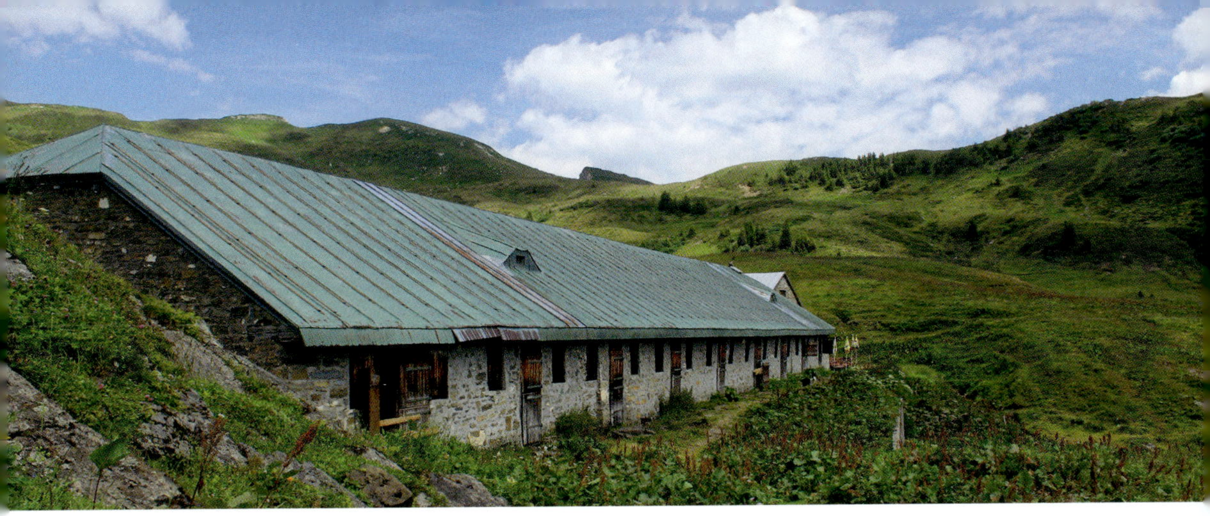

Die Sünser Alpe

und steil durch manches Gebüsch hinunter zum Sünser See, dessen dunkles Gewässer wir schon von mehreren Seiten gesehen haben.

Dort angekommen, gehen wir links weiter zur Sünsalpe (rote Markierung »Lindachalpe/Mellau«), an ihr vorbei zur Lifthütte und hier den Hügel hinab. Spätestens jetzt wird es recht einsam, es sind kaum noch andere Wanderer unterwegs. Der Weg ist nicht immer gut erkennbar in diesem Bereich, wo es öfter über Weiden geht, aber man kann sich an den roten Pflöcken orientieren. Nach den Almwiesen wird es oft steinig und steil, kleine Bergbächlein kreuzen unseren Pfad bis zur Hintermellenalpe, wo er in einen Schotterweg übergeht.

Durchs Mellental Wir gehen rechts und kommen zur Brücke über den Mellenbach, der hier als scheinbar typischer Bergbach dahinfließt, aber nur wenige Meter weiter als gigantischer Wasserfall in die Tiefe stürzt. In langen Serpentinen geht es nun zur Lindachalpe, durch diese hindurch und geradeaus weiter bis zur nächsten Kreuzung im Waldstück. Hier wandern wir nach rechts hinunter zu Brücke und Bildstock.

Der Rest des Wegs ist eindeutig: Es geht – über viele Kilometer – immer am Mellenbach entlang, der sich mal links, mal rechts, mal ganz nah neben und mal etliche Meter tief unter uns durch das unbesiedelte Tal zieht, das als Naturschutzgebiet ausgewiesen ist. Kurz vor Mellau treffen wir auf die alte Mellenbachbrücke (die wir aber nicht überqueren), dann geht es geradeaus ins Dorf hinein, von wo wir mit der Buslinie 40 nach Au und von dort mit der Linie 43 zurück nach Damüls fahren.

Ganz unten: Der Mellenbach fließt manchmal flach dahin, um kurz darauf in die Tiefe zu stürzen.

Am Sünser Joch geht es noch etwas höher hinaus – oder hinunter zum See.

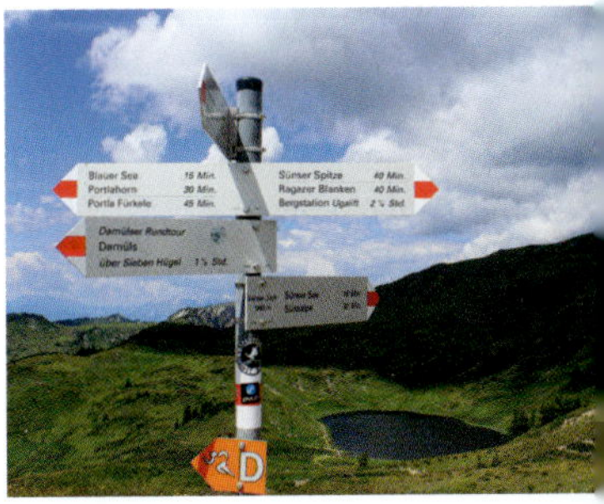

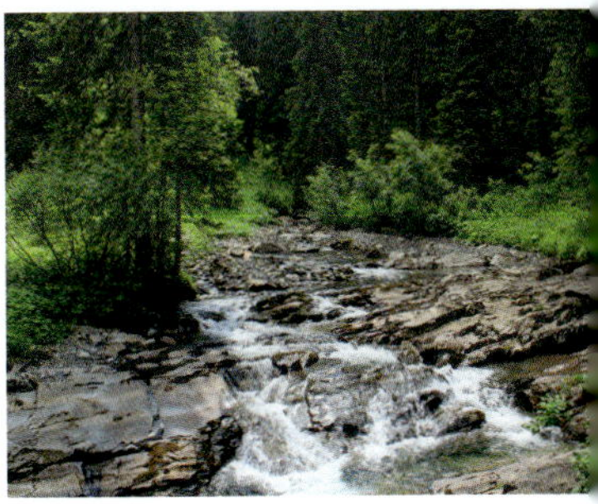

23 Unter dem Diedamskopf

Von Schoppernau nach Au

Leicht | 5 km | ↑ 20 Hm ↓ 60 Hm | 1.30 Std.

Tourencharakter
Für Bregenzerwald-Verhältnisse ein erholsamer Spaziergang, so gut wie kein Anstieg (nur kurze Anhöhen), sehr bequeme Wege. Für Familien geeignet

Ausgangspunkt
Schoppernau, Gemeindeamt. GPS: 47.312010, 10.016415

Endpunkt
Au, Kirche

Anfahrt
Bahn & Bus: Bahnhof Dornbirn und weiter mit Buslinie 40. Zurück nach Schoppernau ebenfalls mit Buslinie 40
Auto: A 14 (Rheintalautobahn) bis Ausfahrt Dornbirn-Nord und weiter auf L 200

Karte
Kümmerly + Frey 1:35 000, Nr. 1 Bregenzerwald

Einkehr
In Schoppernau, Rehmen und Au

Information
www.au-schoppernau.at/de

Dies ist sozusagen der Sonntagsspaziergang unter unseren Touren: Auf Entdeckungsreise zwischen Schoppernau und Au wandern wir gemütlich am Hang entlang von Dorf zu Dorf und entdecken dabei einige kulturelle Highlights.

Kein Geheimtipp, aber oho! Natürlich ist eine Wanderung zwischen zwei der bekanntesten Bregenzerwalddörfer, Schoppernau und Au, auch im Winter als Skigebiete sehr beliebt, kein Geheimtipp im eigentlichen Sinn. Genau deshalb wollen wir auf unserem heutigen Weg einmal das Augenmerk auf Dinge richten, die abseits der großen Attraktionen sonst nicht unbedingt die Aufmerksamkeit erregen. Dafür beginnen wir am Gemeindeamt in Schoppernau, nebenan liegen das Tourismusbüro und das Felder-Museum. Wie schon in Schnepfau (s. Tour 19)

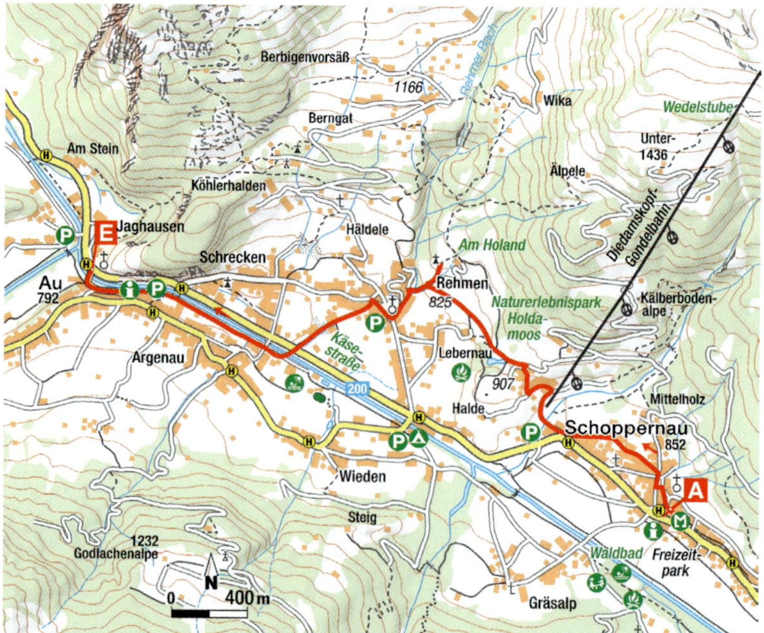

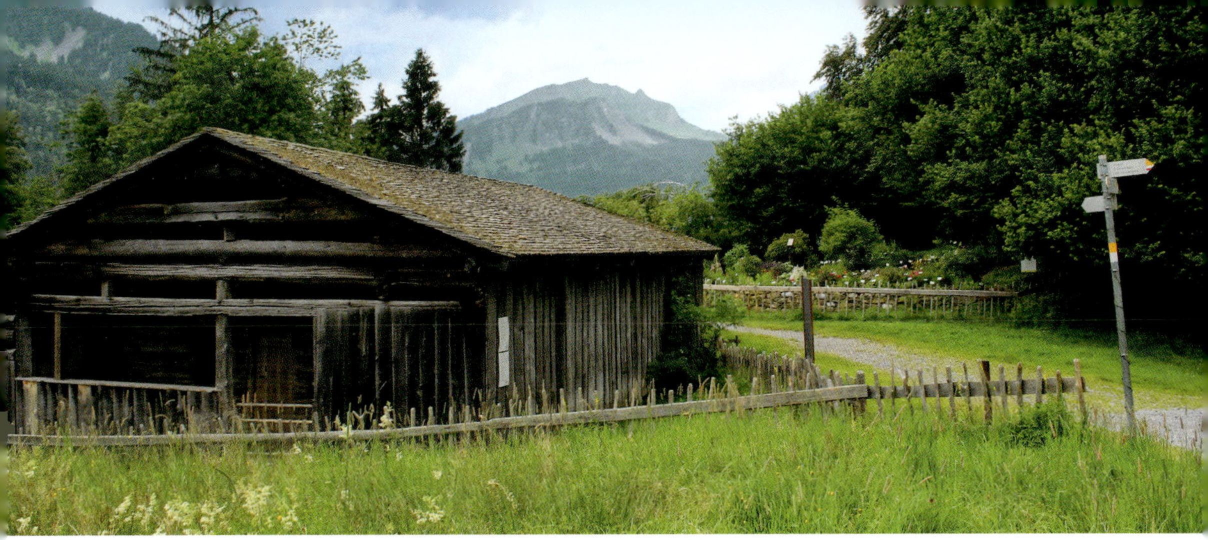

fällt auch hier auf, dass sich das Dorf, auf gut 850 Metern Höhe gelegen, an die nördliche Talseite der Ach drängt – wollten die Bewohner doch den langen Schatten der sie umgebenden Berge möglichst entfliehen. Links oder rechts an der Käserei vorbei gehen wir hoch zur Kirche, die auf einem kleinen Felsabsatz errichtet wurde – nachdem ihre Vorgängerin durch ein Hochwasser komplett zerstört worden war.

Diese Vorsäßhütte lädt dazu ein, mehr über das Leben der Bregenzerwald-Bauern zu erfahren.

Schriftsteller und Menschenfreund Das Leben in Schoppernau war einst nicht leicht, wie wir vor allem dank Franz Michael Felder (1839–1869) wissen und noch immer nachlesen können. Bevor wir die Kirche betreten, gehen wir rechts auf den Friedhof mit den vielen schmiedeeisernen Kreuzen; links an der Seitenwand finden wir das Grab des berühmtesten Schriftstellers des Bregenzerwalds. Der Bauernsohn, gesundheitlich angeschlagen, erarbeitete sich sein umfassendes Wissen selbst, er besaß nicht nur das Talent zum Schreiben, sondern engagierte sich vor allem auch für eine Verbesserung der Lebensverhältnisse seiner Mitmenschen. Er schuf eine Genossenschaft der Käsebauern, um sich gegen die großen Monopolisten, die »Käsegrafen«, durchzusetzen, verbesserte das Los der in Heimarbeit arbeitenden Frauen, schuf eine Versicherung gegen Naturunglücke für die Bauern und gründete für alle zugängliche Bibliotheken, um das Bildungsniveau zu erhöhen. Bei Obrigkeit und Kirche stieß das nicht immer auf Gegenliebe, doch in der Bevölkerung genoss Felder durchaus hohes Ansehen. Tragisch ist sein Tod: Nachdem seine ihn stets unterstützende Frau, Anna Katharina Moosbrugger, jung verstorben war, folgte ihr der dadurch aus der Bahn geworfene Felder kurz darauf mit nur 30 Jahren.

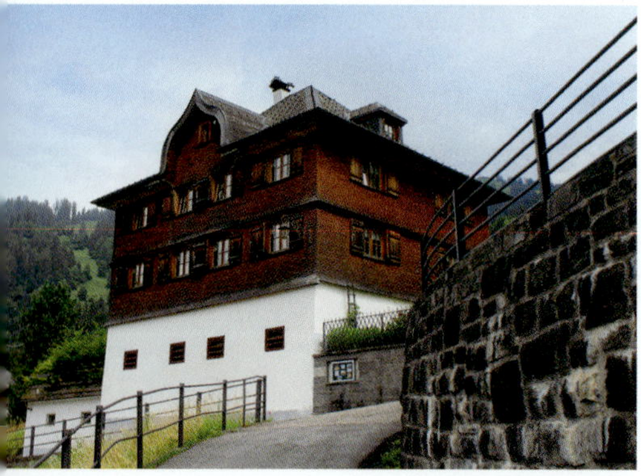

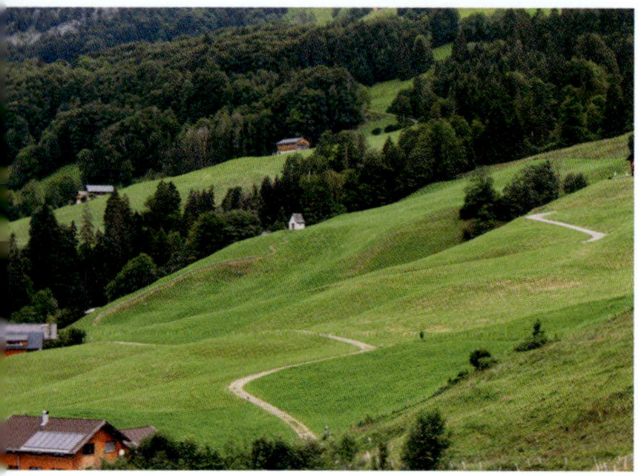

Durch Schoppernau Betreten wir die Kirche mit der schönen Barockausstattung, so begegnen wir einem seiner Söhne: Kaspar Felder wurde Schreiner und schuf für seine Heimatkirche u. a. das Hauptportal, die Docken der Kirchenbänke und das Kriegerdenkmal. Treten wir aus der Kirche wieder hinaus, sehen wir den charakteristischen Pfarrhof eines Bregenzerwald-Dorfs, so wie in und um Schoppernau ohnehin einige sehr schöne Wälderhäuser erhalten sind – übrigens auch das Geburtshaus Franz Michael Felders im Oberdorf 55.

Von der Kirche laufen wir zu dem kleinen Dorfplatz mit Großkreuzung vor dem Gasthaus »Zum Fraaanz«. Wir wählen hier den mittleren Weg, leicht rechts in Richtung der Talstation der Diedamskopfbergbahn. Zu dieser kommen wir dann rechts – sie ist nicht zu verfehlen, da hier sommers wie winters viel Betrieb herrscht, denn viele wollen bequem auf den Schoppernauer Hausberg (2090 m) hinauf. Wir dagegen gehen links an der Station vorbei, und der Weg steigt nun deutlich an.

Die Feldkapelle über Rehmen ist Ziel eines Abstechers.

Ganz oben: Das Pfarrhaus in Schoppernau

Nach Rehmen Nach der Linkskurve biegen wir rechts ab und halten uns kurz darauf links auf den Pfad Richtung Rehmen. Nun stoßen wir auf ein sehr interessantes Objekt: Am Eingang zum Holdamoos steht eine altertümliche Vorsäßhütte. Als Bregenzerwald-Kenner wissen wir, dass sie eigentlich viel zu tief im Tal platziert ist – tatsächlich wurde sie von der Vorsäß Vorderhopfreben hierher versetzt, um nun als Schauobjekt über das Leben und die Arbeit auf den Hütten zu dienen. An bestimmten Tagen ist die Vorsäß geöffnet, und auch sonst kann man sich hier und nebenan im schönen Kräutergarten informieren.

Wir wandern anschließend nicht ins Holdamoos, sondern rechts weiter leicht bergab, durch das Gatter und bis zu dem Sträßchen. Hier gehen wir nur wenige Meter nach rechts und dann links auf dem Pfad hinauf zu der kleinen Feldkapelle. Von hier genießen wir den Ausblick auf das Tal mit dem Berghintergrund und steigen dann wieder hinab, rechts ins Dorf bis zur barocken kleinen Dorfkirche in Rehmen.

An der Ach entlang nach Au Wir wenden uns an der Kirche nach rechts, gehen am Parkplatz vorbei zur Sennerei und biegen hier links in die Straße in Richtung Bregenzer Ach. Kurz geht es rechts an der L 200 entlang, aber nur bis zur Brücke, auf der wir den Bach überqueren. Auf der anderen Seite wandern wir nach rechts weiter an der Ach entlang, die hier gebändigt wurde, nachdem sie jahrhundertelang durch Hochwasser für die Bewohner der umliegenden Dörfer eine stete Gefahr darstellte.

Der Ortskern von Au, zu dem wir schließlich nach einiger Zeit links hochsteigen, liegt deshalb auch erhöht über dem Tal. Der Ausgangspunkt der Siedlung allerdings befindet sich wiederum unten am Fluss, und noch immer deutet der Name der Parzelle Jaghausen an, dass hier die mittelalterlichen Grundherren eine Niederlassung für ihre Jagdvergnügen im tierreichen Bregenzerwald hatten.

Berühmte Barockkünstler Vom Gemeindeamt kommen wir rechts hinab zu dem Ortsteil, der heute von der gotischen Kirche beherrscht wird. Au ist ein beliebter Ferienort – wie das nebenstehende Hotel deutlich unterstreicht –, berühmt ist das kleine Dorf jedoch vor allem für seine Barockbaumeister. Die Künstler der »Auer Zunft« um die beiden Großfamilien Beer und Thumb haben – unterstützt von vielen Bildhauern und Malern ihrer Heimat – für gut zwei Jahrhunderte das Bauen in Süddeutschland und der Schweiz geradezu beherrscht. Ihnen verdanken wir Bauwerke wie die Birnau am Bodensee, St. Gallen, Weingarten, die Stiftskirche Kempten oder Kloster Einsiedeln. Im Alter kehrten viele der berühmten Künstler dann wieder in ihre Heimat zurück. Auch wir machen uns nun auf den Rückweg, und zwar mit der Buslinie 40 – oder, wer mag, zu Fuß auf dem Weg an der Ach entlang direkt nach Schoppernau.

Lesenswerte Autobiografie

Naturgemäß lohnt sich ein Besuch des Felder-Museums in Schoppernau. Der Eintritt ist frei. Im Museum, einer der Lebensstationen Felders oder sonst einem gemütlichen Ort sollte man sich mit seinem bedeutendsten Werk, seiner Autobiografie »Aus meinem Leben«, zum Schmökern zurückziehen und tief eintauchen in die Schilderungen des Bregenzerwalds im 19. Jh., das beschwerliche Dasein seiner Bewohner und den mühsamen Versuch, heimatverbunden zu bleiben und doch Neues zu erreichen. Das Buch ist im Museum und im Buchhandel erhältlich.

24 Auf Franz Michael Felders Spuren

Von Hinterhopfreben nach Schoppernau

Mittel | 6 km | ↑ 10 Hm ↓ 190 Hm | 1.30 Std.

Tourencharakter
Eine mittelschwere Wanderung der unteren (leichteren) Kategorie, hauptsächlich wegen der teils engen Wurzelpfade. Bei schlechter Witterung zu vermeiden

Ausgangspunkt
Gasthof Bad Hopfreben. GPS: 47.281586, 10.058458

Endpunkt
Schoppernau, Gemeindeamt

Anfahrt
Bahn & Bus: Bahnhof Dornbirn und weiter mit Buslinie 40(a). Zurück ebenfalls mit Buslinie 40(a)
Auto: A 14 (Rheintalautobahn) bis Ausfahrt Dornbirn-Nord und weiter auf der L200

Karte
Kümmerly + Frey 1:35 000, Nr. 1 Bregenzerwald

Einkehr
Unterwegs keine; in Hinterhopfreben und Schoppernau

Information
www.badhopfreben.nl

Im engen Tal zwischen Hochkünzel- und Üntschenspitze geht es auf einem schmalen Pfad oberhalb der Ach hinunter nach Schoppernau. Dabei erfahren wir viel Historisches und Kulturelles über diesen Teil des Bregenzerwalds.

Ein Bad mit Schwefelquelle Ein »Handbuch für Reisende« aus dem Jahr 1856 beschreibt Hopfreben als »eine Badeanstalt, deren Quelle bei Gicht und Rheuma von guter Wirkung sein soll. Das Badehaus ist ein hölzernes, zweistöckiges Gebäude, das einsam in der düstern Enge liegt. Bei trübem Wetter mag's etwas schwermüthig und vielleicht auch ein bisschen langweilig hier sein; das Bad wird jedoch nur von den Bewohnern der nähern Umgebung benützt.«

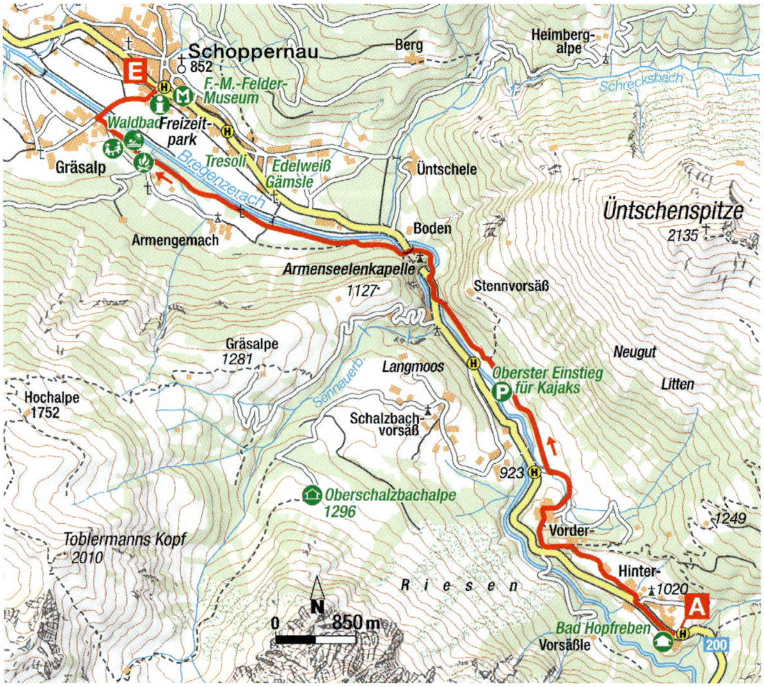

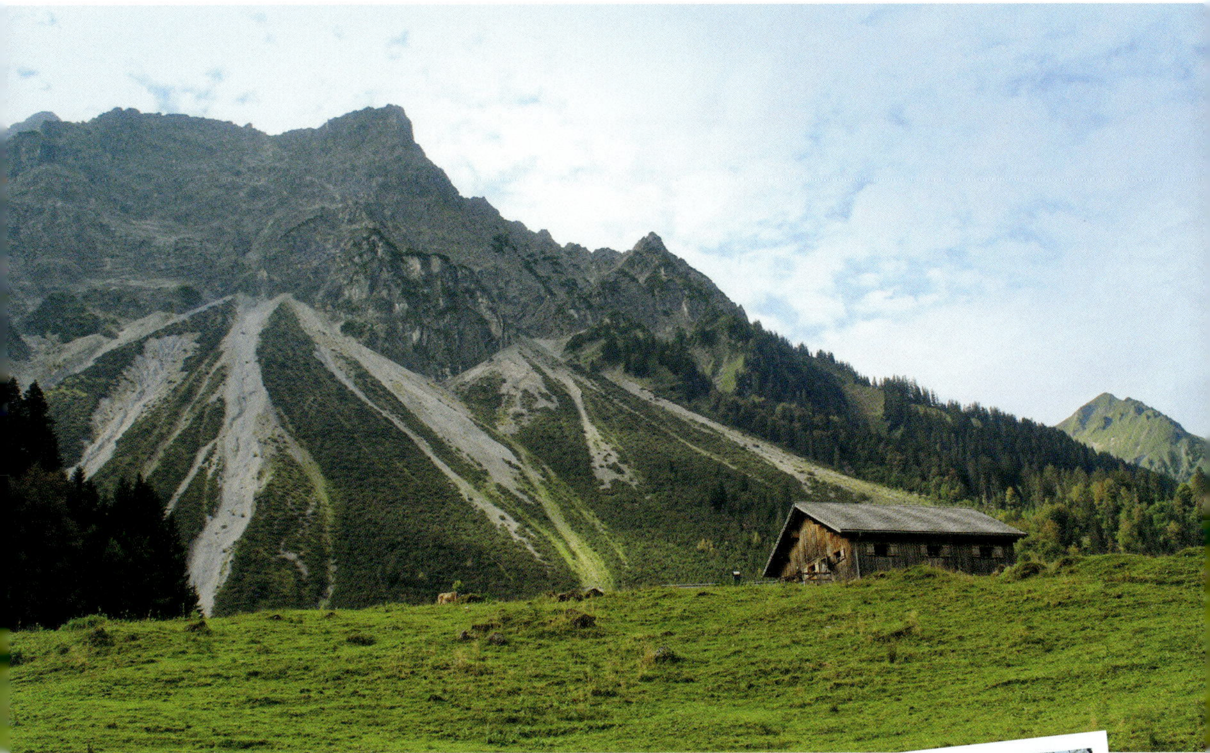

Nun, wir dürfen vermuten, dass der Autor jener Zeilen an eben einem solchen trüben Tage am Bad Hopfreben – zur Vorsäß Hinterhopfreben gehörend – vorbeikam. Denn zwar liegt dieses, umgeben von nur wenigen weit verstreuten Häuschen, tatsächlich recht einsam und unterhalb hoch aufragender Zweitausender, doch von beklemmender Enge ist hier nichts zu spüren. Das Bad mit seiner Schwefelquelle existierte mindestens schon seit dem 17. Jahrhundert und war keineswegs nur immer auf Besucher aus der Region beschränkt. Das erwähnte Holzgebäude wurde 1899 durch den stattlichen Bau ersetzt, der heute den Gasthof beherbergt, an dem wir unsere Tour starten.

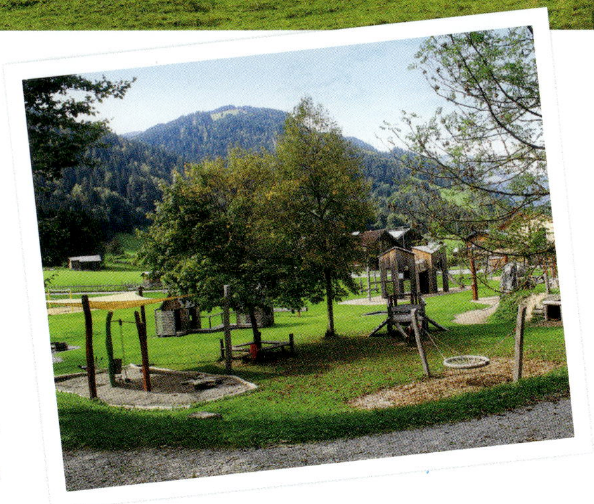

Der Bregenzerwald-Spielplatz in Schoppernau bietet Geräte im typischen Holzstil.

Ganz oben: Schroff ragt die Hochkünzelspitze empor.

Martinskapelle und Vorderhopfreben Zu Beginn müssen wir bergab einige Hundert Meter an der viel befahrenen Bregenzerwaldstraße entlang – hier ist Vorsicht geboten. An der Sennerei Hinterhopfreben können wir einen kleinen Abstecher zur Martinskapelle machen, die ebenfalls im 17. Jahrhundert errichtet wurde. Aus dem Nachbarhaus stammte Franz Michael Felders Frau (s. Tour 23), daher ist hier der Beginn (oder das Ende) des »Felder-Wegs«.

Nach dem Abstecher gehen wir links an der Sennerei vorbei oder auf der Straße weiter bis zum rot markierten Wanderpfeil, von dem links von der Straße weg der schmale Pfad in das Waldstück führt. Der enge Wurzelpfad leitet hoch über dem Tal und der Straße bis zu einem nächsten Felder-Gedenkstein, an dem wir über die Absperrung – ganz legal! – die Weide betreten. Über die Wiesen geht es nun hinab in die Vorsäß Vorderhopfreben und zwischen den Hütten hindurch bis zur Kreuzung, wo wir links auf den Gebirgsbach zulaufen.

Zu den armen Seelen Der Weg ist hier breiter und bequemer; dann biegen wir leicht rechts ab und gehen geradeaus auf nun wieder engen Pfaden weiter, bis wir in Flussnähe direkt ans Ufer

Das Wirtshausschild verrät es: Wir sind am Bad Hopfreben.

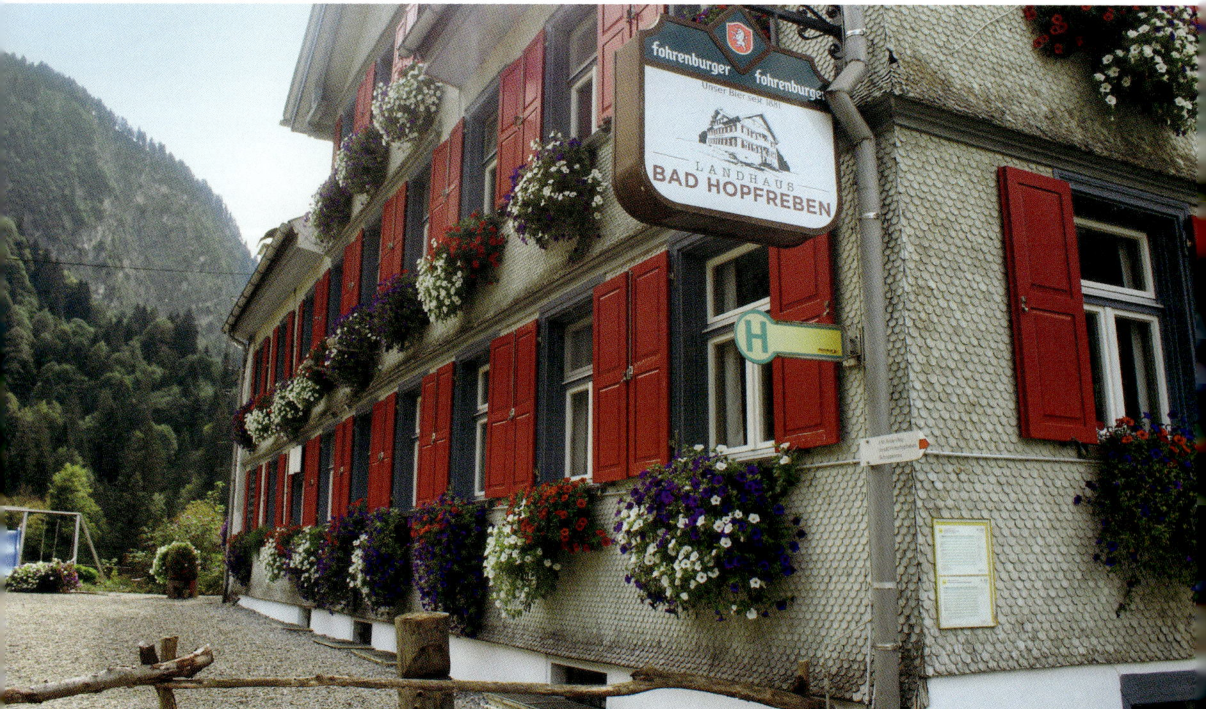

kommen. An der Ach entlang gelangen wir irgendwann wieder zur Straße, an der wir rechts bis auf den Tunnel zulaufen. Kurz vor diesem geht es dann rechts ab.

Über uns thront auf dem Felsvorsprung die Armeseelenkapelle. Wir gehen über die Brücke, um den Felsen mit dem nächsten Felder-Gedenkstein herum und stehen nun auf der anderen Seite wieder vor dem Tunnelausgang. Da wir auf die andere Straßenseite wechseln müssen, heißt es hier sehr vorsichtig sein. Sicher drüben angekommen, kann man kurz hochsteigen zur Kapelle mit ihrer außergewöhnlichen Lage oder gleich den zweiten Weg nach rechts (rote Markierung) Richtung Schoppernau einschlagen, der die Ach am linken Ufer begleitet.

Auf die Üntschenspitze

Der Schoppernauer Hausberg ist der bequem mit der Seilbahn erreichbare Diedamskopf (2090 m). Die Üntschenspitze ist noch etwas höher (2135 m) und dagegen als Geheimtipp vom Achtal auch nur über einen einzigen Wanderweg erreichbar – er beginnt bei der Kapelle in Hinterhopfreben. Wer also statt ins Tal lieber hoch hinaus möchte, findet hier die richtige Herausforderung.

Nach Schoppernau Das Tal weitet sich hier, die »Landschaft wird heiterer, die Berge senken sich nicht mehr so steil in's Thal, die grünen Matten breiten sich weiter aus«, so schrieb der Kollege anno 1856, und hier darf man ihm dann doch noch Recht geben. An der ersten Brücke über die Ach bleiben wir noch linksseitig, nutzen dann nach wenigen Metern den Weg rechts, der sich weiterhin eng an die – hier regulierte – Ach hält.

So kommen wir schließlich zum Schoppernauer Freizeitbezirk mit Tennisplätzen und dem Waldbad. Besonders schön ist der neu gestaltete Bregenzerwald-Spielplatz, zu dem wir rechts über den Parkplatz gelangen. An ihm vorbei geht es über die Brücke, auf der anderen Seite dann nach links und über das Sträßchen rechts hinein ins Dorfzentrum mit Käserei, Gasthäusern, Tourismusbüro und Felder-Museum.

Wer die Wanderung passend abschließen möchte, kann an der Straße entlang noch bis zum Oberdorf 55 laufen, dem Geburtshaus von Franz Michael Felder. Zurück fahren wir dann mit dem Bus (Linie 40a) oder wir gehen zu Fuß. Wer die Wanderung noch verlängern möchte, kann Tour 23 bis Au direkt anschließen.

25 Auf der Alten Salzstraße

Von Warth nach Hochkrumbach

Leicht | 5 km | ↑ 190 Hm ↓ 10 Hm | 1.30 Std.

Tourencharakter
Obwohl die Alte Salzstraße nur ein Bergpfad ist, ist sie gut begehbar (außer bei schlechter Witterung) und weist keine anstrengenden Anstiege auf. Für Familien geeignet

Ausgangspunkt
Gemeindeamt in Warth.
GPS: 47.257886, 10.183060

Endpunkt
Kapelle am Simmel in Hochkrumbach

Anfahrt
Bahn & Bus: Bahnhof Dornbirn und weiter mit Buslinie 40a. Zurück ebenfalls mit Buslinie 40a
Auto: A 14 (Rheintalautobahn) bis Ausfahrt Dornbirn-Nord und weiter auf der L200 oder bis Ausfahrt Bludenz-Montafon und über S 16 und L 198 nach Warth

Karte
Kompass 1:50000, Nr. 292.1 Vorarlberg

Einkehr
Unterwegs keine; in Warth

Information
www.warth-schroecken.at

Im kleinen Dorf Warth startend, überqueren wir auf historischen Pfaden unschwierig einen Pass und gelangen über die schönen Alpen zum (fast) verschwundenen Dorf Hochkrumbach.

Ein ganz besonderer Ort Das kleine Dorf – mit kaum 170 Einwohnern ist es die zweitkleinste Gemeinde in ganz Vorarlberg – hat noch einige andere Besonderheiten aufzuweisen: Auf 1495 Metern Höhe gelegen (gemessen im Ortszentrum), ist es zugleich die höchste und zudem die östlichste Siedlung des Bregenzerwalds – die Grenze zu Tirol ist nur wenige Hundert Meter, die zu Deutschland nicht viel weiter entfernt. Geografisch liegt Warth hinter dem Hochtannbergpass, also genau genommen bereits außerhalb der Talschaft der Bregenzer Ach, die sonst die Wäldergemeinden verbindet. Touristisch hat es sich mit Lech

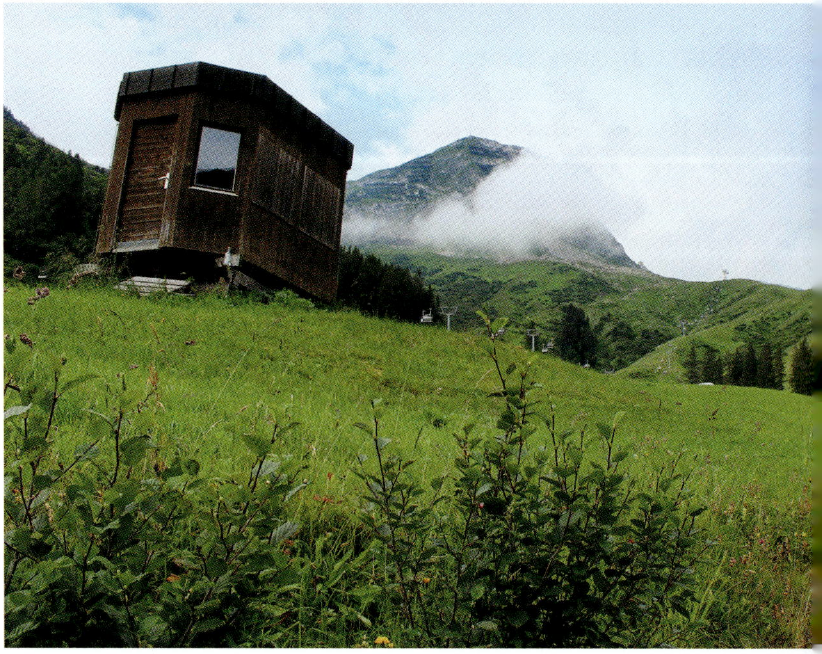

am Arlberg zu einem der bekanntesten und größten Skigebiete Österreichs zusammengeschlossen. Politisch und historisch aber ist das einst von einwandernden Walsern gegründete Warth eindeutig dem Bregenzerwald zugehörig, mit dem es über die L 200, die inzwischen über den genannten Pass führt, verbunden ist. Diese vergleichsweise bequeme Verbindung existiert aber erst seit dem 20. Jahrhundert. Früher war das Erreichen von Warth und vor allem der weitere Weg hinein in den Bregenzerwald etwas beschwerlicher, allerdings auch von großer Bedeutung: Über Warth wurde Salz aus den bayerischen und den Tiroler Bergwerken transportiert (oder auch geschmuggelt). Die Bezeichnung Alte Salzstraße ist, sagen wir einmal, etwas euphemistisch – natürlich war dieser Weg nur ein Saumpfad, immerhin aber auch für das Führen von Pferden geeignet, die das Salz auf ihrem Rücken trugen. Folgen wir also ihren Spuren!

Links: Der Hochtannbergpass ist heute touristisch gut erschlossen: Liftanlagen bei der Jägeralpe …

Rechts: … und die moderne Steffisalpe.

Für Ambitionierte

In der Nähe von Warth, aber schon auf Tiroler Seite, wurde der Spiderman-Klettersteig eingerichtet (erreichbar über die L 198). Der Name verweist nicht unbedingt auf notwendige spinnenhafte Fähigkeiten, sondern soll auch das jüngere Publikum anlocken. Der kleine Rundkurs ist für Kinder und Anfänger gedacht und kann gut zur Übung dienen für Ambitionierte, denen die roten Markierungen auf den Wanderwegen irgendwann nicht mehr ausreichen.

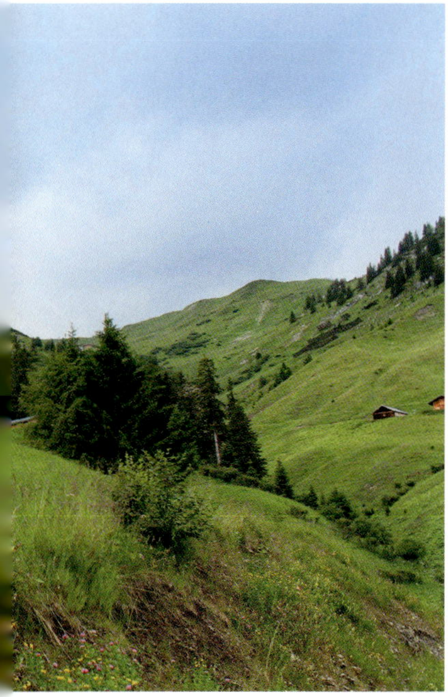

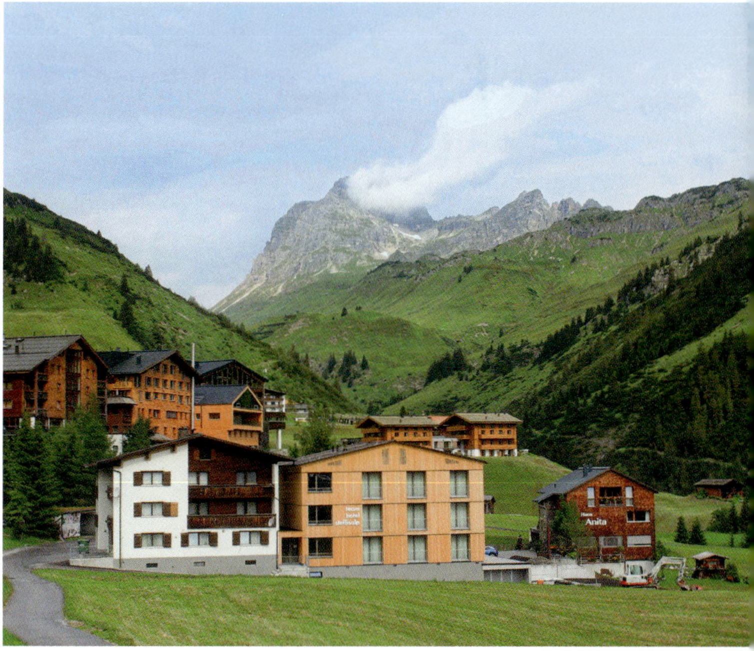

Auf der Alten Salzstraße … Einmal mehr starten wir am Gemeindeamt, gehen dorfauswärts auf die Kirche zu und an ihr vorbei weiter an der Straße entlang bis zu den Hotelbauten der Steffisalpe. Hier laufen wir über deren Parkplatz rechts am Hotel vorbei und biegen dann halb rechts ab auf den Pfad, der auch mit »Alte Salzstraße« markiert ist. Auf ihm geht es nun ansteigend hoch bis zum Pass, durch schöne Bergwiesen und kleinere Waldstücke.

An der Holzbodenalpe halten wir uns rechts in Richtung auf die schon sichtbare Jägeralpe zu. Dort gehen wir dann auf den Vorplatz des Hotels, rechts an diesem vorbei, dann per Linkskurve hinter die Gebäude und hier rechts weiter. An der nächsten Gabelung halten wir uns leicht rechts und wandern ansteigend weiter. Wir kommen zum Hotel Adler und gehen von dort links hoch bis zur Kapelle am Simmel. Sie ist der letzte historische Überrest des einstigen Dorfes Hochkrumbach.

… zum verschwundenen Dorf Auch dieses war im Mittelalter von Walsern gegründet worden und hatte jahrhundertelang eine wichtige Bedeutung als Station an der Passhöhe, es lag auf 1680 Metern. Die barocke Jakobuskapelle war lange Zeit sogar Pfarrkirche. Doch ab Mitte des 19. Jahrhunderts, als der mühselige Transport über den Pass durch andere Wege ersetzt wurde, entvölkerte sich Hochkrumbach. Mit den Bewohnern verlor der Ort auch nach und nach nicht nur seine Häuser, sondern erst

Rechte Seite oben: Die moderne Straße – und nebenan der alte Saumpfad

Rechte Seite unten: Die Alte Salzstraße im sommerlichen Gewand

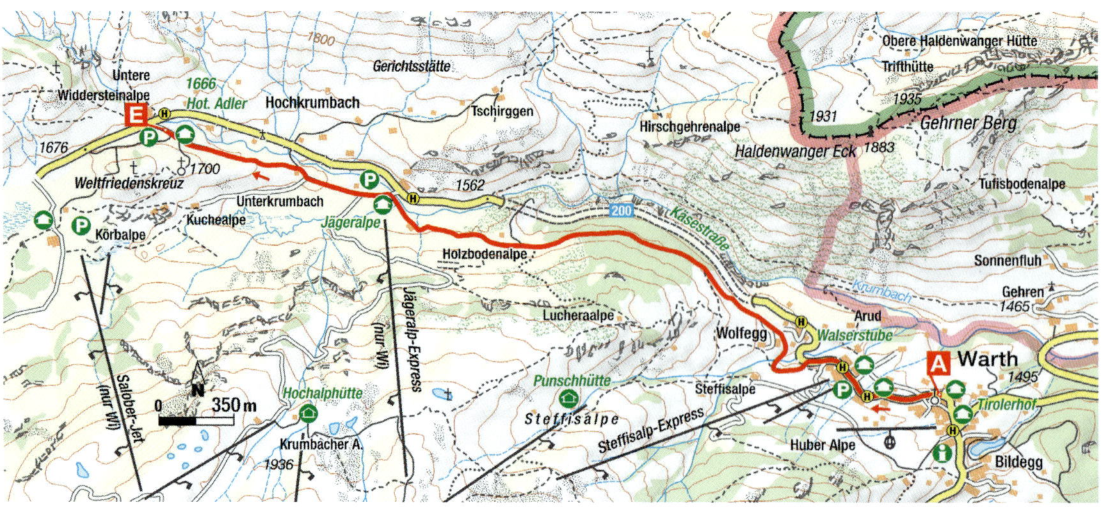

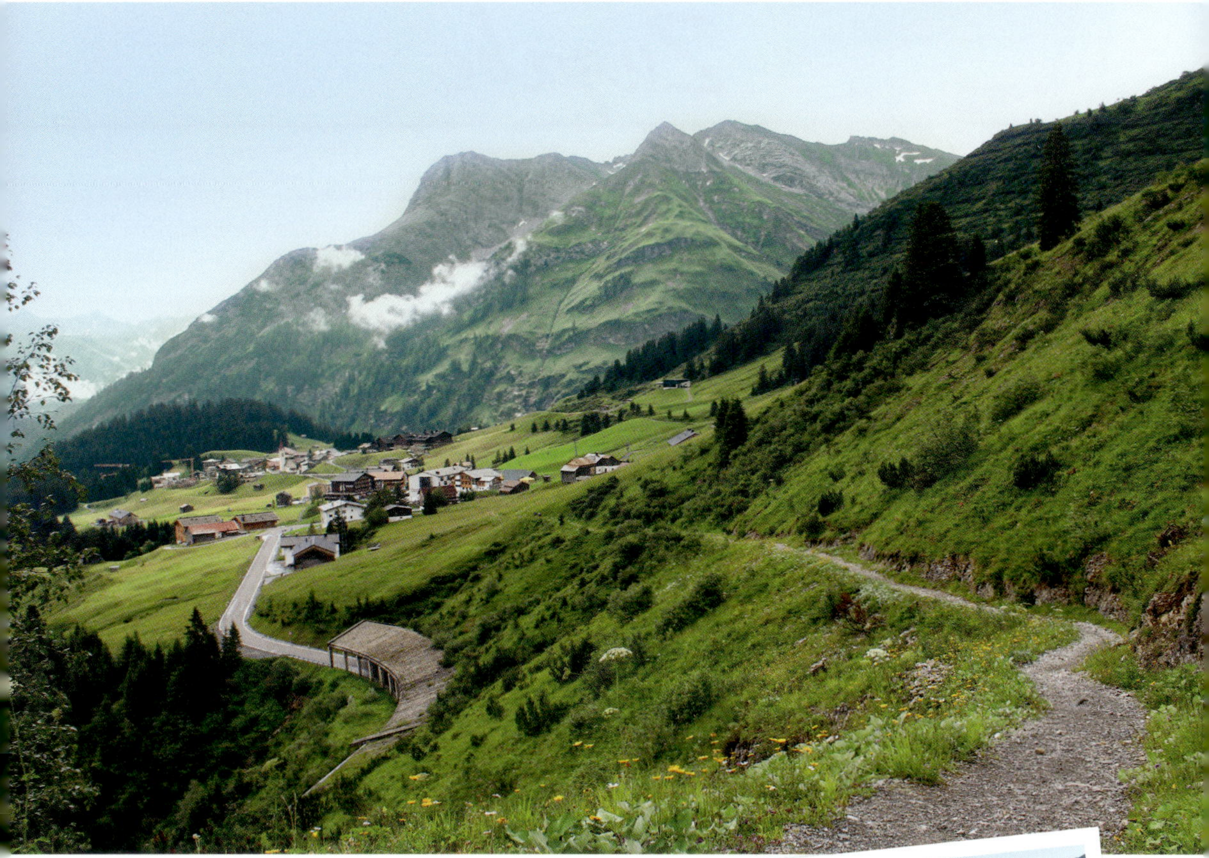

den Pfarrer und letztlich sogar den Friedhof und das Pfarrhaus. Geblieben ist nur die einsame Kapelle, nun hübsch am Berg gelegen. Der Tourismus und die bessere Erschließung dank der Bregenzerwaldstraße führten zum Neubau einiger Häuser in der Nähe, sodass das einst selbstständige Hochkrumbach der Gemeinde Warth zugeteilt wurde.

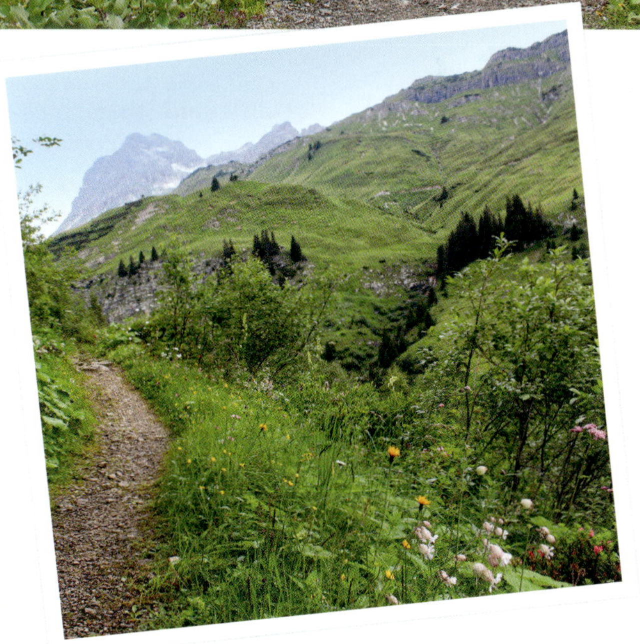

Von hier kann man mit dem Bus (Linie 40a) oder auf demselben Weg zu Fuß zurück nach Warth gelangen. Möglich ist auch ein Abstecher zum Kalbelesee etwas weiter westlich.

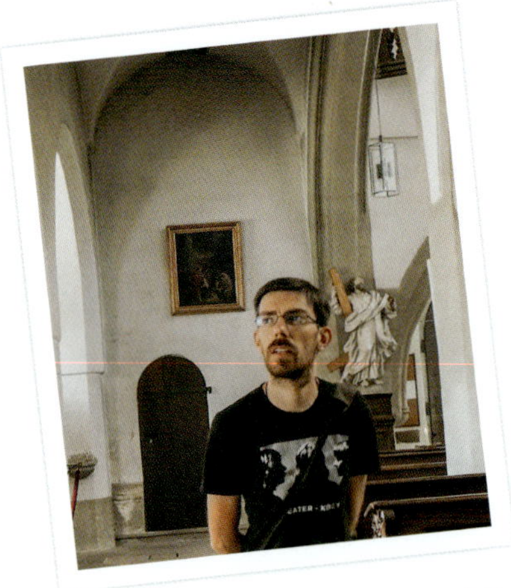

Zugabe

Es gibt wahrscheinlich *buchstäblich keinen besseren Weg, um Land und Leute des Bregenzerwalds kennenzulernen, als sich zu Fuß aufzumachen und auf den nicht ausgetretenen »geheimeren« Pfaden die Talschaft zu erkunden, ihren aufgeschlossenen Menschen zu begegnen und Landschaft, Flora und Fauna zu genießen. Dies ist das Hauptanliegen dieses Buchs: die Schönheit des Bregenzerwalds in sich aufnehmen zu können, seine Besonderheiten zu genießen und mit den Bewohnerinnen und Bewohnern ins Gespräch zu kommen. Ich glaube, wer den Bregenzerwald auf diese »sanfte Tour« kennenlernt, der kann sich dem Charme dieser Region kaum entziehen und wird sie lieben lernen – und mit Sicherheit wiederkommen.*

Ein bereits eingangs erwähnter Wermutstropfen *bleibt das Fehlen der Gemeinde Schröcken. Besondere Umstände, darunter mehrfach das einer Wanderung in dieser hohen Lage nicht gewogene Wetter, haben die Aufnahme in das Buch – vorerst – verhindert, ganz unverdientermaßen. Den Schröckenern sei noch einmal versprochen, dass dies an anderer Stelle nachgeholt wird.*

Dank geht an *die zahlreichen unbekannten einheimischen Helferinnen und Helfer, die – oft ganz allein von sich aus, die Verwirrung des Wanderers erkennend – bei unklarer Wegführung mit Auskünften bereitwillig zur Stelle waren. Ganz »offiziell« geholfen haben mit Auskünften die Tourismusbüros in Bezau und Langen. Ein spezieller Dank sei ausgesprochen an die Familie Feuerstein in Bezau für die freundliche Beherbergung während einiger Hochsommertage. Gewidmet ist dieses Buch Sabine Müllner.*

Bleibt mir also nur noch*, Ihnen viel Vergnügen beim Wandern und eine schöne, erlebnisreiche und erholsame Zeit im Bregenzerwald zu wünschen!*

Benedikt Grimmler

Register

In gleicher Reihe erschienen ...

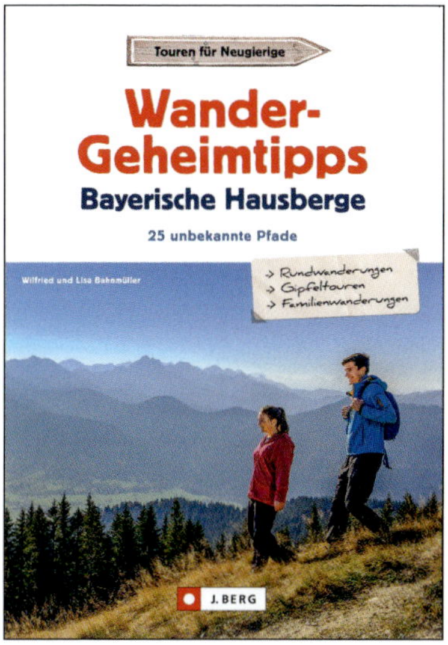

ISBN 978-3-86246-679-5

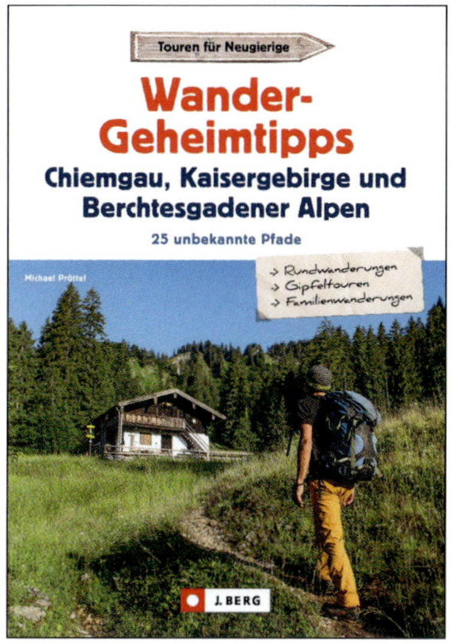

ISBN 978-3-86246-695-5

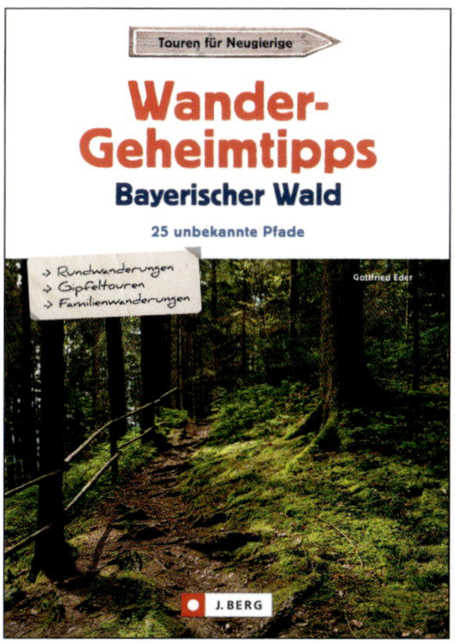

ISBN 978-3-86246-689-4

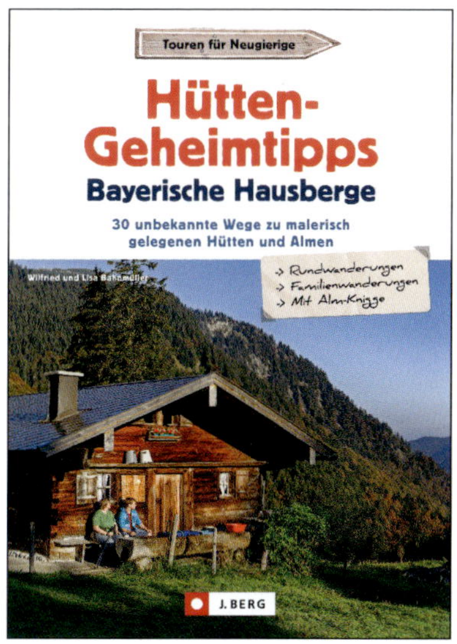

ISBN 978-3-86246-754-9

J. BERG

www.j-berg-verlag.de

Impressum

Verantwortlich: Sabine Klingan
Redaktion: Anette Späth
Layout: Eva-Maria Klaffenböck
Repro: Cromika
Kartografie: Bruckmann Verlag GmbH, Heidi Schmalfuß
Herstellung: Stephanie Schlemmer
Printed in Slovenia by Florjancic

★★★★★

Sind Sie mit diesem Titel zufrieden? Dann würden wir uns über Ihre Weiterempfehlung freuen. Erzählen Sie es im Freundeskreis, berichten Sie Ihrem Buchhändler oder bewerten Sie bei Onlinekauf. Und wenn Sie Kritik, Korrekturen, Aktualisierungen haben, freuen wir uns über Ihre Nachricht an Bruckmann Verlag, Postfach 40 02 09, D-80702 München oder per E-Mail an lektorat@verlagshaus.de.

Unser komplettes Programm finden Sie unter www.j-berg-verlag.de

In diesem Buch wird aus Gründen der besseren Lesbarkeit das generische Maskulinum verwendet. Weibliche und anderweitige Geschlechteridentitäten sind dabei ausdrücklich mitgemeint, soweit es für die Aussage erforderlich ist.

Empfehlung der Redaktion
Sie sind auf der Suche nach weiterführender Literatur? Dann empfehlen wir Ihnen den Titel »Wandergeheimtipps Bayerische Hausberge« von Wilfried und Lisa Bahnmüller. Oder Sie werfen einen Blick in die Zeitschrift »BERGSTEIGER«. Hier werden Sie bestimmt fündig.

Bildnachweis: Alle Aufnahmen im Innenteil und auf der Umschlagrückseite stammen vom Autor.
Umschlagvorderseite: Hütte in der Nähe von Schoppernau (shutterstock/Simlinger)
Umschlagrückseite: Blick von Langen nach Buch

Die Deutsche Nationalbibliothek verzeichnet diese Publikation in der Deutschen Nationalbibliografie; detaillierte bibliografische Daten sind im Internet über http://dnb.d-nb.de abrufbar.

ISBN 978-3-86246-768-6